성경으로 풀어낸

요한계시록

그리스도의 계시

예언의 책

묵시문학

John's Revelation

이경애 지음

쿰란출판사

성경으로 풀어낸

요한계시록

들어가기 전에

세계적 징조를 볼 때 역사의 종말과 주님의 재림이 곧 임박한 것을 느낄 수 있습니다. 마지막 시대 마지막 부르심에 총신대를 졸업한 후 3대 선교 목표인 ① 전 세계 100개국에 선교 기도의 집(M.H.O.P) 설립과 ② 세계 선교 기도 운동 100만 명 회원 확보와 ③ 치유, 중보 기도 전문인 멘토 100명 양성이라는 기도 제목을 가지고, 미국 중앙 선교센터 및 선교 기도의 집(Missionary House of Prayer) 운영을 위한 선교 기도 운동의 국제적 네트워크를 위해, 부족하지만 오직 기도로 시작하여 기도로 진행해 왔습니다.

눈물의 기도로 선교 사역이 열매를 맺으며 어느덧 22년의 세월이 지나갈 무렵이었습니다. 갑자기 기도 중에 성경을 연구하여 책을 만들라고 하시는 하나님의 명령을 받는 순간, 저는 너무나 두렵고 떨렸습니다. 순종의 결단은 잠시, 영감으로 풀어야 할 요한계시록이라는 과제를 두고 망설이던 저는 다시 하나님의 음성을 듣게 되었습니다. '너는 할 수 있느니라', '내가 너를 가르치리라', '아무 책도 보지 말라, 오직 한 권의 성경만을 가지고 풀어낼 수 있도록 하라.' 하나님의 명령과 함께 모든 해석의 방법을 가르쳐 주신 이 자료의 준비 시간이 무려 7년 기간이 소요된 것 같습니다.

현세의 역사를 볼 때 그리스도의 십자가와 부활은 선교에서 중심적인 일이기에 이 천국 복음을 전하는 것이 바로 우리들의 사명이 아닌가 생각합니다. 행 10:36-43의 말씀처럼 우리는 이 모든 일에 증인이며, 행 5:32의 말씀처럼 우리에게 주신 성령도 그러합니다. 이 책은 인간 세계에 반드시 오시게 될 그리스도의 재림 소식은 미래의 될 일들을 진행형으로 드러내고 나타내고 이루고자 하시는 하나님의 진리의 말씀임을 알리기 위한 책이라 모두에게 추천을 드리고 싶습니다.

그리스도의 계시는 곧 천국 복음의 핵심으로, 천국이 있느냐 없느냐의 문제는 신자가 천국에 들어가느냐 들어가지 못하느냐의 문제가 양립되는 막 1:15의 "하나님의 나라가 가까웠으니 회개하고 복음을 믿으라"는 호소입니다. 그것은 삼위일체의 진리 안에서 네가 어디에서 왔는지, 어디로 가야 하는지, 네가 여기서 무엇을 배워야

하는지와 관련된 요한1서 5장에서 예수밖에는 아무도 그의 나라에 들어가는 방법을 아는 이가 없다고 사도 요한이 말했습니다. 성도의 신앙적 구원 확신은 말구유에서 태어나신 천국 주인, 즉 그리스도밖에 없다는 뜻입니다.

'하나님께 맡길 줄 아는 자가 돼라. 자발적인 약속의 진실이 아니라면 결코 하나님의 자녀라고 서명하지 말라. 하나님과 단둘이 시간을 가지는 노력도 필요하다. 이 문제를 놓고 깊이 기도해 보라! (배교자가 되지 말라)'는 것입니다. 이 세상과 영원한 세상에서 가장 비참한 비극은 잃어버린 영혼(Lost soul)입니다. 그다음으로 비참한 것은 잃어버린 생애(Lost Life)입니다.

요 14:13의 "내 이름으로 무엇을 구하든지"라는 말씀처럼 예수의 이름으로 요청하는 자가 되십시오. 요 14:14의 "내가 시행하리라"는 말씀은 그리스도께서 성취하기를 원하셨던 그 일들을 위해 동일한 마음을 가지라는 기도에 관한 교훈으로, 우리가 이해하는 문학 형식으로서의 자서전이 아닙니다. 하나님의 적극적인 창조의 사랑과 자유와 평안은 성령의 은총으로 새 언약의 복음적 열매를 보고 들음으로써 아름다운 영광의 참 하나님을 알아갈 것을, 성령은 그리스도의 계시를 사람들로 하여금 예수를 어떤 분이신가를 알게 하고 그분을 믿게 하기 위해 권면을 드릴까 합니다.

끝으로 이 책이 발간될 때까지 끊임없이 수고해 주신 편집부 직원분들과 쿰란출판사 이형규 장로님께 진심으로 사의를 표하며, 마지막까지 간절히 성원해 주신 여러 동역자분들께 죄송한 마음과 감사의 마음을 이 지면을 통하여 전합니다. 사랑합니다.

머리말

요한계시록은 묵시문학(implied literature)의 고유한 성격을 지닌 그리스도의 계시이다. 본문 자체에 의하면(계 1:4, 9, 22:8) 저자는 사도 요한이며, 이 기록의 연대는 교회가 로마에 의해 박해받아 황제 숭배를 강요당하던 시기에 해당한다. 이는 로마의 대화재(A.D. 64년) 이후 박해 중, 정신분열 증세가 있던 난폭한 도미티안 황제(A.D. 81~96년 재위) 치세 때 기록된 책이다. 당시 요한은 밧모섬에 유배되어 있었고, 도미티안은 여러 사람을 각지로 유배시켰다. 또한 소아시아의 일곱 교회가 완전히 발전된 형태로 묘사되지만, 이것은 주후 64년경의 상황과는 모순된다.

이 요한계시록은 '예언의 책'(a book of prophecies)으로서 세상에 악한 음모가 계속 반복되고 고조될 것을 강조하는 반면, 사탄은 이 땅에 그리스도의 나라를 세우려는 주의 뜻에 대항하는 것으로 나타난다. 악한 세력과의 갈등은 주께서 자기의 나라를 세우신 후 악의 세력을 완전히 제거함으로써 종말을 고할 것이다.

즉, 오랜 악과의 싸움은 영광스러운 백보좌 앞에서의 마지막 심판, 곧 새 예루살렘의 도래(到來)와 영원의 시작으로 끝나게 된다. 이 역사는 하나님이 극적으로 개입하시는 계 21:5의 그리스도의 구원 활동을 최종적으로 완성시키는 사건이라고 볼 수 있다. 그런즉 '성시적' 종말론의 중심 내용은 계 1:1의 "그리스도의 계시"(the revelation of Christ)이기 때문에 본문 전체의 구조를 한눈에 볼 수 있는 '네가 본 것'은 1장의 부활하신 그리스도의 모습, 2~3장의 장차 될 일들, 4~22장의 예언들이었다.

특히 계시록은 전개될 교회사의 파노라마로 이해되는 전 역사의 법이며, 대부분은 미래에 성취되어야 할 것으로 보아야 한다. 우리는 여기서 미래 해석법을 따라 본문을 해석해야 하므로, 이 책이 '계시록'(Revelation) 또는 '묵시록'(Apocalypse)이라는 사실을 잊어서는 안 된다. 일부 기록은 놀라울 정도로 선명하기 때문이다. 계 1:20, 17:1, 15의 어떤 상징은 설명이 가능하지만, 대부분의 기록은 구체적으로 무엇을 의미하는지 알 수 없으며, '같은'(like), '비슷한'(as)이라는 단어는 동일성이 아니라 유사성을 나타낸다는 것을 잊지 말아야 한다.

따라서 장차 분명히 이루어질 일들의 '묵시적' 계시인 책에서, 일부 예언을 우리 주변의 구체적 상황과 절대 동일시하는 것은 언제나 위험한 일이다. 이 땅에서 우리의 영과 육은 어두워져 있다. 주께서도 재림과 심판이 언제 있을지는 오직 하나님만이 아신다고 말씀하셨으며, 그리스도의 재림은 '이 세대'와 '올 세대'를 성경(막 10:30, 마 12:32, 눅 16:8)에 언급하고 있다.

'이 세대'는 죄의 사악함과 사탄에 의해 통치되는 세대를 말하며, 곧 하나님의 백성에게 고통과 슬픔을 가져다주는 하나님께 대한 반역의 시기이다. 갈 1:4, 롬 12:2, 딤후 4:10의 '악한 세대'는 하나님의 목적을 알지 못하는 자들에 의해 다스려지는 세대이며, 고전 2:6과 고후 4:4에서는 "성숙한 자들, 장성한 자들"로 잠정적인 '올 세대'를 가리킨다. 그것은 사 65:17, 66:2, 계 21:3~5의 새 질서와 새 시대, 새 하늘과 새 땅, 즉 영생의 세대이며 여호와의 날을 의미한다.[1] 그러므

---

1) (암 9:11-15, 사 2:2, 4, 11장, 벧후 3:10) "그날에" 이스라엘이 환난 당한 후 있을 메시아 시대를 가리킨다.

로 하나님의 영감으로 기록된 이 책의 예언은 드러나고, 나타나고, 이루어질 것을 확신한 상징적 예증이며, 이 묵시의 내용의 시간을 인간의 지혜로 단정하는 것은 분명히 비성경적인 행위이다.

그런즉 이 증거의 참뜻(요 14:10-24)은 성부(the Holy Father) 하나님의 행적과 성자(Saint, holy man) 그리스도의 계시임을 분명히 밝히고 있다.

2025년 12월

이경애

목차 contents

1장

계시자이신 그리스도의 모습

계 1:1의 "반드시 속히 될 일"의 '속히"란 말은, 이 책에 기록된 사건들이 가까운 미래에 곧 일어날 것이라는 뜻이 아니라, 이 일이 이루어지기 시작했을 때 속히 진행될 것이라는 뜻으로, 눅 18:8의 '즉시'라는 의미만도 아니다. 응답하여 주시되, 빨리 곧 응하시리라는 말이다.[2)]

'세상에서 믿음을' — 예수께서 제자들에게 믿음이 흔들리지 말고 자신을 더욱 의지하라는 것을 강조하신 말씀으로, 재림이 임박한 말세에는 진실하였던 믿음이 차차 식어갈 것이라는 예언이다. 요 8:25의 "나는 처음부터 온 자라"는, "내가 너희에게 태초부터 있었다 한 '그다'(It's him)"라고 이해할 수 있는 그리스도의 계시는, 예수께서 완전한 죽음을 경험하신 후에 일어난 사건으로, 요한은 그 깊은 영적이고 상징적인 진리를 보았다.

---

2) (롬 16:20, 계 1:1) '반드시 속히 될 일'과 (빌 4:14) 말씀을 읽는 자와 지키는 자에게 약속된 복을 말함.

“속히 될 일”의 의미와 구조

계 1:2의 “네가 본 것을” — 요일 5:6-8의 “물과 피로 임(任)하신 자”의 이 부분을 여러 가지로 해석한 ‘물’과 ‘피’는, 예수께서 십자가에서 당하신 고통으로 이해된다. 어떤 사람은 ‘물’을 예수께서 받은 세례로, ‘피’를 십자가에서의 죽음으로 보기도 한다. 막 1:9-11에서 예수께서 물을 통하여 그의 사역을 시작하셨고, 피를 통하여 그 이름을 증명하셨다. 그것을 ‘증거한 이는 성령이라’ 물과 피로 임하신 그리스도의 속죄를 믿게 하는 이가 성령이시다. 성령의 역사하심을 통해서 성도는 그 진리에 도달할 수 있었고, 보혜사 성령은 성부 아버지로부터 나오셔서 아들에게서 위임받으신다. 성령의 증거는 아버지 자신을 증거한 성령의 신성을 종속적으로 보는 것이 아니라, 삼위일체 안에서의 기능적인 관계들을 진술한다. 그런즉 성령은 사도들과 복음 전도자와 설교자를 통하여 세상을 책망할 것이다. 그것은 사람을 통하여 복음의 진실성을 확신시키며, 성령은 죄를 깨닫지 못하고, 의에 대하여 멸시하고, 장차 올 심판에 대하여 전혀 주의를 기울이지 않는 전형적인 불신자의 무관심을 깨뜨리는 데 도움을 주신다. 최대의 근본적인 죄는 불신앙이다.

요 16:11의 “세상 임금이 심판받았음이라” — 그리스도는 십자가에서 사탄을 이기셨고, 불신자들에게는 장차 올 심판을 예고하신다. ‘자의(自意)로’ 즉 그 자신의 권위로 ‘장래 일’ 곧 이 일들을 이루어질 그리스도의 재림뿐만 아니라, 제자들이 충분히 깨닫지 못했던 그리스도의 죽음과 부활의 의미까지 포함된다. 그것을 요한은 곧 자기의 본 것을 다 증거하고 있는 계 1:19에서, 그가 해석의 열쇠를 가지고 있다. 그는 ‘본 것’과 ‘이제’ ‘장차’라는 낱말을 통해 계시록의 내용이 각각 시제상으로 과거, 현재, 미래의 계시로 되었음을 보여준다.

① 1장은 재림하실 왕 그리스도에 대한 환상이며, ② 2-3장은 현재 계시로 지상에 있는 교회들의 보편적인 현상을 다룬다. ③ 4-21장, 즉 계시록의 대부분은 장차 될 일과 종말론을 이야기한다.

본서에서 취한 해석법도 여기에 준한다. 일부 학자들은 '이제 있는 일'에서 '있는'을 시제를 의미하는 것으로 보지 않고, 서술적 용법으로 사용되었다고 생각한다. 그러나 이 해석법은 요한이 일반적으로 '에이미 동사'(be 동사)를 사용한 방법에 근거하였고[3] 19절은 다음과 같은 뜻이다. 요한은 그가 지금 보고 있는 그리스도의 환상을 기록하라고 명령받는다. 그것이 무엇을 의미하는지, 후에 그가 보게 될 것과 곧 마지막 때에 관한 징조가 아니라 나중에 계시된 것을 기록하라는 명령이다. 계시록의 구조와 시간적 전개 과정이 혼동되는 바로 그것을 요한이 의도한 것이라고 주장한 학설이 있는데, 우리는 계시록의 내용 자체가 시간적으로 과거, 현재, 미래(종말론)의 사건을 다룬다는 미래주의적 해석법을 채택하였다. 그것은 하나님의 증거가 앞에 언급된 세 가지 증거 속에서, 그리스도의 신성에 대한 하나님 자신이 포함되어 있다. 그리스도에 대한 말씀은 모두 다 하나님의 증거로 볼 수 있는 진리이다. 성경의 진술은 신적인 권위를 갖는다. 요일 2:4의 "진리"를 소유한 자는, 그 결실로 반드시 계명에 순종하는 행동이 나타난다. 성령이 주시는 진리는 생명이 있기 때문이다. '온전케 되나니' 그것은 '실제로 실현되었으니' 이로써 요한은 성도의 합당한 도덕적 행위가 하나님과의 바른 관계를 입증한다고 주장한다.

그런즉 '영원한 계명'은 그리스도 안에 나타난 하나님의 계시이다. 주 안에서의 생활은 자기 속에 거리낌이 없으니, 빛 가운데 거하

3) (계 1:20, 4:5, 5:6, 7:14, 15) '일곱 교회'의 환상에 대한 해석이다.

는 자의 생활에서 나타나는 특징을 제시하는 그 빛은 형제를 죄짓게 하는 일이 없다는 뜻이다. 각 세대를 향한 이 메시지에서 2:12의 '자녀들아'의 헬라어 '테크니아'(τεκνία)는 하나님을 아버지라고 고백하는 모든 회중을 일컫는 말이고, 2:13의 '아비들아'의 헬라어 '파테레스'(πατέρες)는 유다의 관습에 따른 권위 있는 자를 가리킨다. 이는 이스라엘의 족장을 말하며, 열왕을 지칭하는 데 주로 사용된다. 또 '청년들아'의 헬라어 '네아니스코이'(νεανίσκοι)는 하나님의 말씀으로 부정한 것을 이기고, 강한 영적 전투력을 가진 자들을 가리킨다. 그들은 강한 신앙으로 악한 자, 곧 사탄을 제압한다. 그리스도 안에서, 그를 통하여 구원이 완전히 성취될 때 만물은 그의 안에서 통일되며 조화를 이룰 것이다. 계 1:3의 "예언(豫言)의 때가 가까이" 하나님의 영원한 계획 가운데 들어 있는 곧 약속의 신뢰성은 하나님께서 정하신 때에 이루어질 것이다.

즉 자기의 말씀으로 인류를 구원하시고자 하는 복음을 전파할 사명은, 구원의 주관자 되시는 하나님의 명(命)에 따라 계시된 하나님의 종으로서, 인간의 죄를 대속하시기 위해 단 한 번으로 자신이 속죄제의 제물이 되신 것이다(히 9:26). 그가 세상을 창조할 때부터 고난을 받아야 할 것이로되, 그리스도의 희생은 세상 끝에서 나타나게 된다. 그 의미는 일곱 교회에 보내는 메시지로, 계 1:4의 "일곱"이란 숫자가 계시록에 54회나 기록되어 있다. '7'은 성경과 히브리 문학에서 완전한 성취를 의미한다.[4)]

본 계시록의 주요 내용은 각각 '7'과 관련된 구성 방식을 갖고 있다. 곧 계 2-3장은 일곱 교회, 6-7장은 일곱 인봉, 8-11장은 일곱 나팔, 12-15장은 일곱 이적, 16-18장은 일곱 대접, 19-22장은 일곱 가지

---

4) (창 2:2, 출 20:10, 레 14:7, 행 6:3) '안식'의 히브리어는 '사바트'(שַׁבָּת)로, 훗날 이스라엘 민족에게 일상생활에서 즐겁게 쉬는 날로 정한 제7일째 날의 이름을 가리킨다.

의 마지막 일들이다. 출 3:14의 "나는 스스로 있는 자" 즉 히브리어 이름과 같이, 하나님은 역동적이고 능동적인 자존자의 능력을 나타내신다. 하나님은 시작과 끝이 없으신, 언제나 존재하시는 분이시며, 다른 모든 존재는 하나님께 의존되고, 하나님 자신은 구원자로 계약을 맺으시는 인격적인 분이 되신다.

성경은 모든 내용이 하나님의 이름에 대한 '주석서'로, 마 16:19의 "천국 열쇠"는 그리스도께서 구원의 은혜를 행사하는 전 영역을 가리킨다. 지상에서 복음이 전파되는 곳마다 그의 나라가 임재하여 활동하고 있는 것이 그 열쇠를 매고 푸는 것으로 암시된다. "매일 것이요 풀리리라" 매고 푸는 모든 행위는 사도들이 아니라 하나님께서 주관하시고, 사도들이 이러한 일들을 선포하는 요 20:22-23의 이 일들은 모두 죄와 관련되어 언급된다.

계 1:7의 "볼지어다 곧 모든 족속(族屬)이"는 그리스도의 재림에 관한 환상을 의미한다. 천체적인 현상은 인자의 재림 때에 일어날[5] 이 예언은 과거 일의 배경으로서, 그 내용과 결과에 기록된 사건들이 헬라어 원어에서 미래형이 아니라 현재형으로 되어 있다. 그분은 지금 오시고 있는 것이며, 이미 오셨으나 아직 완전히 오신 것이 아닐 뿐이라는 것이다. 창 2:4의 '때'라는 낱말 역시 히브리어 '욤'의 문자 그대로의 '날'(day)이 아니라 불확실한 시간을 나타내는 '때'(time)로 사용되었다.

구약에서 여호와 하나님을 가리키는 가장 중요한 이름은, 발음의 변천이 있었지만 '야웨'로 읽는 것이 가장 무난하다. '야웨'는 스스로 계신다는 출 3:4의 뜻과 이스라엘의 구원자라는 출 6:6의 두 가지 뜻을 동시에 갖는다. '야웨'의 이름이 구약에서만 6,623회나 사용되었다.

---

5) (마 24:29, 30) 천체적인 현상, 곧 인자(人子)의 재림을 예언한 사 13:9-10과 욜 2:31, 3:15 말씀과 비교하라.

창 2:7에서 하나님께서 생기(숨, breath)를 넣으시니 흙으로 된 사람이 생령(生靈)이 되었다. 즉, 생령(a living soul)은 산 인간을 의미한다. 이 말은 동물들에게도 적용된다. 인간은 하나님의 형상을 따라 창조되었다는 점에서 동물과 구별된다. 진리의 증거자는 계 1:5의 "그의 피로 우리를 해방(解放)하시고"라는 말씀과 같다. 그런즉 본서를 통해 발견되는 주제를 보건대, 진리의 그리스도는 하늘에서 보고 들은 것을 말씀하시나 땅 위의 사람들은 이 증거를 믿지 않는다.[6] 여기서 세례 요한은 인간의 불신앙에 대해 탄식을 언급하며 부르짖었고, 그것을 '증거하다'라는 말로 표현했다. 헬라어 '스프라기조'(σφραγίζω)는 '검인을 찍다, 확인한다'라는 뜻이었다. 종교개혁자 루터(Luther) 역시 이 요절을 작은 복음이라고 불렀다. 주제의 복음 기원은 하나님이시고, 그 방법은 독생자 예수 그리스도를 믿는 것이라고 했다.

그 범위는 누구든지이며, 목적은 영생이다. '영생'은 헬라어로 기록된 신약성경에서 '생명'을 나타내는 단어 '조에'(ζωή)가 두 가지로 사용된다. 곧 '비오스'(βίος)는 딤전 2:2의 생활 방식과 눅 8:4의 이생, 막 12:44의 생활비 등을 뜻한다. 여기에 사용된 '조에'는 하나님께서 창조한 생명 자체의 본질을 가리킨다. 요한도 '영원한'이라는 용어 '아이오니온'(αἰώνιον)을 '조에'와 연결지어 영생이라는 단어로 영감의 뜻을 표현하였다. 물론 랍비 전승에 따라 영생은 다가오는 미래의 생명을 의미하지만, 영생이라는 말이 현재의 생명이 불멸한다는 뜻은 아니다. 질적으로 새로운 생명이 무한히 지속될 것임을 강조한다. 영생의 범위는 인간의 영혼뿐 아니라 본래 창조 때부터 영원히 끝나지 않는 생명을 부여받은 우리의 육체도 포함된다. 요한은 이 영생을 종말론적 미래의 희망뿐만 아니라 현실적 실제로 제시한 것이

---

6) (요 3:31-36, 5:31-47) 성경은 '생명의 부활'과 '심판의 부활'은 그리스도가 재림하실 때 성취될 것을 언급한다.

다. 그것은 하나님께서 중보자(中保者)로 보내신 그리스도를 받아들이지 않을 수 없으며, 그리스도의 증거를 받은 인간은 곧 참되신 하나님의 인(印)을 맞은 것과 같다.

하나님의 영원성과 창조의 비밀

마 24:3에서 예수께서는 제자들의 질문에 대해, 세상 끝날의 때와 그 징조(徵兆)는 알지 못하지만 분명히 그것이 나타나리라고 하셨다. '그때 인자의 징조가 하늘에서 보이리라'는 곧 그리스도의 재림이 눈에 보이게 이루어질 것이라는 뜻이다. 계 1:8에서 주 하나님께서는 스스로 알파와 오메가라 하셨다. '알파와 오메가'는 헬라어 알파벳의 첫 자와 마지막 자로, 하나님은 모든 창조와 역사의 절대적인 근원임을 나타낸다.[7] 이어 '처음'(first time)과 '나중'(later)은 '시작'(beginning)과 '끝'(an end)의 의미를 더욱 강조한다. 하나님의 행적은 사 41:4의 "태초에도 나요, 나중에 있을 자에게도 내가 그라"와 같다. 하나님께서는 영원하신 인격적 신으로서 모든 것을 절대적인 자유로 주장하신다. 그 섭리의 배경은 창 1:1의 "태초에"이다. 히브리 원어 '브레시트'(בְּרֵאשִׁית)는 '무시간적 차원의 영원의 어느 한 점으로부터'라는 뜻이 아니라, 하나님의 천지창조의 일로 시작된 시간의 출발점을 가리킨다. 그런즉 '하나님'의 원어 '엘로힘'(אֱלֹהִים)은 '엘로아'(אֱלוֹהַ)의 복수형이다. '엘로힘'이 보통명사로 쓰일 때는 이방의 신들, 천사들, 재판장 등을 의미하지만, 고유명사로 하나님의 성호(聖號)를 나타낼 때는 문법 형태는 복수형이나 실질적으로는 단수 명사로 사용된다.

---

7) (계 1:17, 21:6) 이 부분의 '처음'과 '나중'(계 22:13)은 곧 '시작'과 '끝'이라는 의미로 끝맺음을 강조한다.

그것은 '엘로힘' 복수형, 즉 명사의 단수 용법을 삼위일체의 성경적 증거로 나타낸다. 성경에서 '창조한다'라는 뜻을 가진 원어는 네 가지가 있다. ① '바라'(בָּרָא)는 무에서 유를 창조하는 순수한 의미의 창조 사역에 사용되었다. ② '아사'(בָנָה)는 근본적으로 '바라'와 동의어로, 이미 창조된 물질로부터 전혀 새로운 생명이나 물체를 창조함을 의미한다. ③ '야찰'(יָצַר a night watch)은 토기장이가 흙으로 아름다운 그릇을 만들듯이, 하나님께서 자신의 뜻에 맞도록 사물을 완벽하게 지으시는(form) 것을 뜻한다. ④ '바나'(בָּנָה)는 하나님께서 아담의 갈빗대로 하와를 지으신 것을 나타낼 때 사용된 말로, '짓다' 또는 '건축하다'(build)는 뜻을 갖는다.

이상을 종합해 보면, 하나님께서는 태초에 무에서 유를 창조하셨고, 자신이 창조하신 물질을 사용하여 우주를 자신의 뜻에 맞도록 조물(造物)하셨음을 알 수 있다.

그런즉 하나님의 영원한 계획은 정하신 때 단 한 번에 그리스도의 계시가 세상 끝에서 이루어질 것을 말씀하신다. 계 1:10의 "성령에 감동(感動)되어"라는 말씀에서, 사도 요한은 하나님의 영에 의하여 예언적 환상이 세계 속으로 전이(轉移)되고 있음을 암시한다.[8] 그것은 밧모섬에서 본 요한의 환상이다. '나를 들어 올리시는데'라는 표현은, 그가 성령의 특수한 감동에 의한 상태에 이르렀음을 말한다. 즉 하나님께서 그를 예언할 곳으로 옮기시는 광경을 계시한 것이다. 계 1:11의 "너 보는 것을 책(冊)에 써서 일곱 교회로 보내라 하시기로", 전능하신 하나님께서 선한 일을 명하신 것이다. 슥 4:2의 "내가 보니 순금 등대(純金燈臺)가 있고 주발(周鉢) 같은 것이 있고 등잔(燈盞)이 있으며, 그 등잔 꼭대기에는 일곱 관(管)이"는 곧 신약 교회

8) (겔 3:12, 14, 37:1, 행 22:17) '주의 신(神)'이란 성령의 특수한 감동을 받은 상태, 즉 예언의 계시를 의미한다.

를 상징한다. 그 등대의 불빛을 계속 유지하기 위해, 두 그루의 나무로부터 계속 기름을 공급받고 있는 것이 특징이다. 계 1:13의 '촛대'는 일곱 교회를 가리킨다. '띠를 띠고', 긴 옷과 금띠는 구약에서 제사장들이 착용하던 복장으로, 장차 그리스도께서 신약 교회의 대제사장이심을 의미한다고 볼 수 있다. 이는 일반적으로 그의 위엄과 신성의 권리를 암시하는 상징이다.

계 1:14의 "그 머리는 불의 꽃과 같고"는 영화로운 그리스도의 모습을 보여준다. 동방에서 흰머리는 존경의 대상이 되고, 연륜이 높은 것은 지혜 있음을 암시한다. 그 흰머리는 그리스도의 신상과 지혜를 보여 주고, 불꽃 같은 눈은 정확한 통찰력과 격렬한 심판을 말한다. 그의 발은 물소리와 같으며, 에스겔서나 다니엘서에서 나타나는 불처럼 빛나는 금속의 광채는 하나님의 영광의 출현과 관련된 상징 중 하나이다.[9]

그 음성이 많은 물소리와 같다는 것 역시 하나님의 영광과 위엄을 묘사한 것이다. 성전에 대한 환상을 보이신 것은 오직 하나님의 임재만이 가능하다는 뜻이며, 에스겔은 동문을 통해 새 성전으로 다시 들어오시는 광경을 보고 있다. 계 1:16의 "그 오른손에 일곱 별이 있고…날 선 검(捺善劍)…같더라"에서, 오른손은 전능과 안전의 장소이며, 그리스도의 손에 잡힌 일곱 별은 아시아의 일곱 교회의 일곱 천사를 의미한다.

한편, 좌우에 날 선 검은 악한 세력을 향한 하나님의 심판을 나타내며, 검(성령의 검)은 하나님의 목적에 신실한 증거가 된다. 곧 그리스도의 얼굴이 힘 있게 비친 해 같은 세상의 빛으로 나타나신 그리스

---

9) (겔 1:13, 27, 8:2, 42:12) '예언의 환상'은 '바퀴의 환상', 즉 '하나님의 섭리'(약 3:6)의 역사를 뜻한다.

도의 신성한 영광의 승리는[10] 이는 인자가 왕권(王權)을 가지고 오시는 것을 볼 자도 있으리라는 뜻으로 해석되며, 그곳에 있던 제자 중 죽기 전에 예수 그리스도의 재림하시는 모습을 예표적(豫表的)으로 볼 자들이 있으리라는 예언이다. 당시 제자들이 예수의 변형 사건을 볼 때 이루어졌던 "저희 앞에서 변형(變形)되시며"라는 구절에서, 누가는 예수께서 기도하고 계실 때 이 일이 일어났다고 덧붙였다.

즉, 하나님께서는 제자들 앞에서 이 변화를 일으키셨고, 그리스도의 영광이 해같이 빛나는 모습을 제자들이 본 것이다. 벧후 1:16의 "우리는 그의 크신 위엄을 친히 본 자"라는 기록이 바로 이 사건을 가리킨다. 이는 예수께서 미래의 승리와 장차 임할 천국을 예견하신 것으로, 하늘에서 홀연(忽然)히 빛난 구름이 '내 사랑하는 아들이요 내 기뻐하는 자라' 하신 말씀과 연결된다. 마태만이 빛난 구름을 보고 말한 것은 하나님의 은혜로우신 임재의 상징으로, '그의 말을 들으라'는 의미 속에 '항상 들음으로'라는 뜻이 포함된다.

이와 같이 공관복음서에는 변모의 사건이 모두 기록되어 있으나, 요한복음에는 나타나지 않는다. 복음서 외에 벧후 1:17-18은 더 중요시된다. 이 사건은 베드로의 신앙 고백과 관련되며, 예수의 메시아성(性)에 대한 인간의 증언, 곧 변모의 사건은 그리스도의 메시아성(性)에 대한 신적 증언의 상징적 표현이다. 즉, 영감(永感)으로 된 성경을 아는 것은 헬라어 '에피그노시스'(ἐπίγνωσις)로 풍부하고 진정한 삶, 곧 하나님과 그리스도를 아는 것을 가리킨다. 이것이 베드로후서의 주제를 이루며, 영광과 덕으로 신(神)의 성품(聖品)에 참여하는 자에 대해 말한다. 믿음은 그분 안에서 살아계시는 그리스도와 성

10) (마 13:43, 17:2, 계 10:1) 인자의 왕권과 변형(變形)된 얼굴이 해같이 빛났다는 것은 승리를 상징한다.

령으로 말미암아 하나님의 생명에 참여하게 되며, 올바른 지식의 믿음은 하나님의 뜻을 바른 인식으로 알게 해 준다.

거짓 교사들(곧 나타나게 될 영지주의자들)은 신자들에게 초월적인 지식을 요구하였으나, 사도들은 경건한 삶을 위해 하나님의 지식을 역설하였다. 이 지식에는 그리스도께서 가르치신 아버지의 뜻이라는 내용의 표상이 담겨 있다. 성경은 절제 안에서 역사하시는 성령의 결과로 보아야 하며[11] 그 인내의 덕목은 하나님의 섭리에 따른 시간과 관련된다. 인내하는 자는 그리스도의 재림과 죄에 대한 하나님의 형벌을 알기 때문에, 인내는 성도의 믿음을 지속하게 하고 세상이 가하는 핍박을 이기게 한다. 또한 '경건'이란 하나님의 성품을 향한 성도의 헌신으로, 생활의 모든 면에서 실천적으로 하나님을 아는 행위이다. '하나님의 부르심과 택하심을 굳게 하라'는 말씀에서 '굳게'라고 번역된 헬라어 '베바이안'(βεβαίαν)은 의사(意思)를 확인할 때 쓰는 법률 용어로, 하나님의 은혜로 성장하는 그리스도인들은 자신들이 그의 부르심을 받아 선택받게 된 것을 확신하게 된다. 또한 '넉넉히'라는 단어의 헬라어 '플루시오스'(πλουσίως)도 곧 풍부한 환영을 받는다는 의미가 내포되어 있다.

특히 고대 세계에서 전쟁의 승리자는 고국으로 돌아올 때 자기 고향이나 성읍의 입구에서 성대한 환영을 받는다. 열심히 거룩함을 추구하는 그리스도인의 미래도 이와 유사할 것이다. 믿음을 굳게 한 그리스도인들은 하나님의 나라에서 넉넉히 영접받게 될 것을 약속하신 계 1:17의 "두려워 말라! 나는 처음(初音)이요 나중(那終)이라"는 말씀은 태초에도 나요, 나중 있을 자에게도 내가 곧 그리스도라는 뜻이다. 하나님께서는 영원하신 인격적 신으로서 절대적 자유를 주

11) (롬 8:13, 갈 5:23) 성령의 결과와 (3:8) 인내의 덕목은 하나님의 섭리를 따르는 관계에서.

장하시고 섭리하심을 가리킨다. 당시 1세기의 교회는 보통 세 부류의 사람들, 즉 노예와 자유인과 노예 상태에서 자유를 받은 사람들로 구성되어 있었다. 그들은 전쟁과 파산으로, 혹은 스스로 몸을 팔거나 부모에 의해 팔려 노예가 된 사람들이었다. 일정한 기간 노역하여 값을 치른 후에는 정상적으로 자유를 다시 회복할 수도 있었으며, 여분의 시간에 종살이나 자기 주인이 요구한 것 이상의 일을 함으로써 자신의 자유를 되살릴 만큼 돈을 벌 수도 있었다.

그것은 속전에 의해 구속된 자의 경우이다. 이와 반대로 그리스도의 죽음은 우리를 죄의 노예 상태에서 해방시킨 대속물이 되셨다. 죄의 구속은 그리스도의 보배로운 피로 이루어진 것이지, 노예의 구속처럼 금이나 은으로 된 것이 아니다. 이것을 주께서 가르치신 마 5:14의 "너희는 세상의 빛이라"(You are the light of the world)는 의미로도 해석할 수 있다. 이는 그리스도인들이 세상에서 빛의 직분을 수행(修行)하려면 빛 되신 그리스도를 따라야 한다는 뜻이다. 여기서 우리는 과거의 일에 대한 영적 교훈을 다시 한번 점검한다. 전 인류 중 이방인의 복음 숫자가 채워질 때 이스라엘과 유대인이 회개하고 회복될 것임을 가리킨다. 구약성경에 기록된 언약에 관한 중요한 말씀의 배경이 여기에 선포된 것처럼, 이 새 언약은 이스라엘의 집과 유다의 집이 남북 왕국의 모든 백성과 함께 맺은 언약이다.[12] 렘 31:32의 "애굽 땅에서 인도하여 내던 날에" 시내산에서 맺었던 모세의 언약과 다른 점은, 새 언약을 맺기 위해서는 먼저 마음을 돌려 하나님과 친밀한 교제를 나누고 그리스도를 영접하여 죄 사함을 받아야 한다는 것이다.

---

12) (사 59:20, 겔 32:37-40, 16:60, 37:21-28, 히 8:8) '영원한 언약'은 그리스도께서 이루실 구원 계획을 말한다.

재림과 언약의 완성

이 모든 일들은 주께서 다시 오실 때 이스라엘을 위하여 완전하게 성취될 것이다. 마 26:28의 "나의 피 곧 언약(言約)의 피라"는 말씀처럼, 십자가 위에서 흘린 그리스도의 피가 유대인에게도 약속된 언약의 완성은 막 1:15의 "때가 찼으니"라는 문맥과 함께, 모세의 율법에서 자라나신 예수가 지상에서 통치하시는 일과 관련이 있다. 이는 구약성경에도 이미 약속되었고, 유대인들이 오랫동안 갈망했던 일이었지만, 예수께서 오신 그 나라의 백성들은 그분을 받아들이지 않고 오히려 배척하는 결과를 낳았다. 그리하여 이 나라의 성취는 유대인과 이방인을 구원하고 그의 교회를 형성하려는 하나님의 목적이 완성될 때까지 연기된다. 이는 그리스도께서 다시 오실 때 하나님의 나라(교회)가 땅 위에서 세워질 것을 단 10:14의 "말일(末日)에"라는 말씀과 같이, 즉 마지막 때의 사건들을 가리킨다.[13)]

창 49:1의 "너희의 후일에 당할 일을" 말씀한 본 장은 가나안 정복 시기와 메시아의 강림을 중심으로 이스라엘의 미래를 예언한 것이다. 이 말은 축복이지만, 그 결과는 이스라엘의 고난이 끝날 때 이방 족속의 역사와 현재 교회 시대 전반에 걸친 종말에 대해서도 암시한다.[14)] 그 의미는 계시의 중요성과 긴박성을 나타내며, 당할 일들이 모두 이스라엘의 미래를 예언한 것이다. 그 초점은 겔 38:16에서 하나님의 경륜대로 '곡'(이란)이 불의하게 이스라엘을 치는 그날에 하나님께서 불의를 심판하시며, 곡을 반드시 실패하게 하신다는 뜻이 포함되어 있다. 이는 살아계신 하나님의 거룩한 공의의 심판을 만민

13) (창 49:1, 단 2:28) '말일에'(on the last day)는 미래의 날들을 가리키는 비유적 표현으로 강조된다.
14) (딤후 3:1, 약 5:3) 주님의 재림이 가까울수록 특징의 강도가 더할 것임을 예고한다.

에게 알리려는 사건들이다. 히 1:2-3을 참조하라. 모든 날의 마지막에, 곧 그리스도의 초림부터 재림까지 복음의 경륜이 펼쳐지는 전체 시대를 가리키는 성경의 '말세'라는 용어는 문자적으로 시간, 공간, 물질세계를 포함하는 모든 시대를 의미한다.[15] 그 이유는 겔 37:1의 '하나님의 신'(神, God of God)이라는 히브리어 '루아흐'(רוּחַ)가 종종 호흡과 바람, '영'(spirit)으로 번역되기 때문이다. 이 외에도 하나님의 성령(The Holy Spirit of God)을 가리키기도 한다. 이는 인간 능력을 초월하는 하나님의 영감과 능력을 뜻한다.

그런즉 복음의 세계는 사 49:6의 "그가 야곱의 지파(支派)들을 일으켜 이방인의 빛을 삼아 나의 구원을 땅끝까지 이르게 하리라"는 말씀에서, 메시아의 사역은 유다 백성을 영적으로 일으켜 하나님께로 돌아오게 하는 것임을 나타낸다. 더 큰 일은 이방인들에게도 복음을 전하여 하나님께 돌아오게 한다는 뜻이다. 이방인은 원래 하나님의 언약 밖에서 살았으나, 그리스도로 말미암아 긍휼을 입어 구원을 얻고 하나님께 영광을 돌리게 된다.

이새의 뿌리로 오신 예수께서는 다윗의 자손으로 묘사되듯, 다윗의 아버지인 이새의 뿌리로 기술되었다. 육적인 다윗의 자손이 될 수 있었던 것은 하나님께서 영원히 작정하신 그 배후가 있었기 때문이다.[16]

'이새의 줄기에서 결실할 것이라'에서 '이새의 줄기'라는 말은 다윗 왕족의 뿌리를 강조한 암 9:11에서 '싹'이 난다는 뜻이다. 메시아가 나실 것을 의미한 한 싹은 그의 연약성을 보여준다. 연약해 보이

15) (행 2:16-17, 약 5:3, 벧전 1:20, 벧후 3:3, 요일 2:18, 유 18) '마지막 때'란 인간의 정욕과 불의, 경건치 못함을 언급한다.

16) (롬 15:12, 사 11:1, 눅 1:31) 이 부분은 이새의 줄기에서 결실할 성육신, 즉 예수 그리스도를 의미한다.

면서도, 그 싹은 튼튼하고 생명력이 있는 싹이다. 학 2:6의 "조금 있으면"은 곧 그리스도의 강림이 학개 선지자의 예언으로부터 517년의 세월이 지난 후 그리스도께서 오실 것임을 나타낸다.

'하늘과 땅과 바다와 육지를 진동(振動)시킬 것이라'는 말씀은, 그리스도의 초림이 시작될 구속사가 놀라운 변화였음을 보여 주지만, 재림 때에는 그 진동으로 하늘과 땅이 없어지고 새 하늘과 새 땅이 이루어질 미래적인 역사의 결과가 계속 진행될 것을 가리킨다. 구약에 언급된 그리스도의 오심으로, 사 53장, 시 22편, 슥 13:7의 고난받는 종과 사 9:6-7, 렘 23:5-8의 통치하는 왕을 나타낸다.

신약은 그리스도의 영광스러운 재림에 관한 개념으로 가득 차 있으며, 사도 요한의 묵시 문학적 묘사에서도 계 19:11에서 절정을 이루게 될 미래 방향성을 근거로 한다. 마 24:3과 27에서 그리스도의 갑작스러운 재림은 인간들에게 중대한 도움을 가져오며, 능동적인 임재를 의미한다. 이는 '나타나다' 또는 '빛을 발산하다'의 의미로, 이 세상의 일들에 개입하기 위하여 주께서 하늘로부터 광채 속에 숨겨 두었던 것들이 드러나는 그리스도의 계시를 뜻한다. 고전 1:7, 살후 1:7, 벧전 1:7-13에서 그리스도의 재림은, 십자가 위에서 이루신 일을 완성하고, 죽었다가 다시 살아나 세상과 세상의 왕인 사탄을 심판하며, 그의 백성을 죄로부터 구원하는 사건과 관련된다. 그러나 세상에는 여전히 반역하는 자들이 있다.

계 21-22장에서 새 예루살렘을 지적하며 요한이 묘사한 것은, 악인들의 상태가 사랑과 그것이 동반되는 완전한 결여를 인격적으로 경험하는 상태임을 보여준다. 그리스도는 이러한 목적을 위하여 다시 오셔서, 그의 백성을 위해 최후에 구원을 주시되, 죄 많은 세상에 대해서는 심판을 내리실 것이다. 그 시기는 구약에서 미래 사건들이 일어날 때와 연대기와 직접 관련된 것이 아니었다(사 50:11, 렘 7:32). 이

관심사는 사건들의 의미와 당시의 영적 상태에 있다.

그 모든 배경의 내용은 계 22:7, 12, 20, 막 13:33-37, 눅 12:35-46에서 나타난 바와 같이, 승천 이후 그리스도의 재림은 '속히' 일어날 임박한 사건으로 예정된 계시에서 나타날 것이다. 이 장의 마지막 네 번째 경고인 '깨어 있으라'는 말씀은, 어떤 사본에는 '깨어 있어 기도하라'라고도 되어 있으며, 이는 마가복음의 마지막 열 번째 비유에서 그리스도의 말씀이 제자들에게 직접 전달되어 전 인류에 공통적인 계시가 전달됨을 보여준다.

'오직 너희는 그의 나라를 구하라.' 마태복음에서도 "너희는 먼저 그의 나라와 그의 의를 구하라"고 하신 말씀과 같이, 하나님의 나라와 현세의 물질은 항상 믿는 자와 함께할 것이나, 먼저 구해야 할 것은 그의 나라이다. 이를 준비하는 자로서 '등불을 켜는' 마 25:1-13의 열 처녀 비유를 떠올릴 수 있다. 주의 재림의 대망(待望)은, 주인이 종들을 자리에 앉히고, 종들이 받을 정당한 보수가 아닌 은혜로운 대우를 의미한다. 그리스도께서 재림하실 때, 이를 기다리며 깨어 있는 성도들이 받을 은혜의 영광이다(마 25:9, 막 13:15).[17]

이는 주 앞에 충성한 청지기들에게, 그리스도께서 재림하실 때 열두 보좌에 앉아 열두 지파를 심판할 권세를 주신다는 마 19:28의 약속과도 관련된다. '세상이 새롭게 되어' 하나님의 통치로 땅이 새롭게 될 때, 즉 주기도문에서 말하는 것처럼 하나님의 나라가 세상에 임할 때, 그 나라에서는 그리스도께서 다시 나타나실 때 인간에 대한 심판이 시작된다. 최후 심판의 광경을 연상시키는 엄숙한 표현은, 장로의 재판과 같이 중요한 문제를 판단할 때, 최후에 심판대 앞에 서는 것이 두려운 심정 속에서도 편벽(偏僻)되지 않게 판단하라는

17) (마 25:9, 막 13:15) 이 말은 장래에 대한 준비는 개인적인 믿음 책임을 갖는 영적 교류이다. 환난의 급박성과 동시에 재물에 미련을 두지 말라는 뜻이다.

권고의 의미를 담고 있다.

세상의 인류는 때리고, 먹고, 마시고, 취하는 무절제와 방종과 폭행, 곧 방심의 모습으로 나아간다. 이는 '엄히 때리고'라는 의미로, 헬라어 원문에는 '쪼개어 내고'로 되어 있다. 그 원인은 특권에 따른 심판으로, 주인의 뜻을 알고도 지은 죄가 오히려 중한 심판을 받기 때문이다. 하나님의 공의는 지엄하시므로, 장차 드러날 형벌에서도 만인에게 공평하게 적용됨을 가르쳐 주시며, 주의 재림의 목적을 '성경을 참조하라'는 뜻으로 강조하고 있다.

2장

현재 일이 각 교회로부터

계 2:1-3장에 나타난 일곱 교회는 사도 요한 당시 실제에 해당할 뿐만 아니라, 모든 세대의 교회에 대한 전형으로 볼 수 있다.

계 2:1의 "일곱 별을 붙잡고 일곱 금 촛대 사이를 거니시는 이가"는 하나님의 임재를 뜻하는 영화로운 예수 그리스도의 모습을 묘사한 내용으로, 요한이 밧모섬에서 심판의 하나님으로부터 받은 계시와 같다.[18] '때가 되니'라는 것은 하나님께서 보존하신 그 섭리를, 그리스도의 영광을 위해 정해 놓으신 시기를 드러낸다.

그것은 교회 치리에 관한 것으로, 계 2:2의 "네 행위와…자칭 사도라"에서 나타난다. 당시 헬라 시대에 순회하던 철학자나 교사들은 일반적으로 가르침에 대한 대가로 돈을 받아 생활을 영위하였다. 고린도 교회에 은밀히 들어온 거짓 교사들은 자신을 사도라 칭하며, 적당한 보수를 받거나 심지어 요구할 권리를 행사하였다.

그들은 자신들의 사도직에 대한 정당성을 입증하는 수단으로, 사탄의 큰 사술을 사용하였다. 마치 사탄이 자신을 광명의 천사라 칭하는

18) (계 1:12-15, 20:11-15 참조) '옛적에 항상 계시는 이'라는 의미는 하나님의 보좌를 뜻하며 '하나님의 능하신 손'(벧전 5:6) 을 가리킨다.

것처럼, 사탄의 종인 거짓 교사들은 자신을 의의 증거자로 가장하고 나타났다.

계 2:4의 "너의 처음 사랑을 버렸느니라"는, 출애굽 당시 광야에서 하나님을 좇았던 이스라엘 백성과 하나님의 관계를 결혼 관계로 비유한 것이다. 이스라엘 백성은 애굽을 떠나 하나님의 인도대로 황막한 광야길을 따라 나섰다. 이것은 하나님에 대한 그들의 신앙적 사랑이었다.

하나님은 지난날의 경건으로 오늘날의 악행을 눈감아 주신다는 뜻이 아니다. 그들이 지난날 행하였던 행동과 같이 오늘날에도 그렇게 행동해야 한다는 의미가 아니라, 그 우위에 대해서는 호 2:19의 "은총"—즉 '인애, 인자'—을 의미한다. 히브리어로 '헤세드'(חֶסֶד)이며, 구약에서 약 250회 언급된다. 그 뜻은 충성, 경고 또는 신실한 사랑 등을 나타내며, 특히 사랑의 관계에 관련된 개념을 강조하는 하나님의 신실한 사랑을 가리킨다. 그 진실은 '에메트'(אֱמֶת)로, 곧 '진리'라는 뜻이다. 이는 옳은 것을 말할 뿐 아니라 옳은 일을 행하는 것까지 포함하며, 충실과 확고 등의 의미를 담고 있다. 즉 인애는 '헤세드'로, 언약에 나타난 사랑을 강하게 드러내는 말이며, 서로의 신의와 호의로 맺어진 양자의 관계와 친교를 말한다.

하나님을 아는 지식도 없고, 하나님의 율법을 알지 못하여 가르침이 필요하다는 뜻과 동시에, 고의적인 행위로 하나님을 무시하며 그 책임을 이행하지 않는 불신의 태도를 보인 이스라엘 백성의 지도자인 제사장과 법을 잡은 자들의 관리, 선지자들은 참 하나님 여호와를 저버리고 우상숭배를 자행하였다. 이는 제사장, 학자, 예언자 등의 유력한 지도자 계급을 가진 배신자들의 타락으로, 므낫세 왕 시대부터 시작되어 예레미야가 활동하던 시대까지 계속되었다.[19] 여

19) (렘 2:10-19) B.C. 722년에 앗시리아가 북왕국 이스라엘을 침입하여 완전히 정복하였음을 의미한다.

기에 '깃딤'은 창 10:4의 야완의 자손인, 지중해 해안에 있는 구브로(Cyprus) 지방, 즉 서쪽에 있는 나라를 가리킨다. '게달'은 아라비아 사막 동쪽에 있는 유목 민족을 말하며 동쪽 끝을 지칭한다.[20)]

동쪽 끝에서 서쪽 끝까지 모든 민족의 나라들을 살펴보면, 그들은 거짓을 숭상하며, 자신들의 거짓 신당을 버리지 못하고 그대로 숭배하였다. 그들은 참 하나님의 뜻을 저버리고 무익한 것들을 섬겼다. 이는 애굽 군대가 유다를 침략하여 괴롭히기 시작한 '놉'과 관련된다. '놉'은 카이로 남쪽 약 20km, 나일강 왼쪽 기슭에 위치하였다. 당시 애굽 제1왕조의 시조인 메네스가 건설한 초기 왕조의 수도 멤피스를 지칭하는 것으로 추정된다. '다바네스'는 나일강 변의 도시였으며, 팔레스타인으로 들어오는 국경 요충지였다. 이 배경은 "사홀의 물을 마시려는" 절과 관련되며, 애굽을 의지하는 사람들의 표현에서 '사홀의 물'은 '검은 물'이라는 뜻으로 나일강을 가리킨다. "하수를 마시려는"이라는 말은 앗시리아 세력을 의지하며 살아가라는 경고로서, '하수'는 유프라테스강을 지칭하며, '생명의 원천'은 여호와를 의지하는 유다인을 상징한다.

인간은 눈에 보이지 않는 하나님을 의지하기보다는, 어떤 구체적인 세력을 의지하려는 충동을 받기 쉽다. 성경은 하나님 외의 것을 의지하며, 하나님을 경외하지 않는 것을 무서운 죄악으로 규정한다. 이 같은 자들에게 임할 심판이 언급된 당시, 유대인들은 산과 나무 아래에서 우상을 숭배하였고, 그 우상숭배에는 성적인 문란한 행동도 수반되었다.[21)] 이처럼 과거 이스라엘 백성들이 겪은 사건들은 신

---

20) (창 25:13, 겔 27:21) 하갈과 이스마엘의 언약 성취는 그 후손들이 주로 아라비아 북부와 중부 지방에 정착하며 집성촌을 넓힌 것을 의미함.

21) (왕상 14:24, 왕하 16:4, 렘 3:6, 13) 북왕국 이스라엘의 멸망은 B.C. 722년에 수도 사마리아가 완전히 함락되고 그 백성은 앗시리아의 포로가 되었던 때를 말함.

약 시대 성도들에게 거울의 역할을 한다. 바울은 이 일들을 상기시키며, 성도들이 바른길을 걸을 수 있도록 촉구하였다. 또한 율법은 '영'이신 하나님으로부터 온 것임을 밝힌다. 하나님의 속성을 분여받은 율법은 본질적으로 신령한 것임을 표현하였다.

롬 8:2의 "생명의 성령의 법"은 곧 신자의 생활 속에서 역사하시는 성령을 가리키며, 이는 하나님의 법처럼 규칙적이지만 결코 기계적인 분이 아니시다. 성령의 생명이 '너를 해방하였다'(어떤 사본은 '나를 해방하였다')는 문구의 해석은, 계 2:1-3:22의 현재 일들에 대해 지상에 선포되어 각 일곱 교회를 향하여 주어진 계시를 가리킨다.

일곱 교회의 메시지

① 에베소 교회

이긴 자들에게 하나님의 낙원에 있는 생명나무의 과실을 많이 먹게 하리라는 내용은 교사이신 성령께서 하신 말씀이다. 사실 에베소 교회는 굳건하였으나 사랑이 식은 교회로서, 하나님은 자기 백성을 심히 사랑하심을 비유로 보여주셨다. 마치 범죄하여 버림당한 아내를 남편이 다시 찾는 사랑과 같은 표현이다. 이것은 후에 징계 아래 있던 교회를 회개시켜, 전보다 많은 복을 주시는 하나님의 경륜을 뜻하기도 한다.

에베소는 당시 가이사 아구스도 치세 때, 로마가 아시아의 수도로 정했던 곳으로(오늘날 튀르키예 서쪽 지역), 아데미 신전이 있는 무역과 문명의 중심지였다. 이 교회는 칭찬과 미덕, 선행과 인내로 확실한 교회였고, 교리의 질서도 굳건하였다. 그러나 책망받을 죄가 있었으니, 사랑을 잃어버린 퇴보적 신앙이었다. 그들은 승리의 약속을 지키지 못하였고, 결국 생명나무의 과실은 불완전하였다. 교회 상태는 정통을 지키려 하였으나 끝내 회개가 없었다. 에베소는 열심과 영적 뜨거움이 부족하여 사랑이 식은 교회, 곧 하나님의 첫사랑을 버린 교회였다.

"내 이름을 위하여" 곧 나 때문에 '너희가 나의 제자였으나…' 처음에 우리를 사랑하신 분은 요일 4:9, 19의 주 예수 그리스도이시다. 지금은 그를 위한 사랑이, 그의 계명에 순종함으로써 시작되고, 사랑은 순종을 보충해 주고 순종은 사랑을 확충하게 된다. 그러나 에베소 교회는 그 사랑을 잃어버렸다.

② 서머나 교회

서머나는 오늘날 이즈미르(Izmir)로, 에베소에서 북쪽 약 80km 지점에 있다.[22] 과학과 의술이 발달한 부유한 도시였으며, 황제 숭배의 중심지였다. 신앙 때문에 산업을 빼앗기고, 재물의 손실을 당한 그리스도인들은 그리스도를 위한 고난을 겪었다.

계 2:10에서, 네로 황제로부터 잠시 10일 동안 환난을 받으나 "실상은 네가 부요한 자라"는 말씀을 들었다. 이는 영적 인내가 충만하고 하늘의 보화로 칭찬받을 미덕이 있었고, 책망이 없는 상태를 뜻한다. 비록 그들은 가난했지만 영적으로는 부요하였다. 서머나 교회는 생명의 면류관이 약속된 말씀을 경청하는 성도들이 있었으며, 전도자들에 대한 핍박을 참는 교회였다. 곧 영적 은사가 약속된 교회로서, 말씀을 붙잡고 끝까지 견고하게 관용을 베풀던 교회였다.

계 2:17의 "내가 감추었던 만나를 주고"라는 말씀은 법궤 속에 담아 두었던 만나를 지칭한다. 예루살렘 함락 때(B.C. 586) 예레미야가 숨겨 두었다는 유대인 전승과 관련된다. 특별히 감추어 두었던 만나를, 믿음의 시련을 극복한 성도들에게 주시겠다는 약속은, 예수께서 신령한 만나를 계속 공급하시겠다는 의미이다. 이는 "흰 돌을 줄 터인데"라

---

22) (느 4:12, 단 1:12, 계 2:10) 이 절은 네로로부터 디오클레타인 황제에 이르는 10대 박해의 기간 즉 셈어적 용법을 의미한 말이다.

는 구절과 같은 맥락으로, 경기장에서 우승자의 이름을 새겨 주던 흰 돌처럼, 하늘나라에서 신앙의 승리자들에게 주실 상급을 상징한다.

③ 버가모 교회

버가모는 서머나 북쪽 약 140km 내륙에 위치한 도시로, 파피루스와 도서관이 유명한 문화도시였다.[23] '사탄의 위가 있는 데'라 불렸는데, 디오니소스, 아테네 등 여러 신을 위한 신전과 황제 숭배를 위한 세 곳의 신전, 제우스를 위한 대제단이 있었다.

버가모 교회는 전체적으로는 신실했으나, 일부가 우상 제물과 음행의 유혹에 빠져 있었다. 정부의 후원을 받는 교회로서, 가장 무서운 위협은 외적인 환난이나 박해가 아니라 내적인 부패에 있었다. 이 같은 '발람'의 교훈이나 '발람'의 길은, 신약과 유다 역사서에서 가장 무도한 위험의 대명사로 쓰인다. 유 1:11의 발람은 선지자로서 충성을 버리고 남을 속이며, 욕심을 부리는 삯꾼의 길을 걸었다.

계 2:15의 이단인 니골라당의 기원에 대해 두 가지 설이 있다. 첫째, 예루살렘 교회의 일곱 집사 중 하나인 니골라가 배교하여 세웠다는 역사적 기원설이고 둘째, '니골라'가 '발람'과 동의어로, '백성을 이김'과 '백성을 삼킴'이라는 뜻이라는 상징적 기원설이다.

그들의 주된 교리는, 복음 시대에는 율법이 필요 없으며, 육신은 약하고 영혼만이 선하다고 하여, 그리스도인은 은혜로 보호받기 때문에 무엇을 해도 죄가 되지 않는다는 것이었다. 이런 거짓 교훈으로 인해 버가모 교회는 이단에 물들었다.

④ 두아디라 교회

두아디라는 버가모에서 동쪽으로 약 75km 내륙에 위치한 상업상의 요충지로서 공업 도시였다. 이것은 빌립보에서 개종한 자주(紫紬)

---

23) (계 2:12-16) 이단에 빠진 버가모 교회는 사탄의 위가 있는, 곧 우상숭배와 음행으로 내적으로 부패한 곳으로 (민 22-25장, 31:8-16) 제우스 신전이 세워져 있었다.

장사 루디아(행 16:14)의 고향으로, 소아시아 두아디라는 붉은 자주색 빛 염료로 유명했다. 또한 태양신 아폴로의 성도로도 알려져 있었다.

그 악한 영향은 왕상 16:31의 "시돈 사람의 왕" 구절에서 볼 수 있다. 두로와 시돈은 페니키아의 두 도시 국가로서, 시돈이 더 오랜 항도(港都)였기 때문에 페니키아 전체의 대명사로 불리기도 했다. 두로 왕이 시돈까지 지배하게 된 경우, 그를 시돈 왕이라 불렀던 예가 있는데, 하람 2세의 경우도 그를 시돈 왕이라 칭하였다.

또한 오므리는 아합을 페니키아 왕의 딸 이세벨과 결혼시켰고, 그는 바알과 시돈 사람들의 왕이라 불렸다. 이처럼 시돈 사람들은 모두 거인들이었다는 전승이 있었으나, 일반적으로는 페니키아인들이었다. 이러한 이스라엘과 페니키아 사이에 맺어진 관계는 정치적으로는 편리했지만, 결국 이스라엘 속에 바알 숭배를 들여오고 그 길을 열어 놓음으로써 영적으로는 치명적인 결과를 낳았다. 그것은 두로와 페니키아의 신인 바알 멜가트(Baal Melgart)라고 부르는 신을, 가나안의 더 오래된 신인 바알과 동일시했던 데서도 알 수 있다.

이세벨은 거짓 여선지자로, 두아디라 교회의 한 여인으로서 성도들을 미혹하였다. 그녀는 우상의 제물을 먹도록 권유하고, 성적인 타락에 빠뜨렸으며, 거짓과 위선으로 태양신 바알의 신전을 숭배하게 했다. 시돈의 왕녀이자 아합왕의 왕비였던 이세벨의 교회는 사랑과 회개가 없었다. 영적 간음으로 인해 모든 질서가 부패되었고, 결국 성적 타락에 빠져 많은 이단 종파가 그 행위를 따랐다.[24] 사악한 여선지자의 교회였다.

---

24) (왕하 9:7) 아합의 왕비는 시돈의 왕녀였던 이세벨로, 그는 태양신을 숭배하는 거짓 선지자였음. 또 (왕상 22:3, 4:14) 요세푸스는 벤하닷이 그 성읍을 오므리에게서 빼앗았다고 기록하고 있음.

3장
죽어가는 사데 교회

⑤ 사데 교회

사데는 두아디라에서 남쪽으로 약 48km 떨어진 곳으로, 무역의 요충지이며 전략상 매우 중요한 도시였다. 양모 산업이 번창하여 많은 부를 누렸으나, 부와 번영이 그들에게 가져다준 것은 도덕적 부패와 사치뿐이었다.

"내가 네 행위를 아노니" — 사데의 문자적 의미는, 단지 소수만이 신앙의 순결을 지켰음을 뜻한다. 그러나 극도로 형식주의적인 외형과 영적 죽음을 감출 수 없을 정도였다. 영적 생활은 침체된 상태로, 무활동적이며 기울어진 약속 속에서 교회는 인정받으려 노력했으나 사실상 죽어가는 교회였다.

계 3:3의 "내가 도적같이 이르리니 어느 시에 네게 임할는지", 이 절은 미래에 관한 무지를 언급하며, "그 옷을 더럽히지 아니한 자"를 의미한다. 여기서 '옷'은 언제나 보이는 도덕적 면을 의미하며, 성적인 죄로 자신을 더럽히지 않은 소수의 남은 자들을 가리킨다.

"그 이름을 생명책에서…시인하리라"[25) — 이 절은 책에 기록된 모든 자를 의미하며, 그 책은 '생명'을 상징한다. 하나님의 작정에 들어 있다는 것은 육신의 생명이 구원받는다는 의미보다, 영생에 관련된 것이다. 알지 못하는 때에 특권적 성도의 신앙은 영적으로 드러나게 될 것이라는 해석이다.

⑥ 빌라델비아 교회

빌라델비아는 사데의 동남쪽 약 40km 지점에 있는 고원 도시였다. '작은 아덴'이라는 별명이 있으며, 포도 재배가 주요 산업이었다. 교회의 기원에 대해서 알려진 것은 없으나, 매우 열악한 환경 속에서도 충성스러운 교회였다. 이는 '다윗의 열쇠'를 언급한 구약의 이상적인 왕 다윗이 그리스도의 그림자로 계시록에서도 여러 번 강조되는 것과 관련이 있다.[26) 곧 다윗의 집이 그리스도의 왕국으로 예표된 것과, 그 열쇠 또한 그리스도의 절대 주권을 의미한다(계 1:18과 비교).

계 3:8의 "볼지어다 내가 네 앞에 열린 문을 두었으되 능히 닫을 사람이 없으리라 내가 네 행위를 아노니"에서 열린 문에 대해서는 두 가지 견해가 있다. ① 교회가 선교의 문이라는 견해와 ② 개인적으로는 구원에 이르는 천국의 문이라는 견해다.

이 교회는 미래 선교 활동에 대한 언급이, 과거부터 지속되고 변함없는 태도로 교회를 칭찬하는 문장 사이에 삽입되어 있다. 다만 후자의 견해가 더욱 타당한 듯하다.

빌라델비아 교회는 유대주의자들로 인한 배교의 위험에도 노출되어 있었다. 계 3:10의 "내가 시험의 때를 면케 하리니", 이는 대환난

25) (출 32:32, 시 69:28, 단 12:1) '생명책'은 하나님의 작정을 의미하는 뜻이 보완된, 즉 '영생'을 말함.

26) (렘 30:9, 겔 34:23, 37:24) '주의 날'을 가리킴.

과 휴거의 문제로 인해 다소 논쟁의 여지가 있다. 성도들이 세상에서 여러 환난과 시련을 겪어야 하지만, 성령으로부터 보호를 입고 결국 멸망하지 않는다는 해석이 가능하다.

빌라델비아 교인들은 말씀을 지켰고, 그리스도의 증인으로서 하나님의 성전에 기둥이 되어 신령한 복음교회로 성장시켰다. 그 결과 여호와께서 그들의 하나님이 되셨고, 백성과의 언약 관계를 확인하셨다. 그 믿음이 영생의 근거이며, 성령 하나님을 떠나서는 결코 영생이 있을 수 없다.

"내 종 다윗은 그들 중에 왕이 되리라" — 곧 메시아께서 백성의 중보자가 되셔서 그들을 먹이고 다스리는 목자이시며, 하나님의 백성을 위해 '영원한 왕'이 되신 주님만을 바라보게 되었음을 보여준다. 이는 빌라델비아 교인들이 받은 신앙의 복이었다.

⑦ 라오디게아 교회

라오디게아는 '백성의 정의'라는 뜻을 가진 도시로 빌라델비아 동남쪽 약 72km 지점에 있었다.[27] 교통의 요충지이며, 모직 공업의 중심지로서 유명했고, 의학이 발달한 부유한 도시였다.

"차지도 덥지도 아니한" 라오디게아 교인들의 신앙 결핍은, 하나님의 나라에 무용한 존재들임을 보여준다. 여기서 '차다'와 '덥다'의 두 형용사는 '미지근하다'의 대응어로 이해해야 한다. 라오디게아 교인들은 신앙과 제자의 도리에 태만하고, 자만과 무관심 속에 있었다. 그로 인해 그리스도께 무익한 자들이 되었음을 질책하는 표현이다. 영적으로는 하나님과의 교제가 단절되었고, 그 무관심은 세속적 자기만족에 취해 신앙이 결핍된 모습이었다. 세상의 풍요 속에서 인기 있는 '코미디 같은' 형식주의적 교회였다.

---

27) (계 3:14-22) 곧 라오디게아 교회는 형식주의적인 차지도 덥지도 아니한 미지근한 교회를 의미함.

계 3:18의 "불로 연단한 금"에서 금은 믿음을, 불의 연단은 시련을 의미한다. 금은 라오디게아 사람들이 누리던 육적인 부의 원천이었으나, 영적 궁핍을 벗어나려면 예수님으로부터 불로 연단된 금과 같은 순수한 믿음을 소유해야 한다. 또한 '흰옷'은 영적으로 벌거벗은 수치를 가린다. 라오디게아의 명산품인 광택 있는 양모가 아니라, 그리스도의 속죄로 주어진 흰옷이다.

계 3:20의 "서서 두드리노니"에서 '서서'는 현재완료형으로, 그리스도의 서심(구원을 위한 준비)은 오래전부터 완성되어 있음을 나타낸다. '두드리노니'는 현재형으로, 회개를 촉구하는 주님의 역사가 진행형임을 의미한다.

계 3:22의 "귀 있는 자는 들을지어다", 계 2-3장에 기록된 일곱 교회에 보낸 편지의 일곱 가지는 공통된 형식을 지닌다. 수신인, 말씀하시는 주님의 모습, 교회의 사정, 그에 따른 칭찬, 책망과 회개, 권면 그리고 이기는 자에게 주어질 상급으로 구성되어 있다. 마지막은 "귀 있는 자는 들을지어다"라는 외침으로 끝난다.[28] 이 예언의 성취는 종교적 타락 속에서 나타난 모든 기독교 박해와 오해가 하나님과 그리스도에 대한 불신과 무지에서 비롯됨을 드러낸다.

성령의 사역과 교회

성령은 사도들과 복음 전도자, 설교자들을 통하여 세상을 책망하신다. 사람들을 통해 복음의 진실성을 확신케 하신다. 그러나 불신자들은 성령께서 죄를 깨닫게 하심을 무시하며, '의'에 대해 멸시하고, 장차 올 심판에 대해 전혀 주의를 기울이지 않는다.

---

28) (요 16-17장) 포도나무의 비유로 상징된 그리스도와 교회의 연합과 성령의 사역을 의미함.

그들의 무관심은 곧 "나를 믿지 아니함이라"는 말씀과 같다. 최대의 근본적인 죄는 불신앙이다. 세상의 임금은 심판받을 것이며, 그리스도께서 십자가에서 사탄을 이기셨으므로 불신자들에게는 장차 올 심판이 예고된다.

그 시기에 제자들은 그리스도의 많은 일들을 그의 부활 후에 깨닫게 되었고, 성령 강림 이후에야 이해하게 되었다. '자의'는 곧 그 자신의 권위로, 장래 일과 이 일들 즉 장차 이루어질 그리스도의 재림뿐 아니라, (제자들이 충분히 깨닫지 못했던) 그리스도의 죽음과 그 의미까지도 보여준다.

고전 2:10의 "성령은 모든 것, 곧 하나님의 깊은 것이라도 통달하신다"는 말씀은 성령의 신성을 드러낸다. "내 것을 가지고" — 즉 내 교훈과 나와 관계된 모든 것이 — 성령의 가르침의 사역은 성령이 오신 이후 줄곧 교회를 인도해 왔다.

모든 교회는 예수님의 지상 사역에서 "그(성령)가 내 것(그리스도의 것)을 가지고 너희(사도들)에게 알리리라"는 말씀을 기억해야 한다. 예수께서는 죽음에서 부활하시고 승천하셨으므로, 제자들은 그를 육안으로 보지 못하게 될 것이라는 뜻이다.

그런즉 성령이 그리스도의 대리자로 이 땅에 오셔서 그의 일을 수행하실 것을 예언하시고, "내가 아버지께로 감이라"라는 말씀을 그리스도께서는 세 번이나 제자들에게 언급하셨다.[29)]

이처럼 예수께서는 제자들이 묻고자 함을 아시고, 제자들과의 헤어짐을 아이를 낳는 산고로 비유하셨다. "서로 문의하느냐"는 질문에 대한 답변으로, 아이가 탄생할 때 그 기쁨이 부활과 같은 영광이

---

29) (요 14:12-17, 16:8-11, 16:16, 17) '아버지께로 감'은 (요 2:24, 4:16, 6:65) 예수의 말씀 권위에 따르지 않는 자들이 많았던 원인이 하나님의 작정에 관한 말씀을 깨닫지 못한 까닭임을 말함.

라는 말씀을 하셨다.

“그날은 내가 아버지께로 가는 날이니, 나의 이름으로 아버지께 물을 것이라.” 여기서 ‘그날에 묻지 아니하리라’는, 구하지 아니하리라는 의미로 해석될 수 있다. 주의 이름으로 보내실 성령의 역사 없이는, 주의 이름으로 기도하고 응답받는 것이 불가능하다.

“구하라, 그러면 받을 것이요” — 이 구함은 구원의 문제에만 국한되지 않는다. 무엇이든지 주님의 이름으로 구하면 주신다는 의미다.

“너희 기쁨이 충만하리라” — 이 기도의 응답을 받는 자는 하나님의 사랑을 확인한 자이므로 기뻐할 수밖에 없다는 뜻이다.

그 기도가 응답되는 이유는 인간에 대한 무한하신 하나님의 부성을 나타내시는 위엄이 곧 계시이기 때문이다. 요 16:29-30의 “지금은 아무 비사도 하지 아니하시니” — 보라, 때가 이르면 성령 강림절 이후, 곧 오순절 이후에는 제자들이 주의 이름으로 직접 기도하게 될 것을 강조한다.

“세상에서 있을 것이나” — 이는 단순히 우리가 죄악 세상에서 살기 때문에 당해야 하는 시련들을 의미한다. 그런즉 아버지께 구함은, 오순절 이후 정상적인 그리스도인들에게 성전이 되어 주신다는 뜻이다.

성부의 사랑을 받을 조건은 성자를 사랑하고 믿는 것이며, 그런 자에게 아버지의 진리를 밝히신다는 것이다(롬 5:8). “하나님의 사랑을 확증하시고” — 이는 보이시고 또 증명하신다는 뜻으로, 그 안에는 그리스도의 선재와 성육신, 죽음과 승천이라는 네 가지 근거가 열거되어 있다. 이때 제자들의 의심이 풀리고, 진리에 대한 이해가 열리기 시작하였으며, 이는 다락방 강화를 마무리하는 결론이었다.

또한 “세상에서 너희가 환난이 있으나 담대하라” 이 말씀은 세 가지 측면을 포함한다. ① 우리가 죄악 세상에서 살기에 당면하는 시련들, ② 하나님께서 우리의 삶에 특별히 주시는 고난, ③ 하나님으로부터 직접적으로 오는 징벌이다.

그리고 위대한 대제사장이신 예수께서 다음 다섯 가지를 놓고 기도하신 표상이 여기에 함축되어 있다. ① 자신의 영광을 위해, ② 신자들의 보호를 위해, ③ 신자들의 성화를 위해, ④ 신자들이 하나님을 위하도록, ⑤ 신자들의 궁극적 영화를 위해 기도하셨다.

이는 근본적으로 교회를 이을 사람들을 위한 중보기도였다. "모든 자를 위해"와 "모든 육체"라는 뜻은 전형적인 히브리식 표현으로, 하나님의 영화로우심과 대조되는 연약한 인간성을 언급하는 것이다. 그러므로 그리스도께서는 영생을 정의하신 것이다. 영생의 본질은 하나님을 알아가는 것인데, 그 유일한 방법은 그리스도의 진리를 알고 깨닫는 것이다. 그 이유는 그리스도께서 하나님과 인간 사이의 유일한 중보자이시기 때문이다. 신적 계시는 교회가 확립되는 기초가 되며, 이는 신적 메시지를 뜻한다.

그리스도의 중보

특히 그리스도께서 신자들을 위해 기도하신 일곱 가지는 다음과 같다. ① 요 17:11~15 — 악에서 구원됨, ② 요 17:21~23 — 하나님과 주가 하나이신 것처럼 모든 신자의 연합, ③ 요 17:13 — 주의 기쁨이 모든 신자 속에 충만하게 됨, ④ 요 17:17~19 — 신자들이 하나님의 일을 위해 성화되도록, ⑤ 요 17:24 — 하나님께서 신자를 사랑하심을 세상이 알도록, ⑥ 요 17:24 — 주와의 연합, ⑦ 요 17:24 — 아버지의 영광을 볼 수 있도록.

"내 것은 다 아버지의 것이요" — 하나님과 완전히 동등하다는 주장이다. 아버지의 거룩은 죄와 불의가 가까이하지 못하게 하는 하나님의 도덕성을 말하며, 이것은 하나님의 사랑을 느끼게 하는 속성이다.

요일 4:7~20의 위대한 진술, "하나님은 사랑이시라" — 이 최고 성격의 역설은, 하나님께서 먼저 사랑하지 않으셨더라면 우리는 결코 그 사랑하는 방법을 알 수도, 실천할 수도 없었을 것임을 밝힌다. 그분의 사랑은 우리 안에서 온전히 이루어지고 성장할 수 있어야 한다.

"사랑하는 자들아" — 복수 호칭과 명령적 형태를 볼 때, 저자가 공동체에게 말하는 것이 확실하다. 그 공동체가 상호적인 사랑을 실현하고자 하는 것은, 하나님께서 계시하신 명백한 요청이다. 그 본질적 사랑은 하나님께서 여러 활동 가운데 일부로만 나타내시는 것이 아니라, 하나님의 모든 활동이 사랑의 역사이다.

"하나님을 본 사람이 없으되" — 당시 거짓 교사들은 환상을 통해 하나님을 보았다고 주장했다. 그러나 요한은, 그리스도를 통하여 하나님께서 역사하신다는 사실을 시인하는 자는 하나님이 그의 안에 거하시고, 그가 하나님 안에 거하는 거룩한 친교에 동참하게 된다고 하였다.

이전에도 요한은 서로 사랑하라는 계명에 대한 복종과 성령의 은총이 하나님의 사랑에 의해 위임되는 것을 설명했다.[30] 그 친교는 요일 2:23처럼 하나님과 함께하는 자, 요일 4:2처럼 육신을 입고 오신 하나님의 독생자를 시인하는 자에게 이루어지는 것이다. 그 의미는, 사랑으로 가득 찬 삶을 사는 성숙한 성도가 심판에 대해서도 담대할 수 있다는 것이다. 이는 그리스도께서 소유한 사랑을 가진 자들이 세상 속에서 그 사랑을 배우고 경험하게 된다는 뜻이다.

---

30) (요일 3:24) 성령이 거하고, (요 15:1-10) 주 안에 거하는 삶은 그 계명을 지킴으로 증거된다는 뜻임.

요한은 여기서 사랑과 두려움을 대조시킨다. 사랑이 있는 곳에는 두려움이 없고, 두려움이 있는 곳에는 사랑이 없다. 사랑이란 하나님의 사랑 안에 거하는 생활을 의미한다. 하나님의 사랑 안에 거하는 자는 죄를 알게 되므로 범죄하지 않는다는 설명이다. 성도의 순수한 사랑은 하나님의 무조건적인 절대 사랑에 근거하며, 성도는 하나님의 선행적 사랑을 닮으려 노력하는 가운데 사랑을 실천할 수 있다. 성도의 구체적인 증거는 형제를 사랑하는 것으로 나타난다.

"이 계명을 주께 받았으니" — 요한은 하나님 사랑과 이웃 사랑이 결코 분리될 수 없음을 밝힌다. 이는 막 12:30~31의 예수 가르침의 반영이다. 하나님 사랑은 계명을 지키는 행동으로 구체화되며, 주님의 계명은 세상 사람에게는 무겁게 느껴지지만, 하나님의 자녀에게는 세상을 이기는 신앙이 있기 때문에 무겁지 않다는 것이다.[31)]

세상에 대한 승리를 믿음과 연결하는데, 헬라어 동사와 시제는 이 승리가 이미 과거에 이루어진 것임을 강조한다. 우리의 믿음은 예수께서 성취하신 승리를 통해 받은 것이며, 만일 우리가 하나님의 거룩하심을 잊으면 죄를 두려워하지 않게 된다. 아버지의 부성을 잊으면 낙심하게 된다. '보전'의 의미는 주님의 깊은 목양적 보호 속에 지킴을 받아 외부의 위험으로부터 보호되는 결과를 뜻한다. 예수께서 보증하시는 진리는, 신자 중 한 사람도 길을 잃지 않는다는 것이다. 가룟 유다의 실족은 목자이신 그리스도께서 실패하신 것이 아니라, 그가 '멸망의 자식'이었기 때문이다. 신약성경은 이 신분에 대해 두 번이나 언급한다.

"너희는 미혹되지 말라" — 하나님을 대적하고 배반하는 반란은 이러한 일을 통해 '불법의 사람'이 출현하게 된다. 이 불법의 세력은

---

31) (마 11:28-30) 모든 사람의 구원에 초청은 삼중적인 성격을 가진 ⓐ 구원과 ⓑ 배움과 ⓒ 멍에를 메고 섬김은 그 규범의 훈련으로 성도에게 용기를 주시고자 하는 말씀임.

항상 작용하며, 불법의 사람은 환난 날 동안 역사할 미래의 인물, 곧 '멸망의 아들'과 같은 존재다. 가룟 유다를 말하는 후자의 경우에는, 최후의 모습이 드러나기까지 '불법의 사람' 즉 적그리스도를 뜻한다. 그러나 아직 세상에는 많은 그리스도인이 살고 있으며, 그들은 세상에 속하지 않는다.

이들은 세상에서 미움을 받지만, 하나님의 거룩한 목적을 위해 분리된다. 이것은 오직 진리를 위해, 하나님의 말씀을 통해서만 가능한 교회의 선교를 위한 위대한 성경적 진리이다.[32] 모든 성도는 그리스도의 한 몸에 속하며, 하나님의 권속에 속한다. 영적 일치는 영적 은사의 실천과 기도, 권면 속에서 눈에 보이게 나타나는 성과다.

아버지와 아들로 인해 성도와 세상의 관계는 뚜렷해진다. 성부께서 성자를 사랑하심같이 모든 성도를 사랑하시는 이유는, 승리의 확신과도 같다. 그러므로 성부께서 성자를 보내신 것은 증거이며, 세계 교회는 성령으로부터 말씀을 전해 듣고, 모든 교회가 함께 바르게 성장해야 한다는 설명이다.

32) (요 8:32-36, 엡 5:26, 벧전 1:22) '오직 진리'와 '신적 계시'는 죄와 질병과 이생의 모든 저주로부터의 자유의 비결을 말함.

4장

하나님의 보좌에 관한 환상과 미래의 일

본문 4장에서부터 마지막 21장까지는 미래의 일에 대한 계시록의 주요 부분으로 성경의 가장 난해한 부분이기도 하다. 종교개혁자 칼빈이 4장에 이르러 주석 작업을 겸손히 멈춘 것은 깊이 음미할 만한 일이다. 이 미래 계시의 첫 환상은 보좌에 앉으신 하나님의 환상이었다. 계 4:1의 "후에 마땅히 될 일을…보이리라" 이 예언은 하늘이 열림과 동시에 하나님의 자비로움은 천사를 보내어 에스겔에게 계시(啓示)하신다. 아직은 재앙이 이르지 않자, 백성들은 헛된 속담을 만들고, 거짓 선지자들은 위로를 들으려고 했다. 겔 12:22의 "날이 더디고 모든 묵시가 응험이 없다 하는", 겔 12:27의 "그의 보는 묵시는 여러 날 후의 일이라" 혹은 "날이 더디다"의 말은 예언 성취가 연기된다는 뜻이다. 겔 12:23에서 하나님께서는 "날과 모든 묵시의 응함이 가까우니"라고 선포하신다. 곧 심판이 임박했으며, 심판에 대한 모든 환상의 성취가 멀지 않았다는 뜻이다. 보좌의 준엄한 책망을 예시해 준다. 그대로 이루시는 공의의 하나님이심을 밝히는 말씀이다.

에스겔의 예언은 이방인들이 아니라 순종치 않고 패역한 죄악을 범하는 이스라엘을 예의 주시하며 관찰하고 있음을 고백한다. 오늘날의 많은 성도에게도 울리는 경종으로 보아야 할 것 같다. 특히 신·구약성경에 나타난 하나님과 인간의 교제는 하나님의 능동적 행동으로 의해 허락되고 성립된다. 시 103:19의 "보좌를 하늘에 세우시고 그 정권으로 만유를 통치"하신 하나님의 장엄하신 일은 개인적 복과 그의 국가적 복과 사죄하는 영원한 사랑으로 인하여 하나님을 찬양하라는 일반적인 권면의 강조이다. 곧 메시아의 복음을 통한 보편적인 평강을 의뢰한 이 예언은 그리스도의 초림으로부터 시작하여 마지막 그리스도의 재림 때까지 성취될 일을 가리킨다.[33] 사 66:1~2의 "하늘은 나의 보좌(寶座)요 땅은 나의 발등상이니"는 창조주 하나님께서는 하늘을 보좌로 삼아 앉아 계시고 땅을 발등상 삼아 계실 성전은 따로 필요치 않다는 말씀이다.

하나님의 보좌와 성전

하나님께서는 모든 것을 채우시는 창조주이시며 온 우주 만물의 소유자이시다. 사람이 성전을 지어 봉사할 때 하나님의 무한하신 영광을 잊어버리고 자신들이 지은 건물에만 신경을 쓴다면, 하나님께서는 그런 성전을 원하지 않으신다.

하나님은 마음이 가난한 자, 곧 죄를 무서워하며 회개하는 자를 위로하시고, 하나님의 말씀을 존귀하게 여기고 두려워하는 자를 사랑하신다. "그들이 부르기 전에 내가 응답하겠고" — 이는 하나님과 그 백성 사이에 조금도 장벽이 없다는 말이다. 그리스도의 보혈로 성립된 것, 곧 그리스도의 재림으로 완성된 교회에서 이루어질 일이

---

33) (사 2:4, 9:4-6; 시 115:9) 그런즉 '여호와의 신'을 믿는 곳은 곧 교회를 의미함.

다. 이 약속은 우리가 그리스도로 말미암아 하나님을 아버지라 부를 수 있다는 데서 성취된다.

계 4:2, "내가 곧 성령에 감동하였더니" — 이는 무적의 임금을 가리키는 메시아, 곧 왕이신 그리스도께서 영적으로 승리자이심을 나타낸다. 그런즉 계 4:5의 "보좌로부터 일곱 등불 켠 것이 곧 하나님의 일곱 영이라"는 구절의 '일곱 영'은 성령을 가리킨다. 성령을 일곱 영이라 부른 것은 그의 완전성을 나타낸 것이다. 이 표현은 등대(lamp stand)의 일곱 가지 촛대가 성령의 역사를 상징함을 보여준다.[34)]

성경에서 '7'이라는 숫자는 완전성을 가리킨다. 레 24:1~4에서, 이 등대의 불을 꺼뜨리지 않고 계속 켜 두는 것은 성령의 역사와 함께, 유대인에게 중요한 상징이었다. 등대는 밤낮으로 장막 안을 비추었으며, 순결한 기름은 백성이 준비했고, 대제사장이 밤낮 끊임없이 등불을 밝혔다. 오늘날 성도들도 주님의 불이 꺼지지 않도록 순결의 등대 위의 등잔을 정리해야 한다. 이것이 곧 신앙의 정조를 지키는 것이다.

창 1:3, "하나님이 가라사대" — 이 구절은 6일간의 창조 기사에서 10번 반복되며, 하나님의 말씀이 동시에 행동의 능력을 가진다는 것을 보여준다.[35)] 여기서 말하는 빛은 제4일에 창조된 태양이 아니라, 지구와는 상관없는 근원적인 빛, 즉 가시적이지 않은 어떤 에너지원으로 볼 수 있다.

'첫째 날이니라' — 여기서 히브리어 '욤'(יוֹם)의 시간적 길이에 대한 대표적 학설은 다음과 같다. ① 창세기 1장의 '날'의 기간은 서로 다르다. 시간 계산의 표준인 태양은 제4일에 창조되었기 때문이다.

---

34) (출 37:17-24) 이 등대(lamp stand)는 일곱 가지의 촛대로서 성령을 상징함.
35) (요 1:1, 히 11:3) "태초(太初)에 말씀이 계시니라"에서 이 '말씀'은 곧 헬라어로 '로고스'(λόγος)를 가리키는 말임.

② "저녁이 되며 아침이 되니"라는 표현에서, 저녁이 하루의 시작이라는 유대인의 시간관념에 따라 24시간의 의미로 본다. ③ 창 2:4의 '날'을 '때'라는 뜻으로 사용하기도 하며, 욥 14:6, 시 90:4, 140:7 등에서도 날을 한정할 수 없는 시간으로 쓰는 것을 볼 수 있다. 이는 한 시대 또는 지질학적 연대로 해석되기도 한다.[36]

결론적으로, 일자설과 연대설이 있으나 어느 하나를 절대시해서는 안 된다. 하나님께서 천지를 창조하실 때 첫 번째 빛을 창조하신 것처럼, 항상 이스라엘의 빛으로서 자신의 완전하심을 표상하신 것이다.

또한 '궁창'은 지구와 맞닿아 있는 대기권의 하늘을 말한다. 궁창 위에 있는 물, 곧 대기권의 수증기에 의해 지구는 온실과 같은 상태가 되었고, 생물은 최적의 환경을 누리게 되었다. 고대 족장들의 장수와 대홍수 당시의 엄청난 비는 창세기 6~9장과 관련된다.

"각기 종류대로" — 히브리어 '레미노'(לְמִיכך)라는 표현이 창 1장에서 여러 차례 반복되는데, 이는 종(種)의 근본적 변천을 주장하는 진화론을 부정한다. 생물계의 재생산에는 넘을 수 없는 경계가 있다. 여기서 '종류'(kind)라는 말은 생물 분류 기준의 여러 단위 중 과(genus)를 특정 범주로 동일시하기는 어렵다. 하나님께서는 비교적 적은 기본 구조형을 창조하시고, 그 종류 안에서 환경에 따라 적응하며 변할 수 있도록 만드셨다.

하나님께서 그들에게 복을 주신 것은, 인간이 죄를 짓기 이전에 하나님께서 창조하신 모든 피조물이 보시기에 심히 좋았고 완전한 복을 누렸음을 뜻한다. 그러나 타락 이후 피조물도 탄식하며 회복

---

36) (욥 14:6, 시 90:4, 140:7) '날'(day)이 '때'(when)라는 뜻은 인류 중 가장 오래 살았던 므두셀라의 969년간을 하나님께서 하루와 같다는 뜻으로 표현하신 비유임.

의 때를 기다리고 있다. '우리'라는 복수형은 삼위일체 교리의 중요한 근거이다. 동등한 각 위격의 완전한 협동은 복수형 단수 명사인 '엘로힘'과도 일치한다. 절대 유일신 하나님의 삼위일체는 성경의 신비이다.

"우리의 형상을 따라, 우리의 모양대로" — 이는 인간의 육체 구조에 대한 언급이 아니라, 영적·도덕적 본성을 의미한다. 물론 인간의 육체도 이러한 영적·도덕적 본성을 표현하도록 적절히 지어졌다. 하나님의 형상을 따라 지음받았다는 것은, 인간이 하나님을 인식하고 교제할 수 있도록 지음받았다는 뜻이다. 범죄했을 때는 그 도덕적 형상을 잃게 된다. 그러나 지성, 감정, 의지와 같은 영적 본성은 어두워졌어도 계속 남아 있다.

요 1:3, "만물이 그로 말미암아 지은 바 되었으니…그 안에 생명이 있었으니, 이 생명은 사람들의 빛이라" — 여기서 '생명'과 '빛'은 요한이 즐겨 쓰던 표현이다. 빛은 그리스도 안에 있는 생명을 드러내며, 그 생명을 거절하는 자들에게는 심판을 가져오는 계시이다. 생명은 그리스도의 대속에 근거한 구원과 구속을 가리킨다. "어두움이 깨닫지 못하더라" — 곧 어두움이 빛을 이기지 못했다는 의미로, 사탄의 권세가 말씀을 이기지 못했음을, 그리고 말씀이 십자가에서 어두움의 권세를 이기셨음을 나타낸다. 그러므로 예수께서는 전 인류 세상을 향해 해결자의 계시자로서, 빛의 역할을 말씀으로 나타내셨다. 이 징조와 우레, 소리도 출 19:16에서 전에는 나팔 소리를 결코 들을 수 없었다. 예수께서 교회를 위해 오실 때까지는 들을 수 없을 것이다.

고전 15:52, 살전 4:16은 온 백성을 떨게 하며, 메시아 통치의 시작을 선포하는 사 27:13의 의미를 드러낸다. '그날에 모으시리라' — 장차 있을 유다 백성의 포로로부터의 귀환을 말하기도 하며, 영적인 의미로는 메시아 시대에 세계 각국에서 하나님의 백성을 모으는 것을 뜻한다.

그런즉 하나님의 보좌는 계 4:6의 "보좌 앞에 수정과 같은 네 생물"로 묘사된다. 여기에 나타난 하나님의 환상은 독특하다.[37] 네 생물의 그룹들은 하나님의 거룩하심을 호위하는 일단의 천사들이다. 겔 1:4의 "내가 보니"에서 에스겔은 구름 중심부에 불덩어리가 나타나고, 그 가운데에 달군 쇠 같은 것이 있는 것을 보았다. 이들은 아담과 하와가 에덴동산에서 쫓겨난 뒤, 생명나무로 가는 길을 지켰다. 그들의 형상은 법궤의 속죄소에 고정되어 있었으며, 지성소 앞을 가리는 휘장에도 수놓아져 있었다.

사탄도 한때 이와 같은 그룹 중 하나였다. 실제로 이 네 바퀴는 하나님의 무소부재하심을 나타낸다. 네 생물의 얼굴 모양은 모든 살아 있는 생물들을 대표한다. 이는 하나님께서 창조하신 것 중 가장 고상하고 지적인 존재들임을 암시한다.

가장 먼저 언급되는 것은 하나님의 형상으로 창조된 인간이다. 사자는 주권 혹은 왕권을 나타내며, 송아지는 힘 또는 충성된 종을 의미한다. 마지막으로 독수리는 날개를 지닌 가장 고상한 동물로서 민첩함을 나타낸다.

바퀴는 하나님의 섭리의 역사를 상징한다. 바퀴들은 네 생물처럼 스스로 움직이지 못하지만, 어떤 힘에 의해 움직이도록 만들어졌다. 바퀴와 바퀴, 생물과 바퀴 사이에 긴밀한 관계가 있어, 네 생물이 움직이면 바퀴도 함께 움직였다. 바퀴에 얼굴이 있다는 뜻은, 하나님의 섭리가 전 세계에 영향을 미침을 의미한다. 이 생물들이 움직이는 대로 질서 있게 움직인 것은, 생물의 영이 그 바퀴 속에 있었기

---

37) (사 6:2, 겔 1:4-25, 10:1-22) '스랍'이란 '불타다'라는 뜻으로 청결의 대행자를 가리킨 말임.

때문이다.

생물의 머리 위에는 수정 같은 궁창의 형상이 있었으며, 땅에서 일어나는 모든 일은 하늘의 영향과 감독 아래 이루어진다. 에스겔이 본 형상도 하나님께서 궁창 위 높은 곳에 계시며, 천사들은 궁창 아래에서 하나님의 통치에 순종함을 묘사한다. 그 날개의 소리는 전능자의 음성이며, 군대의 소리 등은 하나님의 음성을 가리키는 듯하다.[38] 그런즉 하나님께서는 천사들의 주이시다. 세상의 모든 일을 총지휘하시는 주관자의 신적 계시는 선지자들에게 주어졌고, 영원한 말씀의 일은 선지자들이 탐구하는 자리였다.

겔 1:27, "내가 본즉 그 모양은 주위에 불 같고 사면에 광채가 나니" — 이 말씀은 에스겔이 궁창에서 들리는 음성을 듣고 몸을 돌이켰을 때 '인자' 같은 이의 모양을 본 장면이다. 그가 본 보좌는 영광과 은혜, 곧 승리의 통치적 하나님과 심판의 보좌를 상징한다. "예루살렘 위에 던져질 숯불의 환상과 성전을 떠나는 하나님의 영광과 그룹들을 본 환상이라."

겔 10:2, "그룹 밑 바퀴 사이로 들어가더니" — 남은 자 중 신실한 무리에게 표를 하던 천사 같은 사람이 멸망의 숯불을 그 성에 흩어버리는 장면이다. "예루살렘의 북향 문에 이르니 투기의 우상의 자리가 있는 곳이라" — 본래 투기의 우상은 므낫세왕이 세웠으나, 후에 요시야왕에 의해 파괴된 바알과 아세라 여신상을 가리키는 듯하다.[39] '투기'는 문자적으로 자기 소유와 권리를 지키는 것을 의미한다. '그 사람이 들어갈 때 구름이 가득하니' — 속죄소의 빛과 구름

38) (겔 10:5) 그룹은 불과 관련된 하나님의 진노를 상징하나, 성결에 불은 하나님의 의지(意志)를 계시한 성결의 찬양은 곧 "하나님의 음성"을 뜻함.

39) (겔 8:3, 왕하 21:1-3, 대하 33:7, 히 3:16) 이 투기의 우상은 므낫세 왕이 세웠으나 요시아왕에 의해 파괴된 바알이나 아세라 여신상을 가리킴.

은 하나님의 임재를 상징한다. 하나님께서 법궤 위 그룹들의 머리 위에 계시다가 이제 성전 문에 임하신 것은, 죄악과 패역으로 가득한 이스라엘을 떠나시려는 의미이다. 이에 베옷을 입은 자가 하나님의 명령을 받고 그룹들 사이에서 불을 취하는 장면이 묘사된다. 이 그룹들의 날개 소리는 "전능하신 하나님께서 말씀하시는 음성"이라고 했다. 곧 하나님의 의지를 계시하며, 하나님의 진노와 위엄을 나타내는 것이다.

'불을 취하라' — 그룹은 불과 관련되어 있는 하나님의 진노를 상징하나, 동시에 그의 성결을 나타낸다. 이 그룹들은 하나님의 성결의 불을 체험하는 자들이다.

네 생물과 스랍의 환상

계 4:8, "네 생물은 각각 여섯 날개가 있고 그 안과 주위에 눈이 가득하더라" — 여기서 '거룩하다'는 말은, 주 하나님 곧 전능하신 이가 전에도 계셨고 지금도 계시며 장차 오실 자라는 의미로, 하나님께 돌려야 할 영광을 성결의 찬송으로 화답하는 표현이다.

바퀴의 설명은 대부분 조화를 이루나,[40] 몇 가지 점은 차이가 있다. 앞바퀴는 다른 바퀴를 움직이고 따르게 하며 방향을 결정한다.

그 교훈은 다음과 같다. ① 눅 9:62 — 여호와를 따르는 길은 절대적으로 옳고 바르므로, 처음 방향에서 결코 돌아서지 않는다. ② 갈 6:9 — 여호와를 따르는 길은 필경 면류관을 받는 길이다. '눈'은 지혜와 밝음을 의미하므로, 여호와께서 인도하시는 길은 결코 맹목적이 아님을 보여준다.

---

40) (겔 1:15-21) '그 바퀴의 형상과 구조는 넷이 황옥 같고 눈이 가득하다'는 뜻은 하나님의 섭리가 전 세계에 미칠 영향은 네 생물의 영들이 바퀴 속에 있다는 것임.

여호와의 영광이 성전 문지방을 떠나, 보좌 위에 앉으신 이스라엘의 하나님께로 향한다. 성전 동문 입구에서 하나님의 영광이 자리를 정하신다. "이스라엘의 하나님"이라는 표현은 언약의 하나님으로서 성전을 떠나심으로 은혜로운 임재를 거두신다는 뜻이다. 이는 언약의 백성 전체가 아니라, 예루살렘과 유다에 거하는 패역한 이스라엘을 떠나신다는 의미이다.

이때 에스겔이 본 이상 중에서, 처음 환상 속 생물이 바로 그룹이라는 사실이 밝혀진다.[41] 이사야서의 스랍은 에스겔서의 그룹과 연결하여 이해할 수 있다. 이 왕권은 힘, 영원성, 신속한 행동 등 하나님의 품성을 반영하며, '생의 바퀴'는 환상적 의미로 스랍을 나타낸다. '스랍'(Seraphim)은 '불타다'라는 뜻으로, 정결의 대행자를 가리킨다.[42] 이들은 하나님을 가까이 모시는 근위의 천사이며, 불타는 성결을 소유한다.

"모시고 섰는데" — 이것은 하나님께 봉사하는 태도로 서 있는 모습을 의미한다. "서로 창화하여" — '창화'는 서로 노래를 맞추어 부르는 것을 뜻한다. 세 번 반복된 '거룩하다'(קָדוֹשׁ, 카도쉬)는 최상급을 나타내는 히브리식 표현이며, 하나님께서 창조물과 구별되심을 뜻한다. 인간은 하나님께 의존하지만, 하나님은 모든 인간으로부터 독립하신다. 하나님의 영광은 그의 임재적 속성의 계시이며, 연기는 임재의 징조이다. 특히 진노를 나타내실 때 하나님의 심판이 시위되는 것은, 사람이 하나님을 보면 죽는다는 사상과 맞닿아 있다. 그 이유는 사람의 입술에서 나오는 모든 근본적인 죄악 때문이다. 이

---

41) (겔 1:4-28) 에스겔이 본 네 생물의 얼굴들의 모양은 사람, 사자, 송아지, 독수리로 가장 고상한 동물로서 민첩성이 나타남(계 4:6-8).

42) (약 3:6, 사 6:2, 6) 죄의 '불'은 생의 바퀴를 불사르고, 인간 생애의 전 과정의 혀는 파괴적인 힘을 묘사함. 지옥에 대해서는 마 5:22을 보라!

사야는 하나님께 찬송하는 스랍들의 입술과 비교해, 자신의 더러운 입술을 사망에 해당하는 것으로 보았다.

사 6:6, "그 스랍이 화저에 핀 숯을" — 이것은 용서의 상징이다. 세 쌍의 날개를 가진 이 천사들은 하나님의 명에 따라 움직이도록 만들어진 존재들이다. 그것이 네 생물들이 움직이는 대로 질서 있게 움직일 수 있었던 것은 네 생물의 영이 바퀴들 속에 있었기 때문이다. 이 생물의 머리 위에는 수정 같은 궁창의 형상이 펴져 있었고, 보기에 심히 두려웠다. 곧 땅에서 일어나는 모든 일들은 하늘의 영향력과 감독 아래 이루어진다는 증거였다. 이러한 형상은 하나님께서 궁창 위 높은 곳에 계시고, 천사들은 궁창 아래에서 하나님의 통치에 순종함을 묘사하는 장면이다. 이사야 선지자가 바라본 보좌의 영광은 은혜와 승리의 통치자, 곧 심판의 보좌이신 그분의 영화로우신 그리스도의 모습이었다.[43]

계 4:11, "만물이…있었고…받았나이다" — 헬라어 원문에는 '있었고'(ἦσαν, 미완료형)와 '지으심을 받았나이다'(ἐκτίσθησαν, 부정과거형) 등 두 시제가 함께 포함되어 있어 해석이 난해하다. 여기서는 미완료 시제가 만물의 존재 사실 자체를, 부정과거 시제가 만물이 존재하기 시작한 시점을 표현한다고 보아, "만물이 주님의 뜻 때문에 계속 존재하고, 또 지으심을 받았습니다"라고 번역할 수 있다.

메시아의 사역은 교회를 위한 하나님의 계획 속에 포함되어 있다. 하나님은 그 지혜를 천사들에게까지 알게 하시며, 뿐만 아니라 이제 모든 교회로 말미암아 정사와 권세들에게 하나님의 각종 지혜를 알게 하신 뜻을 천명하신다. 물론 어떤 사본에는 '모든 사람에게'라는 말로 되어 있지만, 그 익명의 찬양에서는 의인들에게 통치자이

---

43) (계 1:12, 13) '촛대'는 '일곱 교회'를, 겔 9:2, 11의 위엄과 신성의 권위는 영화로우신 그리스도의 모습을 의미함.

자 심판자로서 의지할 만한 여호와를 찬양하도록 가르친다. 그 이유는, 하나님께서 잠시 묵인하시는 동안 죄악이 관영하게 되면 인간들 스스로 자기 죄악이 얼마나 악하고, 어떤 악영향을 미치는지 깨닫게 하시려는 뜻이 있기 때문이다. 그러므로 계시된 비밀은 교회의 계시된 신비를 가리킨다.[44] 이 '비밀의 때'는 찬 경륜을 위하여, 구원의 역사가 '때' 속에서 전개되다가 그 절정이 그리스도의 재림에 이르게 됨을 뜻한다. 엡 3:3의 이 '비밀'은 현대적 의미의 막연한 신비를 뜻하는 것이 아니라, 드러나기 전까지는 감추어져 있던 그리스도의 비밀의 계시이다.

롬 16:25, "감추었다가" — 여기서 '감추었던 신비'의 정의는, 과거에는 알려지지 않았으나 신약에서 계시된 것을 말하며, 이는 구약성경에서도 예언된 바 있다. 이 환상의 해석은 롬 11:25의 내용과 같이, 이스라엘과 이방인을 위해 작정된 구원의 '충만한 수'(정해진 수)를 의미한다. 이 수가 채워지기까지 하나님은 다시 유대인들을 돌이키시고, 주께서 강림하실 때 모든 이스라엘을 구원하신다고 언급하셨다. 그것은 그리스도의 한 몸 안에서 이방인들과 유대인들이 한 지체가 되어, 동등한 후사가 된다는 사실이다.

이 내용은 구약성경의 예언에는 직접적으로 포함되어 있지 않으나, 신약의 사도들과 선지자들에 의해 그 계시를 계 1:20, 17:5, 17:7 등에서도 찾아볼 수 있다. 이러한 일들이 입증될 때, '비밀의 때'는 미래의 일들, 곧 심판에 관한 말씀으로서 오늘날 인류 세계에 울리는 경종으로 받아들여야 할 것이다.

---

44) (엡 3:3) 이 비밀은 (3:5) 신약의 사도들과 선지자들에 의해 계시된 또 다른 비밀과 마 13:11, 롬 11:25, 고전 15:51, 52, 엡 5:32, 6:19, 골 1:27, 2:2, 4:3, 살후 2:7, 딤전 3:16, 계 1:20, 17:5, 7에서 찾아볼 수 있다.

5장

일곱 인으로 봉한 책

하나님의 영원한 뜻을 담은 계 5:1~14의 인봉한 책은 어린양에 대한 기록이다. 이어 4장에서 하나님의 보좌를 본 요한은, 5장에서 어린양이신 예수 그리스도께서 하나님의 완전한 계시인 인봉한 책의 인을 떼시려는 모습을 본다. 계 5:1, "보좌에 앉으신 이의 오른손에 책이 있으니 일곱 인으로 봉하였더라" — 그것은 하나님의 영원한 뜻을 나타내기 위한 깊고 신비로운 계시이다. 계 5:2, "그 인을 뗄 자가 없음" — 이는 지식이 제한된 이유를 뜻한다.[45] "모든 묵시가 너희에게는 마치 봉한 책이라" 하신 것처럼, 당시 유대인들은 마음의 눈이 어두워 말씀을 깨닫지 못했으며, 심지어 말씀을 알려고 노력하지 않는 불신앙의 모습이었다. 그들은 회개할 기회조차 얻지 못하였다. 오직 입술로만 존경하는 것은 아첨에 불과하다. 유다 백성들은 하나님을 섬기는 척하였으나, 외식과 형식적인 경배에 지나지 않았고, 하나님께서는 그들을 기뻐하지 않으셨다.

---

45) (사 29:11, 단 12:4) 당시 유대인들은 불신앙 때문에 오는 영적 무감각으로 인해 실상은 어두움에 처한 맹인이었고, '하나님의 말씀'에 대한 무지에 회개할 기회를 얻지 못했다.

단 12:4, “마지막 때까지 이 글을 봉함하라” — 이것은 글을 설명하지 않은 채 남기라는 의미가 아니라, 책을 흠 없이 보관하라는 뜻이며, 미 4:1의 마지막 때는 사람들이 무지하여 지식이 제한된 이유이다. 또한 많은 사람이 빨리 왕래하며, 종말이 가까울수록 사람들이 지식을 얻기 위해 여기저기 찾아다닐 것을 언급한 말씀이기도 하다.

창 1:2의 히브리어 문장 구조를 정확히 고려해 보면, 이는 아직 자연의 어두움과 깊음을 가리키며, 바다에 적용된 단어와 같다. 이 표현은 지구의 근본 재료가 유동체이거나 액체가 용해된 형태임을 암시한다.

여기서 “하나님의 신”은 히브리어 ‘루아흐 엘로힘’(하나님의 숨)을 의미하며, 이는 생명의 근원과 성령을 뜻한다. 모든 생물의 호흡은 하나님의 영(Spirit of God)에 의존한다는 의미이다. “여호와의 행사는 그 기사를 바다에서 보나니” — 하나님의 행적은 바다에서 일어나는 초자연적 권능을 드러내고, 사 45:15의 스스로 숨어 계시는 하나님은 눈에 보이는 우상들과는 전혀 다른, 참되신 하나님이심을 대조적으로 보여준다.

숨어 계신 하나님의 신비

하나님께서는 겉으로는 숨어 계신 것 같으나, 실제로는 놀랍고 기묘하게 열방의 역사를 인도하신다. 그것은 인간의 눈으로는 알 수 없는 방법으로, 자신의 영광스러운 결말을 향해 진행된다.

하나님의 방법은 깊고 부요하며 측량할 수 없다. “누가 손바닥으로 바다의 물을…” — 이는 하나님의 능력이 창조에서 특별히 드러났음을 말한다. 이사야는 하나님의 역사하심을 측량할 수 없는 신비로 보았다.[46] 전능하신 창조주와 비교하면, 우주 전체도 작은 저

46) (사 40:12) 명칭은 산을 말하며, 간칭은 작은 산들을 가리키는 것으로, 측량할 수 없는 하나님의 신비의 역사를 말씀하심.

울 위에 올려놓은 것과 같다는 것이다. 이처럼 이스라엘의 구원이 위태한 것은, 거센 풍랑 속에서 항해하던 선원이 항구로 피신함과 같다는 비유를 따른다. 이와 같은 요한의 환상도, 하나님의 영원한 뜻이 기록된 일곱 인으로 봉한 책이었다.

창 49:8, "유다야, 너는 네 형제의 찬양이 될지라" — 이 예언은 유다가 육적인 장자의 명분을 받았음을 말하며, 이후 다윗이 왕이 된 후(B.C. 640년경) 성취되었다. 그 승리의 확신은 계 5:5의 "사자, 곧 다윗의 뿌리"라는 말씀에 있다. 여기서 '사자'는 왕자를 가리키며, 이는 메시아를 지칭한다. 메시아가 유다 지파에서 나온다는 것은 유다 민족의 보편적인 신앙이었다. 히 7:14의 "다윗의 뿌리"는 이새의 줄기에서 나온 다윗의 자손, 즉 다윗의 혈통에서 난 메시아의 별칭이다.

율법은 구원의 능력이 없기에, 오직 한 분이신 그리스도께서 이 책의 일곱 인을 떼시기 위해 하나님의 어린양이 되셨다. 미 5:2의 "에브라다야, 그의 근본은 상고의 태초니라"는 말씀에서 에브라다는 오늘날의 베들레헴을 가리킨다. 이는 팔레스타인에 있는 다른 베들레헴과의 혼동을 피하기 위해 두 이름을 병용한 것이다. 에브라다와 베들레헴 모두 '풍요로움'을 의미하며, 베들레헴은 '떡집'을 뜻한다. 에브라다는 '열매 많음'을 뜻한다. 이곳은 다윗왕의 출생지일 뿐 아니라, 그의 가장 탁월한 자손 예수 그리스도, 곧 메시아의 출생지이다. 그리스도는 베들레헴에서 육체로 출생하시기 이전, 태초 이전부터 이미 계셨다. '상고부터'라는 표현은 메시아의 영원한 실존을 나타낸다.

사 7:14, "보라, 처녀가 잉태하리라" — 여기서 '처녀'란 성령에 의해 기적적으로 예수 그리스도를 잉태할 마 1:23의 동정녀 마리아를 예표한다. 처녀는 아직 결혼하지 않은 정숙한 여인을 가리키며, '임마누엘'은 장차 오실 예수 그리스도를 뜻함과 동시에 하나님의 백성을 상징한다.

'먹여서'라는 비유는 메시아 왕국의 영광을 묘사하는 것으로, 다윗왕보다 훨씬 뛰어난 왕이신 그리스도께서 그의 백성을 먹이신다는 의미이다. '땅끝까지'라는 표현은 하나님께서 세우실 새 왕의 나라, 곧 복음을 통한 그리스도의 통치를 가리킨다. 오는 왕, 즉 이 사람은 영원한 평강이 되실 메시아이시다. '일곱 목자'와 '여덟 군왕'은 교회를 통하여 일으키실 권능의 지도자들을 의미하며, 일곱은 완전수를, 여덟은 필요 이상의 충족을 뜻한다.

계 5:6에서 하나님의 어린양은 보좌와 장로들 사이에 계셨는데, 이는 그의 중보자 사역을 상징한다. 이 어린양은 종의 순종을 나타낸다. 사 53:7의 "마치 도수장으로 끌려가는 어린양같이, 그 입을 열지 아니하셨음이라"는 말씀처럼, 그의 침묵은 연약함이 아니라 사랑으로 함축된 은유적 표현이다. 예수께서는 단순히 세상 죄와 이스라엘의 죄인을 위해 죽음을 선택하신 것이 아니다.[47] 온 세상을 위한 보편적 속죄를 이루시며, 배타적인 유대주의를 배척하셨다. 죄가 전혀 없음에도 인류의 죄를 위해 죽음의 길을 걸으신 예수께서는 완전한 대속물이자 대속자이시다.

메시아의 거룩한 약속은 이미 구약에 예표되어 있다. "내가 내 종 순을 나게 하리라" — 이는 여호수아와 그의 동료 제사장들이 장차 그리스도를 통해 완성될 제사장 직분을 예표하는 인물들이라는 뜻이다. 여기서 '순'은 히브리어 '체마흐'(צמח)로 '싹'을 의미하며, 메시아를 가리킨다.

슥 3:9, "내가 세운 돌을 보라, 일곱 눈이 있나니…" — 여기서 '돌'은 당시 성전 건축에 필요한 돌을 가리키면서, 궁극적으로는 장차

47) (사 53:4-12, 요일 2:2, 롬 3:25) 예수님은 죄에 대하여 하나님께 유일한 제물이 되었음. 히 2:17의 각주를 보라.

강림하실 예수 그리스도를 뜻한다. 그가 오실 때 이스라엘의 모든 죄를 하루에 제거하실 것이다. 일곱 눈은 하나님의 전지전능과 주의 깊으신 뜻을 나타내며, 그리스도의 대표적 속죄가 보혈로 이루어져 하나님의 백성들에게 단번에 죄악이 제거될 것임을 가리킨다. 이는 신약 교회를 상징한다.

슥 4장에 따르면, 천사가 나타나 선지자를 깨워 보여준 것은 '순금 등대'와 주발과 같은 것, 일곱 등잔과 그 꼭대기의 일곱 관이었다. 이것은 모세 성막의 등대와 비슷한 형상으로,[48] 두 그루의 나무에서 계속 기름이 공급되어 등불이 꺼지지 않는 특징이 있었다. "여호와께서 말씀하시기를 이는 힘으로 되지 아니하며 능으로 되지 아니하고 오직 나의 신으로 되느니라"(슥 4:6).

여호수아가 이 계시의 환상을 통하여 성결케 된 것처럼, 백성의 지도자인 스룹바벨도 이러한 환상으로 격려를 받았다. 스룹바벨이 건축하기 시작한 성전은 하나님의 성령에 의하여 많은 어려움을 극복한 후 완공될 것이며, 백성들은 이 성전에서 하나님의 은총이 있기를 간구할 것이다.

이 성전은 하나님의 진리를 비추는 등대의 구실을 하게 될 것이다. '큰 산'이라는 뜻은 스룹바벨이 성전을 재건할 때 당하는 여러 가지 장애를 가리킨다. 스 4장에 그러한 장애들이 기록되어 있고, 슥 5:1~2에도 실제로 묘사되어 있다. 이 스가랴의 예언은 스 6:14~16에서 완전히 성취되었다.[49] 즉 '아달월 삼 일에 하나님의 전 봉헌식

---

48) (출 25:31-40, 37:17-24) '등대'는 영혼의 빛을 상징함. 요 1:9, 8:12, 9:5은 예수께서 참 '빛'이라는 말씀임.

49) (스 6:14-16) '아달월'(Adar)은 일반 월력의 3월을 말한다. 곧 성전이 완성된 때는 B.C. 515년 3월 12일이고, 성전 재건에 소요된 시간은 4년 5개월 10일이라는 뜻이다.

이 이루어졌다'는 사실이다. '미치리라'라는 표현은, 원수들의 방해로 성전 공사가 중단되었을 때에도 하나님의 말씀이 유대인들에게 가장 큰 위로와 격려가 되었던 '작은 일의 날'을 뜻한다. 성전 재건을 방해하고 멸시하는 자들은, 솔로몬 시대의 영광스러운 성전과 스룹바벨 시대의 초라한 성전을 비교하며 조롱했다. 그러나 하나님의 오묘한 섭리의 '일곱 눈'은 성전 재건을 이루시는 성령을 가리킨다. 감람나무 두 가지는 두 기름 부음을 받은 자를 의미하며, 성경에서 기름 부음을 받은 자는 제사장과 왕이었다.[50] 여기서 대제사장은 여호수아, 왕가는 스룹바벨을 뜻한다.

그 후에 스가랴는 날아가는 두루마리의 환상을 본다. 이것은 죄인들에 대한 하나님의 심판을 상징한다. 그 두루마리의 크기는 길이 약 9m, 폭 약 4.5m로, 성소의 면적(출 26:1)과 같다. 그 두루마리에 기록된 자들은 저주를 받으며 하나님의 성소에서 끊어질 것이다.

두루마리와 에바

두루마리에 새겨진 '저주'라는 단어는 집합명사로, 모세 율법에 기록된 죄와 불순종에 대한 근거를 가리킨다. 그들은 이웃을 사랑하지 않았고, 하나님의 이름을 망령되이 일컬었으며, 진실하게 섬기지 못했다. 이 죄는 도적질과 거짓 맹세로 대표된다. 이것을 두루마리에 담아 '에바'(איפה)라고 했다. 에바는 유대인들이 곡식을 재는 말(되)을 의미하지만, 여기서는 하나님께서 죄악을 측량하시는 기준을 상징한다.[51]

---

50) 기름을 붓는 의식은 직위에 설 수 있는 자격 및 은사와 성령 강림의 예표임.
51) (계 17:3-5) '에바'는 죄악들을 덮은 뚜껑을 표현한 말로 죄악이 밖으로 나오지 못하게 막는 것을 의미함.

막 7:34 "그날에 하늘을 우러러 탄식하시며 이르시되 에바다 하시니 이는 열리라는 뜻이라"

눅 19:41 "가까이 오사 성을 보시고 우시며"

거기에 한 여인이 앉아 있는데, 그녀는 죄와 악을 의인화한 존재이다. 에바 안의 여인 환상은, 죄가 궁극적으로 이스라엘 땅에서 제거되어 시날 땅, 곧 악과 불경건의 대명사인 바벨론으로 옮겨질 것을 의미한다(창 11:2, 계 17:3~5). '둥근 납 한 조각'은 에바의 덮개로, 여인으로 상징된 죄와 악이 바깥으로 나오지 못하도록 덮고 있다. 이것은 유대인의 죄악이 이방인에게 옮겨지는 모습을 나타낸다.

예수께서 탄식하시며 우셨다는 기록은 요 11:35 등(막 7:34, 눅 19:41)에 나타난다. 여기서 헬라어 '에클라우센'(ἔκλαυσεν)은 '에다크뤼센'(ἐδάκρυσεν)보다 강한 표현으로, 소리 내어 통곡하며 우셨다는 의미다. 이는 예루살렘을 위해 우시는 장면으로, 겟세마네동산에서(마 26:39-44) 기도를 통해 유대인의 죄악에 대한 깊은 감정을 표현했다. 우리는 예수께서 심한 통곡과 눈물로 간구의 소원을 올린 경우를 보게 된다(히 5:7).

이 시날 땅의 에바 속에 있는 여인의 죄악이 바벨론으로 옮겨지는 것은, 죄악의 본거지가 다시 부각되는 것으로, 성경 전체에서 바벨론은 하나님께 불경건과 반역을 일삼는 또 하나의 세상으로 묘사된다.[52)]

"내 성산 시온에 너희 하나님 여호와인 줄 알라" — 예루살렘은 거룩하므로, 하나님과 그의 백성을 위해 다른 도시와 구별된다는 사실을 상기시킨다. 이 환상은 대환난 기간 중 있을 세상의 궁극적

52) (창 10:10, 11:1-10, 사 13-14장, 렘 50-51장, 계 14:8, 16:19, 17:5, 18:2, 10, 21) 시날은 니므롯의 소유 지역이며(슥 5:11, 단 1:2) 여러 곳에 그 이름이 기재된 '바벨론'을 지칭한 말임.

패망을 묘사한다. 사 52:13~53:12은 구약에서 가장 애독되고 중요한 구절 중 하나로, 인류의 죄를 위해 대신 고난을 받으신 종을 그린다. 유대 전통의 해석에 따르면 이 '종'은 메시아를 가리킨다. 본문은 세 절씩 다섯 단락으로 나뉜다.[53]

① 종의 탁월함 — "존귀하게 되리라"는 말씀에서, 메시아는 십자가의 죽음에서 부활하시고 승천하셔서 하나님의 우편에 앉으신다.

② 종의 인격 — 여호와의 팔은 과거의 이적과 미래 메시아의 능력 모두를 나타낸다. 그는 연약함을 드러내는 '연한 순'으로, 마른 땅에서 나온 줄기와 같았다. 그의 외모에는 사람을 매혹할 만한 것이 없었고, 그는 간고를 당하실 것이나 사람들은 그의 가치를 인식하지 못했다.

③ 종의 고난 — 사람들은 하나님의 종이 자기 죄 때문에 고난당한다고 생각할 것이다. 그러나 그는 죄인의 죄를 대신 지고 고난받으셨으며, 죽음으로 대속하셨다. "우리의 죄악을 인함이라" — 그리스도의 십자가는 죄인들에게 영생을 주기 위함이다. "우리는 다 양 같아서…"라는 표현은 한 사람도 예외가 없음(롬 3:10의 '의인은 하나도 없다')을 뜻한다.

④ 종의 순종 — "그 입을 열지 아니하였음이라" — 그의 침묵은 연약함이나 소심함이 아니라 사랑과 신앙 때문이었다. 하나님의 언약은 홍수 후 다시는 세상을 물로 심판하지 않겠다는 언약과 같다.

⑤ 종의 운명 — 그의 영혼을 포함해서 그의 전체가 속건 제물이 되어야 했다. 그의 씨를 믿게 될, 희생 제물이 된 후에 그날이 길게 되기 위해서는 육신적으로 부활해야 했다. 하나님의 아들은 세상에 오셔서 십자가에 못 박혀 죽으시고 부활하심으로 이 언약을 성취하

53) (사 52:13-15) 종의 탁월함(53:1-3)과 종의 인격(53:4-6)과 종의 고난(53:7-9)과, 종의 순종(53:10-12)과 종의 운명을 의미함.

셨다. 하나님의 아들이 세상에 오셔서 십자가에 못 박혀 죽은 후 다시 살아나시고 성취하신 언약은 '안위를 받지 못한 자'가 바벨론에 사로잡혀 곤경에 처한 유다 민족을 위로하신 말씀이다.

"네 지경을 보석으로 꾸밀 것이라" — 신약 교회를 통한 하나님의 영광을 가리키는 표현으로,[54] 장차 신자들이 누릴 영적 평강에 대한 교훈이다. 하나님의 말씀으로 거듭난 자는 그리스도께서 주시는 평안을 누리고, 하나님의 의를 소유하게 된다. 그들은 더 이상 두려워하지 않고 성령 안에서 만족하며 평강이 충만할 것이다. 영생은 선물로 주어지는 복이며, 돈으로 살 수 없는 '포도주와 젖'은 영혼을 살리는 복음을 뜻한다. 신약 시대의 복음은 구원에 참여하도록 모든 사람을 초청한다. 목마르고 의에 주린 자들이 먼저 메시아 왕국에 참여하게 될 것이다.

인간의 능력으로는 얻을 수 없는 하나님의 은혜, 오직 선물로만 주어지는 구원의 복은 택한 백성들에게 가장 큰 기쁨과 평안을 준다. '나를 청종하라'는 권고가 가리키는 영원한 언약은 새 언약이다. 이 언약은 다윗과 맺은 언약처럼 영속되며, 그 뿌리는 아브라함까지 거슬러 올라간다.

사 59:16, "중재자가 없음을 아시고" — 구원에 합당한 중보자가 없으므로, 하나님은 예수님의 초림에서 구원을 베푸셨다. "구속자가 시온에 임하여" — 주께서 시온에 오실 때, 회개한 백성들은 메시아를 통해 구원받는다. 대적과 원수들은 형벌을 받는다. 그 언약의 결과, 하나님의 신(구속자)은 영원히 그의 백성과 함께하며, 고난 가운데서도 떠나지 않고 말씀으로 항상 동행하신다. 이것은 교회 시대를 통해 계속 이어진다. "일어나라, 빛을 발하라" — 복음 진리를 통해

---

54) (사 55-56장) '포도주와 젖을 사라,' 이 뜻은 그리스도와 관련된 예언과 믿음의 권면과 회개의 권고임. 즉 영원한 언약과 새 언약의 '생명'의 약속임.

하나님의 교회가 온 인류에 진리를 밝히는 사명을 나타낸다. 시온의 교회는 낮처럼 빛을 발하도록 명령받는다. “네 빛이 이르렀고” — 이 시온(교회) 자체가 진리의 빛을 가진 것이 아니라, 하나님의 구원의 빛을 반사한다.

세상은 죄악으로 인해 점점 어두워질 것이나, 그리스도를 통해 복음이 전파되고 진리의 빛이 열방에 비칠 것이다. 이는 종말의 복으로, 복음이 여호와를 알게 하고 구원의 약속이 성취되기까지 계속될 것이라는 계시이다. 그런즉 해석자이신 그리스도의 저자는 계 5:8의 “책을 취하시매, 향이 가득한 금 대접은 성도의 기도라”는 말씀을 기록했다. 이 기도는 찬양이 아니라 탄원이다. 원수의 고통에서 구원해 주시기를 바라는 기도이다. 교회는 선교를 위한 위대한 탄원서이며, 하나님께서 주를 보내신 것처럼 제자들도 파송되는 사명 속에서 기도에 전념해야 한다(요 20장 참조).

대주제는 ‘주 예수 그리스도’이다. 저자는 예수 그리스도가 곧 메시아와 하나님의 아들이심을 밝힌다. 믿게 하는 것이 복음의 목적이며, 믿음의 궁극적 목표는 영생을 주는 것이다. 기도의 내용에는 자비에 대한 호소, 현재의 슬픔, 과거의 복에 대한 그리움, 구원의 인도와 설욕의 간구까지 포함된다. 이는 성도의 보전을 위한 기도이다. ‘하나도 잃지 아니하리니’ — 이는 육적인 보호를 넘어, 영적이고 궁극적인 구원을 뜻한다.

사 34:16 “너희는 여호와의 책을 자세히 읽어 보라.
이것들 가운데 하나도 빠진 것이 없고,
하나도 그 짝이 없는 것이 없으리니,
이는 여호와의 입이 이를 명하셨고,
그의 신이 이것들을 모으셨음이라.”

예언의 성취와 기도

여호와로부터 심판 선언에 관한 이사야의 예언을 자세히 읽어보라고 말씀하신다. 이 일곱 가지의 증거들이 하나도 빠진 것이 없는 '하늘의 예언은 그대로 이루리라'는[55] 이 절의 의미는 행 17:11의 베뢰아 사람들처럼 성경을 연구하라는 뜻이다. 곧 이사야가 예언한 내용이 반드시 성취된다는 것이다.[56] 이는 기도의 모범을 뜻하기도 한다.

마 6:9~13의 "이렇게 기도하라"에서 주님은 우리에게 기도의 모범을 보여주셨다. 주께서 드린 기도는 하나님에 대한 찬양으로 시작하여, 하나님의 뜻에 대한 순종을 고백하였고, 하나님의 허락하심을 간구하며, 마지막으로 하나님을 찬양하는 구조로 되어 있다.

"하늘에 계신 우리 아버지여" — 이 부분은 우리가 기도해야 할 대상을 가리킨다. 하늘에 계시다는 것은 모든 피조물과 달리 절대적이고 무한하시며 성결하시다는 표현이다. 하나님께서는 우리의 기도를 들으시고 응답하신다. "이름을 거룩히 여김을 받으시오며" — 하나님의 이름을 거룩히 여긴다는 것은 인간이 하나님을 경외함으로써만 가능하다. 그러나 오만한 자는 자기를 높이고 하나님의 이름을 거룩하게 여기지 않는다. 이러한 자는 기도할 자격이 없다. 하나님께 간절히 구하는 자에게만 좋은 것으로 주신다는 약속이 있다.

마 19:28, "세상이 새롭게 되어" — 하나님의 통치로 땅이 새롭게 될 때, 즉 주기도문에서와 같이 하나님의 나라가 세상에 임할 때를

---

55) (요 1:34) 세례 요한이, (요 5:36) 그리스도의 사역이, (요 5:37) 성부께서, (요 5:39) 구약 성경에, (요 8:14) 예수 그리스도 자신이, (요 15:26) 성령이, (요 15:27) 신자들이 증거하고 있다.

56) (마 19:28) 주기도문에서와 같이 하나님 나라가 세상에 임할 때를 가리킴.

가리킨다. 계 5:10, "하나님 앞에서" — 그리스도만이 이 인봉한 책을 열 수 있는 권리를 가지신다. 그 이유는 그리스도께서 몸값으로 그들을 제사장(하나님을 찬양하며 섬기도록, 히 13:15~16)으로 삼으셨기 때문이다.

그리스도인들은 그분의 죽음을 통해 왕의 권세를 받았으므로, 그리스도와 함께 땅에서 왕 노릇 할 것이다. '땅에서'란 말은 현재도 그리스도인들이 하나님의 나라를 맛보며 살고 있지만, 앞으로 역사의 한 정점에 도래할 그리스도의 종말론적인 나라에서는 왕 노릇 할 것이라는 의미로 보는 것이 타당하다. 그러므로 계 5:11의 "그 수가 만만이요 천천이라, 온 세상이 어린양을 경배하리라"는 말씀을 이해하며, 주께 돌려야 할 영광을 끝맺음으로 시사한다.

그것은 헬라어 본문에서도 하나의 장엄한 문장으로, '그리스도 만유의 후사'라는 긴 구절은 일상적인 서신이라기보다 헬라 의식의 의례적인 연설문의 서두에 가깝다.[57] 이 절들은 그리스도의 본성을 탐구하는 데 중요한 자료를 제공하므로, 이를 통해 유추할 수 있는 기독론적 확증들은 다음과 같다. ① 그리스도는 만유의 후사이시다. ② 그분으로 말미암아 세상이 창조되었다. ③ 하나님의 영광의 광채이시다. ④ 하나님의 본체의 형상이시다. ⑤ 능력의 말씀으로 만물을 붙드신다. 그리고 마침내 우리 죄를 정결케 하시고, 하나님의 우편에 앉아 계신다.

옛적에는 하나님께서 여러 부분과 여러 모양으로 이스라엘 역사의 여러 국면 속에서 자신을 나타내셨다. 즉, 율법, 제도, 의식, 왕, 사사, 선지자를 통해 말씀하셨다. "이 모든 날 마지막" — 곧 그리스도의 초림과 재림에 이르기까지, 복음의 경륜이 펼쳐지는 전체 시대를

57) (히 1:1-4) '모든 날 마지막'이란 뜻은 그리스도의 초림부터 재림까지, 복음 경륜이 펼쳐지는 전체 시대를 말함.

가리킨다. 그러므로 성경에서 '말세'라는 용어는 시간과 공간, 물질세계를 포함하는 모든 시대(ages)를 의미한다.[58)]

히 2:5의 "장차 오는 세상"은 그리스도의 재림으로 완성되어, 영광의 세계의 나라는 그분이 구속하신 자들에 의해 다스려질 것이라는 뜻이다. 그러나 '천사'(messenger)라는 말처럼, 모든 천사는 원래 거룩하게 창조되었으나 그중 일부는 사탄을 따르고 하나님께 반역하여 마귀가 되었다. 천사는 그리스도의 초림 때에는 그분을 섬겼으나, 재림 때에는 그리스도와 함께 오게 될 것이다.

히 1:14, "부리는 영" — 성도를 위한 천사의 직무는 오늘날에도 계속되며, 천사는 믿는 자를 섬기고 감찰한다. 가브리엘은 중요한 위치의 천사이지만, 미가엘은 이스라엘을 특별히 보호하는 자로서, 하나님을 위하여 싸우는 천사장으로 지명된 유일한 천사다.

히 1:7의 "천사들을 바람으로, 그의 사역자들을 불꽃으로"라는 구절은 시 104:4을 인용한 것이다. 이는 두 가지로 해석된다. 하나는 하나님께서 바람을 자기 천사들, 불꽃을 자기 사역자들로 삼으신다는 뜻이며, 다른 하나는 천사들을 바람이 되게 하고 사역자들을 불꽃이 되게 한다는 것이다. 천사는 일시적인 존재로, 여기서 '바람'은 '영'으로 해석될 수 있다.

갈 3:5에 따르면, 하나님께서는 모든 믿는 자에게 성령을 나누어 주시고, 성령을 믿는 자에게 은사를 부어 주신다. 신약성경에서 기적적인 현상을 묘사한 세 단어는 다음과 같다. ① '표적' — 하나님의 이적 가운데 나타난 신적 교통(divine communication)을 뜻한다. ② '기사' — 이적이 증거되는 의미를 말한다. ③ '능력' — 이적을 일으키는 놀라운 힘을 강조할 때 쓰인다.

---

58) (행 2:16, 17, 약 5:3, 벧전 1:20, 벧후 3:3, 요일 2:18, 유 18) 성취된 예언을 인용하라!

고전 12:9~10의 '예언'은 하나님께서 주신 메시지를 미리 선포하는 능력이다. 예언은 성령의 영감으로 주어지며, 모든 사람에게 유익하다. 계 19:10에 따르면, 오늘날 성령의 지혜와 능력으로 복음을 전파하는 자는 예언의 은사를 가진 사람이다. 28절에 나오는 '예언의 은사'를 받은 사람들은 선지자라 불리며, 사도 다음으로 교회에서 중요한 직분을 맡았다.

행 2:4~11의 '방언' — 오순절 날 제자들이 말한 방언을 들은 무리들은 그 의미를 깨달았다. 행 10:46의 가이사랴와 에베소에서 있었던 방언도 이처럼 잘 알려진 언어였을 가능성이 크다. 그러나 고린도 교회의 방언은 해석의 은사 없이는 이해할 수 없었다. 고전 14:14에서처럼, 방언을 말하는 사람 자신조차 이해하지 못하는 경우가 있었다. '영들 분별'의 은사는 그 영이 성령이 주신 것인지, 사탄이 준 것인지, 아니면 육에서 나온 것인지를 식별하는 능력이다.

"어느 것이 쉽겠느냐?" — 예수께서는 죄 사함이 육신의 치유보다 더 심오하고 어려운 일이라는 것을 비교를 통해 단언하신다. 예수께서 육신의 병약함을 무시하신 채 곧바로 영적 질병을 치유하신 것은, 물리적인 것보다 영적인 것을 우위에 두셨음을 강조하는 것이다.

"온 세상아, 어린양을 경배하라" — 하나님을 공경하는 것과 그 아들을 공경하는 것은 별개가 아니다. 하나님을 공경하는 자만이 그 아들 예수를 높일 수 있고, 예수를 공경함으로써 하나님께 대한 경배가 완성된다.[59]

---

59) (요 8:49) 말씀을 인용하라는 뜻이다.

6장

일곱 인의 재앙으로 밝혀지는 비밀

계 6:1~19:21의 이 부분은 일련의 '7'로 계속되는 환난의 시대에 대한 예언이다. 소위 '7년 대환난'에 관한 계시로, 일곱 인 재앙(계 6:1~8:2), 일곱 나팔 재앙(계 8:3~14장), 일곱 대접 재앙(계 15~19장)이 점진적으로 환난의 시대를 묘사한다.

계 6:1~8:2의 이 부분은 일곱 인의 재앙을 기술하고 있으며, 예수께서 감람산에서 언급하신 마지막 때의 징조들과 매우 유사하다.[60] 예수의 말씀 중에 나타난 종말의 사건들은 ① 마 24:8의 '재난의 시작', ② 마 24:21의 '큰 환난의 시기', ③ 마 24:29~30의 '그리스도의 재림 시기' 등이다.

일곱 인의 재앙은 '재난의 시작'과 관련이 있다. 첫째 인에서 넷째 인을 뗄 때까지 나타난 형상들의 배경은 슥 1:8 이하와 슥 6:1~8을 반영하고 있다. 그 비밀이 밝혀지는 슥 6:1의 "네 병거가 놋산 사이에서 나오는데"에서 말하는 놋산은 시온산과 감람산, 기드론 골짜기와 힌놈 골짜기가 서로 만나는 여호사밧 골짜기이며, 하나님이 거하

---

60) (마 24:1-35, 막 13:1-37, 눅 21:5-33) 이 징조는 성전 파괴 예언으로 헤롯 대왕이 B.C. 20년에 짓기 시작하여 A.D. 64년에 완성된 건물을 말함.

시는 곳을 상징한다. 세계 열국에 대한 하나님의 심판이 시작될 장소로 자주 묘사된다.

이 심판은 3년 뒤 페르시아에 의해 약탈과 포로로 이어질 바벨론 심판을 가리킨다.[61] 또한 이 환상은 대환난 기간 중 일어날 세상의 궁극적 패망도 포함하며(계 11:15~18:21), 결국 인류 역사의 마지막 심판으로 이어진다. 차례로 여섯 개 인이 개봉된다.

첫째 인(계 6:1)

"어린양이 일곱 인 중 하나를 떼실 때, 보좌 오른손에 있는 책" — 하나님의 어린양이 위엄을 가지고 나타나신다. 네 생물 중 하나가 우레 같은 소리로 명하고, 그 머리 위에는 수정 같은 궁창의 형상이 있었다. 이것은 땅에서 일어나는 모든 일이 하늘의 영향과 감독 아래에서 이루어짐을 의미한다.

사 29:11, "묵시가 너희에게 봉한 책이라" — 이스라엘 민족은 불신앙으로 인한 영적 무감각 때문에 실상은 어두움 속에 있는 영적 맹인이었다. 이것은 악인과 의인에 대한 주의 나라의 심판을 설명하며, 악을 미워하고 주를 찬양하라는 권고로 끝맺는다.

'칠십인' — 당시 예루살렘 성전은 B.C. 586~516년경, 바벨론 포로 70년 동안 폐허 상태였다. 창 15:16, "아모리 족속의 죄악이 아직 가득 차지 아니하였으므로" — 이 구절에서 '사대 만에'라는 표현은 100년을 1세대로 계산한 것으로, 팔레스타인 가나안 족속들을 가리킨다.

호 10:8, "아웬의 산당" — 이 산당(high places)은 가나안 족속의

---

61) (슥 14:4, 시 36:6, 욜 3:2, 12, 16, 17) 이것은 바벨론(북방)에 집중된 (슥 2:6-7)을 주목하라.

풍습에서 유래한 농경신 숭배 장소로, 북왕국 이스라엘의 지방 성소들이 우상숭배의 중심지가 된 것이었다. '아웬'은 '벧아웬'의 준말이다. 이 사실은 하나님께서 과거 기브아 시대의 죄를 기억하신다는 뜻이며, 이는 그들의 죄악이 얼마나 심각한지 보여준다.

창 15:13, "네 자손이 이방인의 객이 되어" — 양식 문제로 하나님을 시험하고 대적한 이스라엘의 죄를 드러낸다. 이스라엘 백성은 역사상 유례 없는 큰 권능과 이적을 경험했음에도 하나님을 시험하고 대적하는 큰 죄악을 범했다. 그들이 경험한 하나님의 능력과 이적은 ① 홍해를 가르신 사건, ② 구름 기둥과 불기둥으로 인도하신 사건, ③ 반석을 깨뜨려 물을 내신 사건 등이 있다.[62] 그러나 불신앙으로 스스로 전진을 막은 결과, 약속의 땅에 돌아와 주인으로 살지 못하고 오히려 이집트에서처럼 억압받게 될 것이라는 예언이 주어진다. 그 시기의 '400년'의 시작과 끝에 대해서는 견해 차이가 있으나, 기간은 거의 400년에 가까웠다. 전능하신 주께서 우레 같은 소리와 함께 통치하시기 위해 오실 것이라는 예언이 이어진다.

계 6:2의 '흰 말을 탄 자'에 대해서는 두 가지 견해가 있다.

첫째 견해 : '흰 말을 탄 자'는 복음의 승리를 상징하는 그리스도이다. ① 흰 말을 탄 자에 대한 묘사가 계 19:11~16의 그리스도의 묘사와 유사하다. ② 계시록 전체에서 흰색은 항상 '의'를 상징하며, 이는 그리스도와 관련된다. ③ 예수께서 말씀하신 "세상의 끝날 전에 복음이 온 땅에 전파될 것"이라는 예언과 연결된다.

둘째 견해 : '흰 말을 탄 자'는 적그리스도와 악의 세력을 상징한다. ① 어린양 자체가 인을 떼고 있으므로, 흰 말을 탄 자가 어린양일 수 없다는 점, ② 천사는 그리스도를 불러낼 수 없다는 점, ③ 겔

---

62) (시 78:12-22, 34-41) 이스라엘의 탐욕죄, 즉 불신앙의 결과로 가나안 정탐 기간 40일, 하루를 1년으로 환산하여 40년이란 세월을 광야에 머물게 된 사건들임.

39:3, 계 20:7~8과 비교할 때, 말 탄 자의 활은 하나님의 백성을 대적하는 세력과 연결됨을 알 수 있다.

전후 문맥을 고려할 때, 둘째 견해가 더 타당하다는 주장도 있다.

하나님의 의는 무적의 임금을 가리키는 메시아이신 그리스도의 승리를 의미하며, 고전 15:24의 "그 후에는 나중이니"라는 해석과 연결될 수 있다. 즉, 그리스도의 부활은 모든 믿는 자들의 부활을 보장하며, 부활의 순서는 하나님의 작정에 따라 이루어진다.

그리스도의 부활이 '첫 열매'이고, 그다음은 그에게 속한 자들이 재림 때 부활할 것이다. 이때 모든 죄악의 원수들이 그리스도께 굴복하고, 지상에서 그의 통치가 이루어진다.

여호와의 선하심은 이스라엘을 선택하신 창조자의 광대하심과 역사 속 행적을 통해 드러나며, 이는 하나님의 위대하심을 찬양하게 한다. 이를 통해 열방의 우상이 헛됨이 드러난다.

둘째 인(계 6:3~4)

"둘째 인의 전쟁" — 여호와의 통치는 도덕성과 보편성으로 특징지어진다.[63] 사 34:4의 "하늘의 만상이 사라지고 쇠잔하리라"는 마지막 날의 하늘의 변화를 의미하며, 앞으로 다가올 심판을 예언한다.

슥 1:8의 골짜기는 아름답고 향기로운 화석류나무(약 9m 높이까지 자라는 상록수로 붉은 갈색을 띤다)가 가득한 깊은 골짜기인데, 이는 세계 열국에 대한 하나님의 심판이 시작될 때를 상징한다.

그 종말의 징표로는 ① "홍마" — 피 흘림과 전쟁을 상징, ② "흑

63) (왕하 3:22-23) 모압 남쪽의 지금의 와디 '엘해사'라고 함. 붉은 사석(沙石)이 깔려 있는 이곳에서 모압 왕의 신, 그모스에게 번제를 바친 행위가 그의 운명을 좌우함(왕하 3:26-27 참조).

마" — 슬픔, 재난, 기근을 상징, ③ "백마" — 승리와 정복을 상징한다. 또한 북편 땅은 바벨론, 남편 땅은 애굽을 의미한다. 두 나라는 이스라엘을 무자비하게 괴롭힌 원수였다.

전체 환상은 마 24:6~8과 비교해 살펴보면 의미가 더 뚜렷해진다. 말씀에 따르면 "난리와 난리의 소문을 듣겠으나 끝은 아직 아니니, 민족이 민족을, 나라가 나라를 대적하겠고, 곳곳에 기근과 지진이 있으리니 이 모든 것은 재난의 시작"이라고 한다. 즉, 전쟁의 위협은 곧 기근, 역병, 지진, 시련의 슬픔을 의미한다.

이와 동일한 심판은 계 6:17에도 기록되어 있다. 이 재앙은 하나님께서 그 낯(面)을 북방 쪽으로 향하실 때 장차 바벨론이 유다를 침략하게 될 것을 미리 예시한 것이다. "시온을 향해 기호를 세우라, 지체하지 말라, 빨리 이르게 하라" — 여호와의 긴박한 경고에도 유다는 깨닫지 못했다. 북방에서 쳐들어오는 바벨론의 침략이 생생히 묘사된 이 예언이 현재형으로 기록된 것은, 여호와의 심판이 이미 준비되어 순서대로 진행되고 있음을 의미한다. 이는 먹이를 찾아 사막에서 불어오는 광풍 같은 바람이 구름처럼 몰려오는 것을 비유한 것이다.

슥 1:18, "내가 눈을 들어 본즉 네 뿔이 보이더라" — 이 네 뿔은 이스라엘을 흩어버린 열국들의 권세를 상징하며, 곧 앗시리아, 애굽, 바벨론, 페르시아를 가리킨다. 이는 구약 시대의 유다와 이스라엘, 예루살렘과 신약 시대의 하나님의 백성을 의미한다.

"네 명을 내게 보이니" — 하나님께서 이스라엘을 괴롭히는 적대 국가들을 넘어뜨리기 위해 세우신 자들을 뜻한다. 슥 2:10, "내가 임하여" — 하나님의 아들 예수께서 육신을 입고 팔레스타인에 오심으로 이 분열을 회복시키고 장차 완성될 일을 예표한다. "내가 이적으로 핏빛같이" — 대심판 전에 나타날 많은 이적들이 굉장한 사건으로 하나님의 심판을 앞서 보여준다.[64] 피와 불, 연기 기둥 등은 신약 종말론에서도 종말 직전에 예고된 현상이다.

이날은 B.C. 701년 앗시리아가 예루살렘을 침략하여 황폐하게 했던 사건을 상기시킨다. 이는 미가가 예언한 때로부터 1년이 못 되어 적군이 다시 쳐들어올 것을 예고한 것이며, 왕상 16~22장에 기록된 북왕국 오므리와 아합 시대의 상황처럼 배교와 타락이 심각했음을 뜻한다.

유대인들도 오므리와 아합 시대처럼 타락했는데, 오므리는 모든 왕보다 악했으며, 앗시리아는 북왕국을 '오므리의 나라'라 불렀다. 오므리와 아합 집안의 행위는 바알 숭배였고, 남유다와 북이스라엘은 서로 원수였으나 죄악의 세력과는 연합하여 하나의 죄의 그물을 형성하고 있었다. 친구와 아내도 믿을 수 없고, 친자 관계조차 부자연스러운 상태였다.[65] 그 결과 한 가정에서 사회와 국가까지 분열과 분쟁이 일어난다고 성경은 끊임없이 예언한다. 미가 선지자는 하나님만이 신뢰할 수 있는 분이시며, 그 안에서만 참된 소망이 있음을 선포하여 백성을 격려했다.

셋째 인(계 6:5~6)

검은 말은 전쟁과 유혈의 결과로 오는 슬픔을 뜻하며,[66] 말 탄 자는 가난과 기근을 상징한다. 6절의 내용은 평상시보다 약 12배나 심한 인플레이션이 동반되는 기근을 말한다.

---

64) (욜 2:30, 31, 막 13:7-8) '피와 불과 연기 기둥' 등 신약 종말론에서 끝이 임하기 전 나타날 하나님의 기사(奇事)와 주의 큰 날을 의미함.

65) (마 10:21, 35, 36, 눅 12:52, 53, 21:16) 마지막 때는 진리로 인한 분열이 가정에서까지 일어나게 될 것을 강조함.

66) (사 50:3, 렘 4:28, 애 5:10)

이는 재난이 심하여 주림으로 피부가 아궁이처럼 검게 타는 것을 연상케 한다. “저울”은 식량 배급을 상징하며, 사 40:12의 “누가 손바닥으로 바닷물을 헤아렸느냐”는 말씀처럼, 하나님의 능력은 창조에서 특별히 드러났고, 이사야는 하나님의 역사하심을 측량할 수 없는 신비로 묘사했다. 전능하신 창조주와 비교하면 우주 전체도 작은 손저울에 올릴 수 있을 만큼 작다.

여기서 등잔(촛대 아님)의 비유는, 하나님의 말씀이 사람 마음에 뿌려졌을 때 때로는 늦게 열매를 맺어도 반드시 결실이 있다는 의미이다. ‘땅이 스스로’라는 말처럼 헬라어 ‘아우토마테’는 ‘자동적으로’라는 의미이다.

단 5:27의 ‘메네’는 ‘세었다’는 뜻이다. 하나님께서 벨사살왕의 나라의 날수를 세어 끝나게 하셨다는 뜻이며, ‘데겔’은 히브리어 ‘테겔’의 음역으로 ‘무게를 달다’의 의미이다. 왕이 저울에 달려 부족함이 드러났음을 뜻한다.

‘베레스’는 히브리어 ‘페레스’의 음역으로 ‘나누다, 분열시키다’를 의미하며, ‘우바르신’의 ‘우’는 히브리어 접속사(and/but), ‘바르신’은 ‘파르신’의 음역으로 ‘페레스’의 복수형 또는 두 배의 형태를 나타낸다. 그 결과 왕의 나라가 나뉘어 메대(이란 북서지방의 고대 민족, 후에 페르시아와 합병)와 페르시아에 주어졌다.

이와 같은 사건은 성경이 가르치는 인생의 무상함을 보여준다. 전 1:2, “모든 것이 헛되도다” — ‘헛되다’(הֶבֶל, 헤벨)는 수증기 입김을 뜻한다. 이 주제는 롬 8장의 내용과도 일치하는 것으로,[67] 이는 비관론이 아니라 죄로 물든 인간의 삶의 본질이 덧없음을 강조하는 표현이다.

---

67) (전 1:3-11) 이 주제의 히브리어 ‘요테론’은 하나님의 세계와 대조되는 세상의 죄악 사회를 지적함.

인간의 죄로 인해 하나님과 분리된 삶은 본질적으로 공허하고 괴롭다. 기근으로 인해 양식을 얻지 못하는 것은 인간이 하나님의 뜻을 거부하고 하나님이 주신 현세의 은혜를 저버린 결과이다. 자연의 순환 과정도 태양열처럼 단조롭고 반복되며 만족 없는 인생의 짧음을 상기시킨다. 잠 16:2의 "심령"은 도덕적 성적 기질을 뜻하며, 사람은 하나님의 거울 앞에서 자신을 비춰 보기 전에는 참모습을 알지 못한다. 옳고 그름은 인간의 생각이 아니라 하나님의 감찰로 분별된다. 유한한 인간의 욕망은 무한하므로, 깨달음이 없는 자는 아무리 소유가 많아도 결국 불만족에 시달린다.

전 1:7의 "모든 강물은 다 바다로 흐르되 바다를 채우지 못하며…"는 과학 이전 시대에도 증발과 액화의 개념이 있었음을 엿볼 수 있는 구절이다. '해 아래서'라는 기준은, 다가올 영원한 세계와 반대되는 개념으로 현세 물질주의를 지적하는 표현이다. 이는 새 하늘과 새 땅, 즉 영원한 하나님 나라와 현세를 구분하는 의미로도 쓰인다.

겔 4:4~17에서 에스겔은 예루살렘의 임박한 멸망(포위)을 그대로 시연하라는 명령을 받았다. 그는 예언 기간 좌편으로 누워 북왕국 이스라엘이 당할 고난을 상징했으며, 그 기간은 390년이다(1일=1년). 70인역에는 390일이 아닌 190일로 기록되었으나, 390년은 왕국 분열(B.C. 931)부터 B.C. 541년(포로기 귀환은 B.C. 538), 190년은 앗시리아 포로(B.C. 722)부터 B.C. 532년까지로 해석된다.

또한 에스겔이 오른편으로 누운 것은 남왕국 유다가 죄악으로 인해 당할 고난의 기간을 나타낸 것으로, 그 기간은 40년이었다. 이 40년은 B.C. 586년(예루살렘 멸망)부터 B.C. 546년, 곧 고레스가 바벨론에 대해 위협적인 세력으로 등장하던 때까지 40년인 듯하다. 하지만 이 숫자는 연대학적 관점에서 완전히 만족스럽게 설명된 것은 아니다. 이 해석은 이스라엘과 유다가 범죄하여 받게 된 형벌 기간과 관계될 수도 있고, 그들이 죄 위에 죄를 더하여 형벌 받을 죄책을 쌓은 일과도 관련될 수 있다. 또한 그들의 죄 때문에 당하는 속죄나 형벌의 기간일 수도 있다. 둘을 합한 430년은 이스라엘이 애굽에서 종 되었던 출 12:40의 430년을 상기시키는데, 이 숫자들은 상징적으로 해석되어야 한다(델리취).

여기서 에스겔은 임박한 멸망의 두려움을 알게 된다. 그날에는 하루에 물을 6분의 1힌(0.64ℓ)씩 나누어 마시고, 음식도 하루에 20세겔(228.5g)씩 때를 따라 먹어야 했다. 그 음식은 연료가 없었기 때문에 인분을 연료로 사용해야 했다. 연료로 그렇게 불결한 것을 사용한다는 것은 그에게 생각할 수조차 없는 일이었다. 그래서 인분 대신 다른 것을 쓰게 해 달라고 하나님께 기도했고,[68] 하나님은 쇠똥을 대신 사용하도록 허락하셨다. 이것은 예루살렘이 포위되었을 때, 이스라엘과 유다가 죄에 대한 형벌로 기근과 공포를 당하게 됨을 의미한다. 이스라엘 성읍의 포로들은 이방인 중에 흩어져 강제로 부정한 음식을 먹게 될 것이다.

성소를 더럽힌 예루살렘의 멸망은, 거민이 아무리 많아도 하나님께서 그 무리를 머리털이나 수염처럼 경미하게 여기시고 쉽게 벌하실 수 있음을 뜻한다. 에스겔의 머리털과 수염이 잘린 것은 예루살렘 거민 중 일부가 성안에서 기근과 염병으로 죽을 것과 전쟁에서 죽을 것, 그리고 바벨론 포로로 끌려갈 것을 의미한다.

당시 느부갓네살의 침략으로 유대인 대부분은 죽임을 당했고, 조금 남은 무리는 나중에 더 큰 고통을 겪게 될 것을 가리킨다.

---

68) (겔 4:14, 5:1-4, 출 22:31, 신 23:13) 육신의 양식인 (창 9:4) 성경에서 피는 생명의 근원으로 간주됨. (레 17:11, 14) 현대 의학을 인정하나 피의 식용을 금지한 이유는 짐승의 생명도 주인은 하나님이심을 암시, 인간은 하나님의 허락으로 고기는 먹을 수 있되, 그 생명을 천시하지 말 것을 강조함.

넷째 인(계 6:8)

"청황색 말이 나오니, 그 위에 탄 자의 이름은 사망이요, 음부가 그 뒤를 따르더라. 그들이 땅의 4분의 1을 검과 흉년과 사망과 땅의 짐승들로 죽이더라." 결론적으로 넷째 인의 '죽음'은 유다 민족이 하나님 앞에서 받을 벌에 대한 사건이다.

애 2:20, "여호와여, 감찰하소서" — 이 표현은 예루살렘이 겪은 비극을 잘 묘사한다. 여인들은 전쟁으로 인한 굶주림 때문에 자신이 품어 사랑하며 기르던 아이들까지 먹게 되었다. 성전에는 살육당한 선지자들의 시체가 있었고, 도로에는 매장되지 않은 시체들이 버려져 있었다. 여호와의 심판을 피할 수 있는 사람은 아무도 없었다.

"나를 둘러싸서" — 앗시리아 사람들은 죄수들을 빨리 죽이기 위해 벽으로 둘러싸인 방에 가두는 관례가 있었다. 이 시적인 표현을 통해 예레미야는 자신이 직접 겪은 고통과 고민을 묘사한다.[69] 유다의 참혹한 멸망은 하나님의 진노의 결과였다. "불을 피우사" — 이는 환난으로 인한 멸망을 의미하며, 대적과 원수가 서로 믿지 못하는 상태에서 찾아온 참혹한 사건을 설명한다.

"의인의 피를 흘렸도다" — 유다가 멸망하게 된 가장 큰 원인은 지도자의 타락이었다. 거짓 선지자들이 득세하고, 타락한 제사장들의 잘못된 지도 아래 유다는 패망했다. '의인'은 참된 선지자를 가리키지만, 유다가 멸망하기 직전에는 악이 선을 이겼으며 불의가 의를 억압했다. 거짓 지도자들의 잘못된 인도를 받은 백성들이 슬픔을 겪게 된 것이다.

"저희가 소경처럼 방황하였다" — 참된 지도자가 없었고, 백성들

---

69) (애 4:10-17) 당시 정치 지도자의 부패와 제사장들과 장로들의 부정함으로 인한 유다의 멸망은 '하나님의 진노'를 통해 그 결과는 예상외로 큰 사건이었음을 가리킴.

은 하나님의 진리를 알지 못했으며, 방향을 잃고 헤매는 모습이 소경과 같았다. 그들의 옷은 피에 더럽혀져 있었고, 백성들은 의인을 죽이는 범죄에 동참할 것임이 암시된다.

구원치 못할 나라로 언급된 애굽을 의지한 것도 패망의 원인이었다.[70] 유다는 하나님을 바라보지 않고 애굽을 의지했다. 이방인의 목전에서 그들을 벌하신 것은, 하나님께서 이방인을 가르치기 위해 세우신 이스라엘 민족이 범죄했기 때문이다. 그들의 죄는 하나님의 검으로 심판받게 되었다.

"내 성소를 더럽혔던 너를 미약하게 하리니" — 전무후무한 벌이 너무 크고 중대했다. 이런 일은 이전에도 없었고, 이후에도 다시 없을 것이다. 선지자의 책에 기록된 "너희가 만든 형상"은 하늘 군대를 섬기는 태양·달·별의 천체 숭배를 가리킨다. 하나님께서는 우상숭배에 빠진 이스라엘을 더 깊은 죄 가운데 버려두시며, 침묵으로 심판하신다. 이는 죄인을 벌하시는 하나님의 독특한 방식이었다. '몰록'은 사람을 제물로 바치는 가나안의 신들 중 하나였다. '레판'은 토성과 연관된 신의 이름이다. 하나님께서는 이러한 심판을 모세를 통해 이미 예언하셨다.

유대인의 식인 풍습은 애 4:1과도 연결된다. "땅을 굽어보아도 환난과 흑암과 고통뿐" — 심한 흑암 속에서 아낌없이 미약하게 만든다는 것은, 우상숭배로 인해 많은 사람이 죽어 민족이 약해질 것을 의미한다. 하나님의 성결을 지키지 않는 자는 영적 능력도 약해지기 마련이다. 하나님께서는 사랑하는 자를 때로는 복으로, 때로는 재앙으로 간섭하신다. 그러나 복 못지않게 재앙 역시 하나님의 사랑과

70) (렘 52:3, 겔 17:11-21) 바로는 '호브라'를 가리킴. B.C. 589~570년까지 애굽을 통치한 그는 시드기야를 도와 바벨론에 대항하기 위하여 행군하였으나 곧 예루살렘은 B.C. 586년에 바벨론에 함락되고 말았다.

위엄을 드러낸다. 재앙이 임하기 전에, 하나님의 역사하심을 깨닫는 기회로 삼아야 한다. 겔 5:17의 결론은, 유다 민족이 받았던 벌을 다시 상기시키는 것이다.

온역과 독한 살육은 곡식을 해치는 메뚜기나 해충의 재앙과 같으며, 외로움은 가족의 죽음으로 인한 슬픔을 뜻한다. 이런 전쟁의 위협과 예언, 기근, 역병, 지진은 모두 시련의 슬픔이며, 동일한 심판의 범주에 속한다. “이런 일이 있어야 하되 아직 끝은 아니니라”라는 성경의 선언은 하나님의 뜻을 분명히 드러내는 표현이다.

다섯째 인(계 6:9~11)

이 장면은 순교자들이 탄원하는 모습이다. 순교자들이 죽임을 당한 이유는 오직 하나님의 말씀과 그들이 가진 증거 때문이었다. 계시록에서 이들은 계 18:24의 ‘땅 위에서 죽임을 당한 모든 자’, 계 20:4의 ‘목 베임을 당한 자’, 계 13:15의 ‘우상숭배를 거절한 자’ 등으로 표현된다.

“그 수가 차기까지” — 이 수는 나머지 환난 기간, 곧 후 3년 반이 끝날 때 다 채워진다는 의미로, 그리스도에 대한 예언이자 종말의 징표이다. “난리와 난리 소문을 듣겠으나 끝은 아직 아니니, 이 모든 것이 재난의 시작이라” — 성도에 대한 미움이 불법을 행하는 자들로부터 시련으로 주어질 것임을 의미한다. 여기서 불법은 비도덕과 방종을 가리키며 ‘무법’으로도 번역할 수 있다.

이러한 핍박의 배경에는 순교자들의 사형이 있었다. “베니게” — 페니키아는 예루살렘에서 약 480km 떨어진 곳으로, 그 수도는 안디옥이었다.[71] 인구 약 50만 명의 안디옥은 로마 제국 3대 도시 중 하

71) (행 11:19) 베니게, 안디옥, 구레네는 초기 선교 활동의 중심 도시였음. 이때의(행 7:59) 스데반, (행 12:2) 야고보, (대하 24:20-22) 세례 요한의 아버지 사가랴 외 많은 선

나로 국제적인 교역 중심지였으며, 실루기아 항과 약 25km 떨어진 외항이 있었다. 후에는 기독교적 중심 도시로 예루살렘을 대신했고, 안디옥 교회는 초기 선교 활동의 중심지가 되었다.[72] 이 무렵 로마 제국 제4대 글라우디오 황제 때 큰 흉년이 들었는데, 요세푸스는 이 기근이 A.D. 46년에 발생했다고 기록한다.

행 21:1에 기록된 헤롯 아그립바 1세 치세 때, 그는 예수 탄생 즈음 유대를 통치했던 헤롯의 손자였다. 겉으로는 유대교 의식을 따랐지만, 실은 명성을 좇는 인물이었다. 행 12:2, "요한의 형제 야고보를 칼로 죽이니" — 이 참수형 사건으로 야고보는 열두 제자 중 첫 순교자가 되었고, 스데반은 돌에 맞아 죽었다. 초대교회에는 십자가형을 포함한 수많은 순교자가 있었다.

"여러 날이 지나매" — 바울은 회심 이후, 박해자에서 복음 전파자로 변화되었다. 아라비아에서 3년간의 환난을 겪으며 그는 훌륭한 그리스도의 증인으로 준비되었다. 바울은 에베소(아데미 신전이 있는 소아시아의 중심 도시)에서 3년간 유하며 복음을 전파하고 유대인의 회개를 촉구했다.

환난 시 성도가 가져야 할 태도도 여기에 나타난다. 행 14:12에서 바나바는 '쓰스'로, 바울은 '허메'로 불렸다. 이는 그리스 신화의 제우스와 헤르메스(로마 신화의 주피터와 머큐리)에 해당하며, 건장한 바나바는 제우스로, 웅변가 바울은 헤르메스로 비유되었다.

"말씀을 듣기 위해 모인 이방인들" — 이때 유대인과 이방인의 장벽이 무너졌고, 기독교가 이방 세계로 확장되는 결정적 사건이 되었다. 바울은 이 일을 계기로 갈 4:14에서 자신의 '육체의 가시'를 회상했으며, 갈 3:28에서는 인종, 신분, 성별의 차이가 없는 하나님의 한

지자의 순교 사건을 말함.

72) (행 6:5, 13:1, 14:26, 15:35, 18:19-22) '2차 전도 여행' 이곳을 참조하라.

가족이라는 평등을 선포했다.

행 13:7, "총독 서기오 바울" — 당시 로마는 두 종류의 총독으로 제국을 다스렸는데, 군대가 필요한 지방의 총독은 프로프라에토르(Propraetor), 군대가 필요하지 않은 지방의 총독은 프로콘술(Proconsul)이었다. 구브로는 원로원의 지배를 받는 프로콘술 관할 지역이었다.

"순종치 아니하고" — 믿지 않는 자들이 안디옥과 이고니온에 와서, 행 14:19, "무리를 설득하여 돌로 바울을 치니" — 안디옥에서 루스드라까지는 약 70km가 된다. 유대인들은 바울을 핍박하려고 먼 길을 와서 돌로 쳐 기절시킨 뒤 성 밖으로 끌어내 버렸다. 그러나 바울이 다음날 그 성을 떠날 수 있었던 것은 기적이었다. 이들은 여전히 유대주의를 버리지 않은 자들로, 모세의 할례를 구원의 조건으로 주장했다. 그러나 할례 제도는 그리스도로 말미암아 완성되었음에도 지속적으로 강요됐다.[73] 이는 이방인 개종자의 할례 문제와 유대인과 이방인 사이의 교제 문제를 둘러싼 분쟁으로, 초대교회의 큰 쟁점이었다.

바울은 유대인들의 핍박뿐 아니라 철학자들의 지적 위세와 도덕적 타락과도 맞섰다. 그러나 고전 2:3에서 그는 "내가 너희 가운데 거할 때 약하며 두려워하며 심히 떨었다"고 고백했다. 이때 주께서 바울 곁에 서서 그를 위로하시고, 로마에서 새 사명을 약속하셨다. 이는 오래전 창 22:18, 49:10에서 이미 예표된 일이었다.

바울은 유대인의 전통을 존중하며, 그것을 복음과 연결시켜 전했다. 자신이 바리새인임을 밝히고 유대인의 소망 곧 그리스도의 복음을 설명했고, 자신이 심문받는 것은 하나님의 약속을 소망하기 때문

---

73) (롬 10:4, 빌 3:3) 이 부분은 유대인들의 '할례'에 관한 논쟁으로 인한 분열을 말함.

이라고 역설했다. 히 11:40, "하나님이 우리를 위해 더 좋은 것을 예비하셨은즉" — 구약 성도들이 구원의 완성을 경험하지 못한 것은, 신약 성도를 통해 완전케 하려는 계획이었다. 그래서 목양하는 자세를 가지라는 교훈이 주어진다.

벧전 5:1 — 장로들은 양 무리를 먹이고 인도하되, 그 위에 군림하는 것이 아니라 본이 되어야 한다. 장로의 책임은 막중하며, 하나님 앞에서 회계 보고를 해야 한다. 강요로 직무를 수행하는 것은 잘못이다. 장로의 사명은 하나님께서 주신 것이고, 인간적인 목적이 아니라 열정과 헌신으로 감당해야 한다. 영적 지도자는 직권으로 지배하는 것이 아니라 신앙의 모본을 보여 신도들을 감화시켜야 한다. 이는 경기에서 승리한 자가 영광의 월계관을 받으나 금세 시드는 것과 달리, 참된 지도자는 그리스도로부터 영원한 영광의 면류관을 받게 된다는 의미이다. 또한 신앙 경주에서 승리자가 되는 것은 기독교의 중요한 덕목 중 하나이다.

여섯째 인(계 6:12~14)

여섯째 인이 떼어질 때, 성경에 자주 묘사된 '임박한 여호와의 날'을 알리는 우주의 천재지변이 삼중적으로 나타난다. ① 대지진과 폭풍으로 해와 달이 어두워짐, ② 별들이 떨어짐, ③ 땅 위의 공포들이다.[74)]

"내가 이적을 하늘과 땅에" — 대심판 전에 일어날 크고 놀라운 사건들이 하나님의 심판을 앞서 보여주는 징조다. 이 우주적 대변동을 문자적으로 볼지, 상징적으로 볼지는 논의가 분분하다. 예언의

---

74) (단 9:24-27, 욜 2:30, 31, 사 34:4, 마 24:29) 최후의 날에 우주의 대변동이 일어난다는 것을 가리키고 있음.

완전한 성취는 메시아 시대에 이루어질 것으로 본다. 이는 하나님의 위엄을 자연현상을 통해 상징적으로 묘사한 것이다. 종말의 특징은 주 재림 전에 사 13:9에서 "잔혹과 분냄과 맹렬히 노하는 날"로 표현된다. 여기서 '잔혹'은 파괴적인 심판을 뜻한다. 하나님께서는 잔인한 자에게 파괴적인 심판으로 갚으신다.

사 13:11, 14:11, 47:7~8의 '교만의 죄', 사 14:12, 17의 '독재주의', 사 47:6의 '하나님의 백성을 핍박한 죄' 등이 이에 해당한다. 세상의 악은 바벨론과 같은 악인의 죄성을 가진다. 바벨론이 받을 벌의 원인은 교만·자만·오만으로, 이는 하나님이 가장 미워하시는 죄악 중 하나이다. 바벨론의 멸망은 페르시아 침략 때 벌어진 두려운 사건들의 연속이었다. ① 하늘과 땅이 흔들리고, ② 바벨론 거주 외국인들이 고국으로 도망하며, ③ 페르시아군은 만나는 자를 죽이고, ④ 가족은 군대에 약탈당했다.

"메데 사람들" — 고대 이란 북서지방에 거주한 인도 유럽계 민족으로, B.C. 7세기 페르시아 결망 시 바벨론을 침략한 목적은 은금 취득이 아니라, 자신들을 억압했던 바벨론에 대한 복수였다. 그들은 행한 대로 되돌림을 받게 되었다.

합 2:5의 하박국 선지자 역시 갈대아인들의 교만을 지적하였다. 그들은 술에 취하여 음부를 사망처럼 만족해하며 죄악을 모른다고 덧붙이는 자들이다. "화 있을진저" — 이 문구는 다섯 가지의 계급을 가지고 행악하는 자들에게 붙여진 말이다. ① 탐욕자인 대금업자들이며, ② 자신들은 안전하다고 생각하는 착취자들이다. ③ 다른 사람들의 피와 땀으로 성을 건축하는 통치자들로, 여호야김왕과 같은 자이다. 그는 국가 기금을 자기 자신을 위한 새 궁전을 짓는 데 낭비한다. ④ 술을 성적 타락의 방편으로 사용하는 음탕한 백성들이며, ⑤ 생명이 없는 대상들을 섬기는 자들이다. 이 화는 바벨론이나 모든 악을 행하는 이스라엘 민족뿐 아니라 곧 모든 백성에게도 선포됨을 강조한다.[75] "시기오놋에 맞춘 선지자 하박국의 기도"라 — 순간 열광적인 시가 열정적인 스타카토로 재빠른 리듬과 감정의 변화를 유도시켜 음악의 한 형태처럼 심령을 울린다. 히브리어 '시가'(sagah)는 원래 술에 취한 사람의 행동을 묘사하지만, 여기서는 하박국의 강한 감정과 긴박감을 묘사하는 데 사용되고 있다.

그런즉 '하나님은 창조주이시니' — 만민에게 심판은 선악의 기준을 나타낸다. 성경은 인간이 만물의 척도가 아니라고 가르친다. 불완전한 인간이 만물의 기준이라면 그 기준이 모호하므로 모든 것은 무질서하게 된다. 성경은 인본주의가 아니라는 점을 밝히는 것이지, 성경이 비인도주의적이라는 말이 아니다. 진정한 인도주의는 이기주의를 완전히 극복할 수 있는 상태이며, 성경에 의해서만 가장 완전하게 실현될 수 있다는 뜻이다. 시 7:9, "하나님이 사람의 심장을 감찰하시니" — 시편 기자가 말하는 '심장'은 영어 흠정역(KJV)에서는 "hearts and reins"로 강조되어 있다. 또한 히브리어 '켈라요트'는 콩팥을 가리키는데, 히브리인은 콩팥을 감정의 근원으로 여겼다. 이 말을 이해한다면, 인간의 비물질적 요소 즉 내적 자아, 속마음을 가리키는 것으로 볼 수 있다. '사람'(히, 에노쉬)은 인간의 연약함을, '인자'(히, 아담)는 흙으로 지음받은 인간을 가리킨다. 하지만 '천사'의 원어로 히브리어 '엘로힘'은 문맥에 따라 '하나님'으로 번역하는 것이 더 적절하다.[76]

---

75) (합 3:1) '시기오놋'이란 격정적이고 감정이 깊은 노래를 뜻함. 하박국 선지자의 기도를 묘사한 마 6:9에서도 간절함이 나타남.

76) (고전 6:3, 히 2:7) '잠깐 동안' 즉 '짧은 기간' 혹은 '조금 못하게'라는 의미는 타락한 천사들이 종말의 때 심판을 받게 될 것을 말함.

인간의 타락 상태를 "잠시 천사보다 못하다"고 묘사함을 볼 때, 이는 인간이 타락 이전에는 천사보다 더 귀한 존재로 창조되었음을 시사한다. 물론 인간에게 주어질 최후의 심판에서는 마 11:22~23의 "내가 너희에게 이르노니"라는 말씀처럼 심판 날에 선언하실 주님의 권능의 음성을 들을 수 있을 것이다. 당시 '가버나움'은 악한 도성으로 절정에 이르렀다. 예수께서는 이곳에서 어느 곳보다 많은 권능을 행하셨으나 모두 헛되었다. 본문에 나오는 음부는 지옥을 의미한다. 음부는 일부 사람들이 생각하는 것처럼 죽은 사람이 내려가는 사자(死者)의 영역만이 아니다. 마 16:18의 저주받은 자들이 가는 지옥을 말한다. 천지의 주재자이신 '아버지'는 하나님의 지고하신 위엄을 나타낸다. 이 위엄은 그의 계시를 통하여 마음 문을 닫은 자에게는 숨기시고, 어린아이들과 같은 순전한 자에게는 개방하신다. 하나님께서는 모든 것을 예수께 위임하시고, 그는 권능의 주, 은혜의 시여자(施與者)이시며, 하나님의 모든 사역의 집행자이신 생명의 통치자이시다.

재림과 구원

그는 우리의 구원의 대장이 되신다. 모든 사람에게 베푸신 그 위대한 구원의 초청은 삼중적 성격을 가진다. ① 와서 구원받으라, ② 제자의 도를 배우라, ③ 멍에를 메고 주를 섬기라. 이 '멍에'는 규범 아래의 훈련을 뜻하며, 서기관들의 가르침과는 대조적으로 예수의 멍에는 우리에게 참된 쉼과 용기를 주신다는 뜻이다. "알지 못하는 때" — 그리스도의 갑작스러운 재림은 마 24:29~30의 "그때 인자의 징조가"와 같이, 인자의 재림 때 일어날 현상들로 예언되었다.[77] 그

77) (사 13:11-16, 욜 2:31, 3:15, 말 4:3) '아래 땅을 살피라 악인을 밟을 것이니' 만물의 죽음, 즉 심판을 말함.

날에 "악인을 밟을 것이니" — 구원받은 하나님의 백성이 최후 승리를 얻게 되는 주님의 재림 때가 완전히 실현된다는 예고이다. 이 징조들에 대해 어떤 사람은 번개로, 또 어떤 사람은 그리스도의 후광 혹은 영광으로 해석한다. 이 부분들을 온전히 이해하지 못하고 남긴 문자로 보는 견해도 있다. 그리스도의 재림은 눈에 보이게 이루어질 것이다. '이 모든 일이' 기록된 징조와 같이, 인자의 때는 '이 세대에' 임한다. 징조들이 아직 사람들의 생전에는 일어나지 않았지만, 이 세대의 '끝'(헬라어 '텔로스')은 어떤 것의 종결, 한계, 혹은 행위 상태의 '생명의 끝'을 의미한다는 점을 볼 수 있다.

사 50:10, "빛이 없는 자라도" — 메시아의 의무가 무엇인지 확실히 알지 못하는 사람일지라도, 여호와의 이름을 의지하고 하나님을 앙망하면 환난을 면하고 구원을 얻게 되리라는 예언이 '하였나니'로 포함되어 예언적 과거형을 이룬다. 하나님께서 그의 백성을 위해 행하시려고 계획하신 일은 이미 확립된 사실이다. 곧 메시아를 통하여 장차 만방에 복음이 전파될 것을 선포하신 것이다. "율법이 내게서부터 발할 것이라" — 율법(토라)은 영원한 말씀이며, 요 1:1의 "로고스" 곧 복음 전파는 하나님의 말씀이다. "내 공의를 만민의 빛으로 세우리라" — 참된 그리스도의 진리는 복음의 빛을 만민에게 선포하여, 그 빛을 믿는 자에게 구원이 되는 하나님의 섭리를 가리킨다. "내 의가 가깝고 심판에 이르리니" — 복음은 예수 그리스도를 통해 선포되어, 그를 믿는 자에게는 하나님의 구원의 손길이 임하지만, 믿지 않는 자에게는 그의 심판의 공의가 드러난다.

그런즉 하나님을 믿는 자는 구원의 약속이 인증되지만, 믿지 않는 자는 영원한 형벌의 심판을 받게 된다.[78] 그리스도께서는 온 인

78) (사 51:6) 천국 비유의 말씀은 (계 21:1, 벧후 3:10-13) 하늘과 땅이 새로워짐과 (계 19:11-21) 악인들의 멸망과 (마 24:36, 요일 1:2, 16, 17) 구원은 영원한 것임을 예언한다.

류를 심판하실 때 하늘과 땅이 새롭게 될 것을 강조하신다. 악인들은 멸망하겠으나, 그가 이루실 구원은 영원할 것을 예언한다. 곧 세상은 모든 것에 한계가 있고 없어질 성질의 것이지만, 하나님의 의(義)는 영원토록 변함이 없음을 가리킨다. 그러므로 재난의 시작은 장래의 대환난 때 이스라엘이 겪게 될 재난도 포함하고 있다는 사실이다. 이는 여섯째 인의 천재지변 — 악인의 공포이다. 주의 큰 날에, 계 6:15 "각 종과 자주자들이 산 바위틈에 숨어" — 그 두려움은 어린양의 진노에서 하나님의 보수가 시작됨을 뜻한다. 사 2:10, "바위틈" — 팔레스타인의 석회암 바위는 갈라진 틈과 많은 굴을 가지고 있어, 유대인은 자신의 죄를 합리화하고 위협을 느낄 때 흔히 그 바위 굴속으로 피신한다. 그렇지만 유다의 죄악 된 행위는 패배당할 것이며, 그 죄는 교만과 자고의 우상숭배였기에 '여호와의 날'은 시간성을 가진 심판의 날이 된다. 그러나 경건한 성도들은 종말의 환난을 이기고 '여호와의 의'를 향한 나라에 참여해야 할 것을, 성경 기자는 조용히 위로의 말로 남기고 있다.

7장

이스라엘의 인 맞은 14만 4천 성도들

일곱째 인(계 7:1~17)

개봉이 잠시 중지되고, 마지막 날에 대한 계시가 주어지기 전에 성도들을 위로하기 위해 주신 중간 계시이다. 계 7:1의 "땅 네 모퉁이"는 동서남북, 곧 전 세계를 가리킨다. '바람'은 전쟁을 뜻하므로, 사방의 바람은 세계대전을 의미한다. 여기서 '땅'이나 '바다'는 세상의 나라들을, '각종 나무'는 모든 인간을 가리킨다. 그리고 네 천사는 땅의 내전을 관리하는 천사들로 보는 견해가 지배적이다.[79)]

단 7:2, "하늘의 네 바람이 큰 바다로 몰려 불더니" — 이 예언적 환상은 벨사살 원년, 곧 바벨론 멸망이 묘사되기(5장) 14년 전인 B.C. 550년을 가리킨다. '보았는데' 또는 '보는 중이었는데'로 번역되며, 다니엘이 계속된 환상을 보고 있었음을 나타낸다. '하늘의 네 바람'은

---

79) 엘람은 '높은 지대'라는 뜻을 가진 강한 부족으로 많은 전쟁에서 승리하였으나, (계 7:1) 하나님의 초자연적 능력의 패배를 당하고 흩어졌다. 이 절은 장차 이루어질 사실에 대한 예언이다. 사 22:6의 앗시리아와 동맹을, 사 21:2-6의 페르시아와 손을, 그 후에 고레스왕 때 엘람은 페르시아와 합방했다.

뒤에 나오는 '큰 짐승 넷'과 더불어 네 나라의 기원을 보여준다. 특히 큰 짐승 넷은 느부갓네살왕이 꿈속에서 본 '네 제국의 통치자'를 가리킨다. "네 큰 짐승은 네 왕이라."

"사자" — 사자에 독수리 날개가 있는 형상(렘 49:19)은 바벨론을 나타내고, 독수리의 날개(렘 49:22)는 그 군대를 비유한다. 이는 바벨론 유물 중 날개 달린 사자 조각상으로도 확인된다.

"곰" — 사자보다 못한 짐승으로, 두 번째 나라 페르시아 제국을 의미한다. 곰이 몸 한편을 들었다는 것은 메대-파사(페르시아) 연합에서 페르시아의 우월함을 보여준다. 이 곰의 잇사이에 물린 세 갈빗대는 정복된 애굽, 시리아, 바벨론을 가리킨다.

"표범" — 날개 넷과 머리 넷을 가진 민첩하고 비범한 짐승으로, 알렉산더 대제가 세운 헬라 제국을 뜻한다. 날개는 신속한 정복을, 네 머리는 알렉산더 사후 그의 제국을 나눈 네 장군을 가리킨다(프톨레미, 셀레우코스 1세, 카산더, 리시마코스). 알렉산더는 13년간 많은 나라를 정복했고, 부친 필립 사망 후 마케도니아와 헬라를 통치했다. B.C. 334년 소아시아를 거쳐 페르시아와 전쟁해 다리오왕을 격파했고, 시리아, 팔레스타인, 애굽을 정복했다. 그러나 B.C. 323년 사망으로 세계 제국의 꿈은 끝났다. 그의 승리는 배후에서 하나님의 섭리로 권세가 허락되었기에 가능했다.

"마지막 짐승" — 다른 어떤 것과도 비교되지 않는 가공할 존재로, 큰 철 이빨을 가지고 있다. 이는 단 2장의 느부갓네살 신상의 '철 종아리'와 관련이 있으며, 열 뿔은 신상의 열 발가락에 해당한다. 이 뿔들은 로마 제국의 궁극적 표현을 상징한다.

열 뿔 중 셋은 '작은 뿔'에 뽑히는데, 작은 뿔은 '율법을 거스르는 사람', 곧 적그리스도를 뜻한다. 이 뿔은 눈이 있고 인간적인 성격을 띠었으며, 지극히 높으신 하나님을 대적하고 성도들을 괴롭힌다. "한

때와 두 때와 반 때" — 적그리스도가 성도들을 핍박하는 기간을 의미한다.[80)]

"날개를 받았다" — 바벨론의 잔혹성이 하나님의 명령 후 회개로 온유해지는 것을 비유한다. 단 2장은 왕국에 초점을 맞췄지만, 단 7장은 왕 개인에 초점을 둔다. 페르시아 제국(두 팔로 메대와 파사의 연합을 상징)은 금보다 강하지만 가치로는 금보다 낮다. 신상의 배와 넓적다리는 놋으로, 헬라의 정복욕을 보여준다. 놋은 금은보다 강하지만 값은 떨어진다. 마지막 신상의 종아리는 철, 발과 발가락은 철과 진흙이 섞여 있다. 철은 로마 제국을 뜻하며, 매우 강력했으나 결국 동로마 서로마로 분리되고, 마지막 날에는 강한 것과 약한 것이 섞인 국가연합이 된다. 다니엘의 예언대로 바벨론은 페르시아에, 페르시아는 알렉산더의 헬라 제국에, 헬라는 로마에 무너졌다. 유럽은 로마 제국의 유산을 지금도 이어받고 있으며, 마지막 날 완성을 기다린다.

'한 큰 신상'을 아람어로는 '칠렘'이라 하며, 이는 우상이 아닌 '사람 형상'을 뜻한다. '뜨인 돌'은 움직일 수 없는 신상과 달리 능동적이며, 신상의 각 부분을 부수어 예수 그리스도로 말미암아 세상의 모든 권세가 무너짐을 가리킨다.

단 8:8, "큰 뿔이 꺾이고" — 알렉산더의 죽음을 의미하며, 그의 제국은 네 장군에게 나뉘었다. 카산더는 마케도니아, 리시마코스는 트라키아와 소아시아 일부, 셀레우코스는 시리아, 프톨레미는 애굽을 차지했다.[81)] 이후 셀레우코스와 안티오쿠스가 남방(애굽)을 침공

---

80) (계 11:3, 9, 12:14) '사흘 반 동안'은 소위 칠 년 대환난의 후반부를 가리키는 고난의 기간을 상세히 말함.

81) (단 11:10-12, 45) '남방 왕은 싸울 것이라' 남방(애굽) 왕 프톨레미 필로파토르(Ptolemy Philopator)가 북국 침략군(셀레우코스와 안티오쿠스가 이끄는 군대) 즉 라피아(Raphia) 땅을 쳐서 이겼다는 것을 의미함.

했으나, 프톨레미 필로파토르가 라피아 전투에서 승리했다. 그러나 프톨레미는 승리 후 교만해져 성전에 들어가 율법을 멸시했다.

"그들의 끝이 이르리니" — 북방 왕은 반란 소식을 듣고 분노해 나섰으나, 하나님의 벌로 죽게 되리라는 예언이다. 페르시아 헬라 남북 왕조에 대한 예언은 신약 시대에 성취되었다. 안티오쿠스 에피파네스는 구약 시대의 적그리스도로, 유대인을 핍박하다가 하나님의 심판에 멸망했다.

"미가엘 천사가 일어날 것이라" — 하나님의 백성을 호위하는 미가엘은 안티오쿠스의 박해로부터 유대인을 구하게 될 것이다.

겔 8:4, "제단 문 북편에 투기의 우상이" — 이 문을 통해 제사용 짐승들이 들어갔고, 성소 안에서는 가증한 우상숭배가 행해졌다. 에스겔이 성소 벽의 구멍을 보고, 하나님의 명령에 따라 벽을 헐자 문이 나타났다. 그 안의 은밀한 방에는 각종 짐승 그림이 그려져 있었다. 그 앞에 70명의 장로가 향로를 들고 우상에게 절하고 있었다. 이 70인은 이스라엘 전체를 상징하며, 이들은 우상숭배를 은밀히 행하고 있었다. "담무스" — 바벨론이 숭배한 식물신으로, 한여름 더위에 죽었다가 봄에 부활한다고 믿어 애도 의식을 행했다. 이 풍습은 므낫세왕 시대에 성행했다.

겔 11:23, "여호와의 영광은 성읍 동편 산에 머물고" — 이는 하나님의 영광이 성전을 떠나 감람산에 머물렀음을 뜻한다. 감람산은 예루살렘 전경이 보이는 곳으로, 마지막 심판 때 슥 14:4에서 여호와께서 강림하실 장소이다. 이곳은 예수께서 눅 19:41에서 예루살렘 멸망을 보며 우셨던 곳, 그리고 승천하신 장소이다.[82)]

겔 8:17, "가증한 일들" — 에스겔은 이스라엘이 담무스와 태양을

---

82) (눅 19:21) 감람산은 행 1:12의 갈릴리를 가리킴.

숭배하는 것을 보았다. 아스돗과 애굽은 이 죄악에 대한 증인으로 세우기 위해 부름 받았다.

렘 51:20, "너는 나의 철퇴요 병기라" — 하나님은 바벨론을 사용하여 여러 나라를 멸망시키셨다. '나파츠'(נָפַץ, 부수다)가 아홉 번 쓰였는데, 이는 바벨론의 전쟁이 매우 파괴적이었음을 뜻한다. 그러나 바벨론이 시온에까지 악을 행하자, 하나님께서 심판하신다.

겔 9:1, "성읍을 관할하는 자들" — 무장한 자들이 성전에 들어가고, 그중 한 명은 제사장 복장을 하고 허리에 서기관의 먹그릇을 찼다.[83] 보통 먹그릇 속에는 몇 개의 붓과 밀납으로 된 서판이 들어 있어, 그것을 허리띠에 차고 다녔다. 그가 지성소 안 속죄소 위에 있는 그룹들을 집합하니, 여호와의 영광이 성전 문지방을 떠나 바깥뜰 동문으로 옮겨 가셔서 감람산에 이르신다. 이제 마지막으로 에스겔은 예루살렘성이 회복될 때까지 주의 영광이 다시 돌아올 것을, 증인의 입장에서 보여주는 표징으로 전하게 된다.

출 32:32, "그들의 죄를 사하시옵소서" — 이 절은 하나님이 친히 가지신 책에 인간의 생명이 기록되었다가, 그 안에서 삭제되는 것을 죽음으로 비유하는 말이다. 그러나 신약에서 '생명책'은 영원한 생명을 소유한 사람들만 기록한 책이다. 이 생명책에 이름이 기록되었다는 것은 '구원의 표'를 이마에 받았음을 의미하며, 의인(예수 그리스도)의 작정 안에 들어 있다는 구원의 상징이다. 이는 단순히 육신의 생명이 구원받는다는 것이 아니라, '영생'을 의미한다.

즉, 그리스도의 재림 시 있을 의인과 악인의 부활을 예시하는 것으로, "땅의 티끌 가운데 있는 자" 중 안티오쿠스 에피파네스의 박

---

83) (출 28:42, 삼상 2:18, 22:18) 여기 세마포 에봇은 몸에 붙고 소매가 없으며 앞치마와 비슷한 엉덩이까지 내려오는 긴 웃옷으로 거의 제사장만 입는, 특히 제단 앞에 사제할 때만 사용된 의복을 의미하는 것임.

해 때 의를 위해 죽은 자들은 부활해 영생을 얻지만, 그들의 앞잡이 노릇을 하던 자들은 구원받지 못하고 부끄러움에 처하게 된다.

그런즉 하나님께서는 먹그릇을 준비한 자에게 예루살렘 안에서 나라의 가증한 일을 보며 탄식하고 우는 사람들의 이마에 '표하라'고 명령하신다. 여기서 '표하라'로 번역된 말은 히브리어 알파벳의 마지막 글자인 '타브'(ת)로, 초기 히브리 문서에서는 'X' 또는 '+' 형태였다. 에스겔은 자신이 목격한 환상의 의미를 완전히 이해할 수 없었지만, 이 표가 구원을 가져다주는 것임을 암시하고 있다.[84)]

유대 전승에 따르면, '타브'는 "내가 너를 살게 하리라"는 뜻을 지닌 '티히예'라는 단어의 첫 글자이다. 이는 십자가의 구속 사역을 예표하며, 예언자가 우리가 아는 것보다 더 많은 것을 은연중에 선포했음을 상기시킨다. 따라서 이마에 표 있는 자는 심판에서 면제된다. 하나님의 심판은 출 12장에서 죽음의 사자가 문설주에 피 표식이 없는 애굽 사람의 처음 난 것(사람, 짐승 모두)을 예외 없이 친 것처럼, 이미 심판받기로 된 사람들에게도 예외 없이 임한다.

여기서 가는 베 옷을 입고 허리에 먹그릇을 찬 사람은 아마도 천사를 의미한다. 천사는 하나님의 뜻을 수행하는 데 완전하다. 그는 남은 자, 곧 신실한 무리의 이마에 표를 하고, 천사 같은 존재들이 멸망의 숯불을 그 성에 흩어버린다.

인 맞은 자와 구원

계 7:4~8, "인 맞은 자들이 십사만 사천" — 요한은 이 인 맞은 자들의 수(144,000)와 이스라엘 자손 각 지파를 기록한다. 여기에 대해

---

84) (계 7:3, 9:4) 이 표는 구원을 암시하며 '하나님의 보호'를 받는 성도들을 가리킴.

두 가지 견해가 있다. ① 문자적으로, 대환난 시기에 인침 받아 보호받는 144,000명은 유대인 그리스도인을 가리킨다. ② 유대인과 이방인으로 구성된, 완성된 교회 전체를 가리킨다. 계시록 전체를 볼 때, '이스라엘 자손'을 육적인 이스라엘보다 영적 이스라엘로 보는 것이 타당하다. 144,000이라는 상징 수의 산출 배경에 대해서는 견해가 다양하며, 예언서의 묵시문학적 특성을 고려할 때 어느 하나로 단정하기 어렵다.

한 학설은 이렇게 풀이한다. 이스라엘 12지파 각각에서 12,000명씩이 인침을 받으니 합계가 144,000명이다. 앞에서는 24(12의 배수)가 상징 수로 쓰였고, 뒤에서는 천의 배수가 나타난다. 계 21:16에서 "거룩한 성의 크기가 장과 광과 고가 같아 12,000스타디온"이라는 기록, 성곽이 144규빗(12×12)인 것, 계 22:2에서 "생명나무가 열두 가지 실과를 달마다 맺는다"는 비유 모두, '12'가 문자 그대로보다 상징적으로 사용되고 있음을 보여준다.

따라서 144,000은 큰 환난을 겪게 될 하나님의 종들의 인 맞은 모든 수를 총칭하는 상징으로, 복음의 보편성과 포괄성을 더욱 강조한다(Expos of Tar 주석 참고). 한편, 12지파 명단에서 단 지파가 제외된 점은 주목할 만하다.

적그리스도가 이 지파에서 나올지도 모른다고 보는 학자도 있다. 통상적으로 12지파라 하면, 야곱의 12명의 아들 중 제사 직무를 맡았던 레위인을 빼고 요셉의 두 아들인 에브라임과 므낫세를 각각 독립 지파로 계산해서 나온 수로 볼 수 있다.[85] 단 지파 대신에 므낫세가, 그리고 요셉이 에브라임 지파라고 불리던 대표자로 언급된 것은 이스라엘의 우상숭배가 단 지파에서 시작되었기 때문이다.

---

85) (창 49:16, 17, 신 33:22, 렘 8:16) 뱀의 독은 사람의 생명을 해하지만 악인들의 독도 사람을 살해함.

단은 '길의 뱀'이요 '첩경의 독사'라 하였는데, 렘 8:17의 "술법으로도 제어할 수 없는 뱀의 독사"라는 말씀에서, 뱀과 독사는 죄로 인한 환난을 비유한다. 술법으로 뱀을 제어할 수는 있으나, 아주 독한 뱀은 그렇게 할 수 없다고 시 58:4~5은 증언한다. 유다를 침략한 바벨론 군대는 술법으로도 제어할 수 없는 뱀과 독사와 같았다.

바벨론 군대가 유다를 침략할 때, 결코 유다와 화해하지 않을 것임을 암시한다. 신 33:22의 단 지파는 바산에서 맹렬히 뛰는 사자 새끼로 간주되었고, 시 140:3에서도 원수들은 가장 독한 독사의 맹독을 가진 애굽의 코브라에 비유되었다.

신 29:8~9, "그 땅을 취하여" — 요단 동편의 땅은 르우벤과 갓, 그리고 므낫세 반 지파를 통해 하나님의 기업으로 이루어진 정복 사업의 결과이며, 이는 모두 이스라엘의 상속이었다. 그 보상은 형통이었다.

성경의 모든 부분, 특히 구약에는 이러한 언약의 성취에 관한 언급이 자주 나온다. 즉, 이스라엘 백성이 하나님 앞에 바로 섰을 때는 국가적 형통을 누렸으나, 하나님을 배척할 때는 국가적 어려움에 처했다.

계 7:9, "이 일 후에" — 구원받을 자들이 영적 단장을 하고 '호산나'라고 외치는 구원의 환상이다. '호산나'는 히브리어 아람어의 음역으로 '구원하다'라는 동사의 명령형이며, "지금 구원하소서, 우리가 기도합니다"라는 뜻이다. 이는 그리스도의 구원 능력을 신속히 일깨우는 군중의 환호이다. 예수께서 병 고치시는 사역을 받아들였다는 충분한 증거의 표현이기도 하다.

그리스도의 승리의 입성은 재림의 날에 성취될 찬양으로 이해함이 더 적절하다. 사실 제자들은 예수께서 부활하시고 승천하셔서 영광을 나타내실 때까지, 당나귀를 타고 예루살렘에 입성하신 일의 성취가 슥 9:9의 예언이라는 것을 깨닫지 못했다. 주께서 주시는 진리의 교훈은 어떤 과정을 겪은 후에야 비로소 깨달을 수 있다.

요 12:23, "때가 왔도다" — 이 표현 역시 주님의 사역 기간 기다려온 죽음과 부활의 때를 의미한다. 그의 사역이 절정에 도달하는 순간이다. 성경의 여러 부분에서 언약 성취에 대해 언급한다.

그러므로 구원하심이 보좌에 앉으신 창조주 하나님과 어린양께 속한다는 찬양이 선포되고, 예배자의 자세가 제시되며, 영광의 왕께 드리는 찬송으로 끝맺는다. 딤전 6:15의 "기약이 이르면 만왕의 왕이신 만주께서"라는 말씀에서, '때'(καιρός, 카이로스)는 하나님께서 정하신 고정된 때를 의미한다. 그리스도의 재림은 하나님께서 명하시고 지정하신 그 시간에 반드시 이루어진다.

이 정결의 약속은 그리스도의 피로 사람의 죄를 대속하는 속전의 대가로 이루어진다. 그리스도의 대속은 히브리서의 주제이자 성경 전체의 중심되는 교리이다.

구약의 희생 제사도 한 예표로서, 그리스도의 성육신은 인류의 죄를 대속하는 사역을 이루기 위해 필요했다. 이 대속에는 여러 측면이 있다.

화해: 하나님과 인간 사이의 교제가 회복됨(롬 5:10, 고후 5:19).

화목: 하나님의 거룩하신 공의의 요구가 충족됨(롬 3:25).

구속: 죄의 속박에 있는 자를 값 주고 사심(골 1:13~14).

이 모든 것은 무죄하신 그리스도의 피 흘림을 통해 가능했다.

계 7:16, "그 기운에 상하지 아니할지니" — 장차 올 기쁨은 유월절, 오순절, 장막절에 예루살렘으로 올라가는 순례자들이 부른 찬송의 의미를 지닌다. 이 찬송을 받으시기에 합당하신 여호와 하나님은, 다윗의 기도처럼, 언약을 지키시며 조상들의 하나님으로서 찬송받으셔야 한다. 오늘날 미래에도 '제2의 바벨론'이 일어나지 않기를 바라는 마음은 여전하다. 요 9:39에서도, 예수께서 오신 목적이 심판이 아님을 분명히 하셨다. 그러나 그를 거절하는 자들로 인해 예수님의 오심은 불가피하게 심판을 가져왔다.[86)]

과거 애굽이 비록 이스라엘을 압제했으나, 400년간의 공존과 평화는 계 7:17의 "하나님의 어린양이 저희의 목자가 되사"라는 말씀과 같이 미래의 모든 슬픔이 사라질 것을 예고한다. "항상 생명수 샘으로 인도하시는 하나님의 말씀에 귀 기울이라"는 강조는 사 28:16의 "한 돌을…기초 돌이라"는 구절과 연결된다. 이 돌은 그리스도를 뜻하며, 메시아는 기초 돌이자 시험의 돌이다. 백성들과의 관계 속에서는 귀하고 견고한 기초 돌이라는 뜻이다.[87)]

이 의미를 전체 맥락에서 해석하면, 타락한 위선자들과 거짓에 의지하는 잘못된 지도자들과 달리, 그리스도는 참된 안식처이심을 보여주신다. 그를 믿고 의지하며 사는 자는 마음이 든든해지고, 당황하지 않으며, 주와 함께 즐겁게 사는 영원한 약속을 누리게 될 것이다.

---

86) (막 4:12, 사 6:9) 지식이 제한된 이우는 영적으로 눈이 먼 자, 곧 지각이 없는 자, 미련한 자들을 의미한다.

87) (사 8:4, 시 118:22, 롬 9:33, 벧전 2:6) "실로아 물"은 예루살렘에 있는 실로암 연못에서 흘러나오는 물로 하나님의 도움을 상징한다.

8장

마지막 일곱 번째 봉인을 떼기 전 고요해진 하늘

중간 계시가 끝나고, 일곱째 인을 떼면서 일곱 나팔의 재앙이 연결된다. "하늘이 고요하더니" — 땅에서 고난받는 성도들의 기도가 들리도록, 하늘에서 끊임없이 울려 퍼지던 찬송이(계 4:8) 잠시 중단된다.

사 29:11, "모든 묵시가 마치 봉한 책의 말이라" — 당시 유대인들은 마음의 눈이 어두워 율법을 깨닫지 못했고, 심지어 율법을 알려고 노력하지도 않는 불신앙의 모습을 보였다. 그들은 조금도 회개할 기회를 얻으려 하지 않았다.

하나님의 영광은 임재와 속성의 계시이다. 즉, 일곱째 인을 떼기 전 고요해진 하늘은 계 8:1의 "반 시간 동안 고요하더니"라는 말씀의 성취이고, 그 증거는 하나님의 예언 말씀을 두루마리에 기록해 끈으로 묶어 천사로 하여금 잘 보관케 하신 데 있다. 그러나 그들은 이 말씀을 믿지 않았으므로 마침내 그 성취의 날이 임할 것임을 예고하는 것이다.

그들의 사고와 학문은 세상 것에 충실했고, 당시의 사상과 철학에 물들어 있었다. 세상은 하나님을 떠난 세계, 즉 사탄의 지배 아래 있는 어둠의 영역이다. 입으로만 섬기는 외식은 하나님께 가증한 것이며, 입술로만 존경하는 것은 곧 아첨이다.

시 12:3, "여호와께서 모든 아첨하는 입술과 자랑하는 혀를 끊으시리니" — 이러한 외식적인 경배는 오히려 하나님의 진노를 산다.

이는 예루살렘 북쪽 스코프스(Scopus) 산지에서 있었던 일로 보인다. 예루살렘 성전이 폐허가 된 시기는 B.C. 586~516년, 곧 바벨론 포로 70년 기간이었다.[88] 이러한 징계와 심판은 인간의 노력과 지혜로는 막을 수 없다.

성경에는 스라야라 불린 인물이 여럿 있다. 네리야의 아들이며 시종장이었던 이 스라야는 시드기야와 함께 B.C. 594년에 바벨론으로 갈 때, 예레미야로부터 '예언의 책'을 받아 간 자이다. 그는 바벨론에 도착해 먼저 그 말씀을 읽고, 그 책을 유브라데강에 던지라는 명을 받았다. 스라야는 예레미야의 비서였던 바룩의 형제였다. 예레미야가 그에게 간직하게 한 이 '예언의 책'은 바벨론에 여호와의 말씀을 심기 위해 주어졌다. 바벨론의 멸망은 그 책이 유브라데강에 가라앉는 것과 같이, 결코 다시 일어나지 못할 것의 상징이었다.

일곱 번째 봉인

계 8:2, "하나님 앞에 시위한 일곱 천사" — 여기서 '하나님의 사람'이라는 뜻의 이름을 가진 가브리엘은 하나님의 계획을 사람들에게 전하는 직무를 수행한다. 천사장 미가엘과 함께 성경에 이름이 나타난 이들이다. 곧 하나님의 사자, 일곱 천사가 일곱 나팔을 받았

88) (렘 25:11, 12, 29:30) 이스라엘의 바벨론 포로 생활과 변절된 교회 모형의 '칠십 년 세월'을 말함.

다. 이 예언의 환상(계 9:1)은 하나님이 이스라엘을 심판하실 때, 종교를 심판하심을 의미한다. 종교의 쇠락과 함께 이스라엘 민족이 전멸할 것이며, 끝까지 회개하지 않는 죄인은 하나님을 피해 도망할 수 없다.

죄인이 생각하는 가장 깊은 곳 곧 음부나, 땅보다 높은 하늘, 이스라엘에서 가장 높다고 여겨지는 갈멜산, 심지어 바다라도 하나님의 심판에서 피할 수 없다. '뱀'의 히브리어는 '나하쉬'(נחש)로, 반드시 육지의 뱀만을 뜻하지 않고, 상어나 큰 바다생물까지 포함한다. 요나가 하나님의 낯을 피해 다시스로 도망할 때, 주께서 물고기를 명해 요나를 삼키게 하신 사건이 이를 보여준다.

'향연'은 성도의 기도로, 분향과 같이 주 앞에 올려지는 자비의 호소를 뜻한다. 이 기도는 어둠과 슬픔 속에서 과거에 받은 복을 사모하며, 구원의 인도를 간구하고, 원수를 갚아 주시기를 바라는 호소이다.[89] 계 8:5, "천사가 향로를 땅에 쏟으매" — 이 징조 후 울리는 우레 소리는, 예수께서 교회를 위해 다시 오실 때 들릴 것이다. 이 소리는 온 백성을 두렵게 하며, 메시아 통치의 시작을 선포한다(사 27:13). 그날 하나님은 세계 각국에서 하나님의 백성을 모으신다. 창일하는 '큰 하수'는 앗시리아 또는 바벨론을, '애굽 시내'는 애굽을 상징한다. 이 두 나라는 열방을 대표하며, 앗시리아에 끌려간 유대인 포로들을 가리킨다.

왕하 17:6 — 포로 된 지 3년 만에 사마리아는 앗시리아 수중에 들어갔다. 이로써 이스라엘의 주권 국가는 끝났고, 수많은 이스라엘인이 앗시리아 여러 성읍으로 이주당했다. 살만에셀 5세를 이은 산헤립의 연대기에는 "나는 사마리아를 포위하여 취하였고, 주민

89) (사 29:11) '모든 묵시(默示)가 너희에게 마치 봉(奉)한 책이라'는, 말씀에 대해 깨닫지 못한 무지한 자를 책망하는 경고의 메시지이다.

27,290명을 사로잡아 갔다”고 기록돼 있다. 그보다 전에 디글랏 빌레셀에 의해 많은 포로가 이미 끌려갔고, 이들은 할라(위치는 미상)와 하볼(유브라데의 큰 지류가 흐르는 이란 북서부 산지), 아람 나하라임, 고산(텔힐라프 지역의 구사나) 등지로 흩어졌다. 메대(이란 북서부) 역시 이때 앗시리아에 정복되어, 주민이 강제 이주당했다.

이스라엘이 앗시리아의 포로가 된 이유는 여호와를 두려워하지 않았기 때문이다. 그들은 다른 신, 곧 우상들을 섬기기 좋아했으며, 그들이 우상을 섬긴 것은 애굽의 왕 바로의 손에서 건져 주신 구원자에 대한 배은망덕한 죄악이었다. 곧 이방 사람의 규례는 가나안 민족들의 우상을 말하였던 당시 이스라엘이 여러 왕을 세운 율례는 여로보암과 그 후의 왕들이 섬겨온 왕상 12:26-33의 금송아지 우상의 사건이었다. 렘 4:17의 “애굽 땅으로 쫓겨난 자”들은 전쟁이나 기타 환난으로 말미암아 애굽으로 도망한 자들을 가리키며, 예루살렘의 최후 포위는 B.C. 587년 1월에 시작되어 1년 반 동안 계속되었다. 이에 대하여 바벨론 군대는 B.C. 589년 대대적인 예루살렘 공격을 시작했다. 이때 예레미야는 다시 예루살렘성(聖)이 함락될 것과 시드기야왕이 바벨론에 사로잡혀 거기서 칼에 죽지 아니하고 평안히 죽게 되리라고 예언한다. 유다의 선왕에게 분향하던 규례에 따라서 시드기야왕도 분향을 받을 것에 대한 묘사가 렘 34:5의 “분향(焚香)하던 일례(一豊)라”이다. 성경에서 분향이란 말은 향료를 불태우는 일로 거의 제의(祭儀)에 사용되었다.[90] 시 141:2에서 기도의 상징으로 사용된 히브리어 ‘미스레포트(מִשְׂרְפוֹת)는 죽은 사람을 애도하는 분향을 묘사하는 것으로 여호야김의 죽음과는 큰 대조를 이룬다.

여호야김의 악행도 지적된다. 그는 B.C. 608년 왕위에 즉위하여

---

90) (출 30:1, 2, 31:8, 35:15, 7:25) 각주를 참조하라.

11년간 유다 왕국을 통치하였다.[91] 늑봉은 강제징수라는 뜻인데 그는 4년 동안 애굽에 봉신 노릇을 하여 모든 백성에게 공세를 부과했다. 그는 재위 기간에 백성들을 강제로 동원하여 사치스러운 왕궁을 지었고 하나님께 너무나 많은 죄를 범했다. 예레미야는 적에게 죽임당해 땅에 묻히지도 못했다. 그를 위해 애도하는 울음도 없을 뿐만 아니라 시체가 성 밖으로 끌려 나와 쓰레기 더미 위에 방치될 것이라 예언까지 하였다. 하나님께서는 예루살렘이 바벨론 군대에 함락되기 전, 그들에게 경성하고 회개할 기회를 다시 한번 주신다. 그들은 한 인격체로 간주되기보다는 사유 재산의 일부로 취급되었고, 곧 유다 사회에서도 그뿐만 아니라 고대 근동과 그리스 로마 세계의 사회 경제적 구조 속에 깊이 뿌리 박혀 있었다. 그것은 이스라엘에 따른 율법 규정이 제한적이었고 많은 어려움이 예상되었다.[92]

레 25:44~48에 따르면, 종은 전쟁 포로, 매매, 채무, 증여, 상속 등으로 생겼다. 그러나 그들은 하나님의 명령을 저버리고, 언약을 파기하는 이중의 죄를 범했다. 창 15:10과 렘 34:18, "송아지를 둘로 쪼개고" — 이는 언약 확증의 고대 풍습으로, 이를 깨면 쪼갠 송아지처럼 죽음을 각오해야 함을 뜻했다.

사 66:7의 시온이 해산해 아들을 낳는 비유는, 교회가 급성장하며 하나님의 능력이 얼마나 위대한지를 가리킨다. 교회를 '남자'로 비유한 것은 성령으로 거듭난 성도가 담대히 하나님께 나아감을 뜻하며, '민족'은 많은 수의 성도를 가리킨다. "나는 해산케 하는 자" — 약속된 미래가 코앞임을 의미한다. 미래의 교회는 갓 태어난 아

---

91) (왕하 23:34-37) 여호야김의 죄악은 크게 두 가지로 볼 수 있음. ① (렘 26:20-23) 하나님의 종 선지자를 죽인 것과 ② (렘 36:22, 23) 두루마리 예언서를 칼로 베고 불에 태운 것을 말함.

92) (출 21장, 레 25장, 신 15장) 이 '언약의 책'은 율법의 정언(定言)적인 절대 기본법과 생활의 세부 사항을 규정하는 일반법으로 구성되어 기록된 것임.

이와 같으며, 하나님은 시온(택한 백성)의 어머니가 되신다. 새로운 이스라엘은 현재의 고통에 동참하는 자들이 하나님의 영광에 참여해 기뻐하게 될 것을 가리킨다.

시 141:2에서 다윗은 악인의 말과 행동, 교제로부터 자신이 분리되기를 간구하며, 경건한 자의 책망을 기꺼이 받겠다고 고백했다.

사 33:14, "시온의 죄인들이 두려워하며" — 하나님은 경건치 않은 자들에게 두려움을 주시고, 꺼지지 않는 불로 회개치 않은 자를 심판하신다(히브리어 '모크데 올탐').

창 19:24, "유황불" — 유황(sulphur)과 역청(asphalt)은 탄화수소 화합물로, 그 잔해가 이 지역에서 발견된다. 왕상 18:38에서 불은 번개를 의미한다. 화산 폭발이나 지진으로 분출된 가스에 번개가 점화되었을 가능성도 있다.

일곱 나팔

계 8:6, "일곱 나팔 가진 일곱 천사" — 여기서 우리는 두 가지 문제에 직면한다. 하나는 나팔이 앞의 '인'과 뒤의 '대접'과 어떻게 관련되는지, 둘째는 사건들이 상징적인지 또는 문자적인지의 여부이다.

이에 관한 견해는 ① 병행 동시적 사건으로 본다. ② 연속적 사건으로 본다. 어떤 것은 명백히 연속적이며, 어떤 것은 병행적 상징적 요소가 있다. 다섯째 나팔과 대접은 앞선 사건보다 이전의 일일 수 있고,[93] 여섯째 인은 나팔 대접 심판으로 나타나는 하나님의 진노가 분출되는 시기로 볼 수 있다.

시위한 일곱 천사가 나팔을 가졌는데, 여기서 가브리엘의 이름이

93) (계 6:1) '일곱 인'의 재앙은 마지막 때 징조들과 매우 유사함.

나타난다. 어떤 이는 '사람의 모양 같은 이'가 가브리엘에게 명령하는 모습을 보고, 그를 천사들의 지휘자 곧 그리스도로 보기도 한다. 그러나 사람 모양 같으나 실제 사람은 아니다. 즉, 높은 지위의 천사이거나 그리스도를 가리킨다.

가브리엘은 '하나님의 영웅'이라는 뜻의 천사로, 성경에서 중요한 소식을 전했다. 또 미가엘도 이름이 기록된 천사이다. "때가 마친 후에" — 이는 유다 민족의 불순종으로 인한 하나님의 진노가 바벨론 포로 생활로 이어진 뒤, 그 기간이 끝난 후를 가리킨다.

애 2:19, "밤 초경에 일어나 부르짖으니" — 여기서 말하는 '밤 초경'은 밤 12시간을 3경으로 나누었을 때의 첫 시간을 의미한다. 당시에는 밤을 3경(혹은 4경)으로 나눴는데, 일몰부터 밤 10시까지가 1경, 밤 10시부터 새벽 2시까지가 2경, 그 후부터 일출까지가 3경이었다. 어떤 시기에는 4경으로 나누기도 했다.

이는 여호와의 심판을 피할 사람이 아무도 없음을 보여준다. 사 2:1, "이사야가 받은바 말씀이라" — '받은바'는 곧 '보았다'는 뜻으로, 이사야 선지자는 미래의 일을 마치 이미 이루어진 것처럼 보았다. 이 시제는 예언적 과거 시제이며, '말일'(히브리어 '아카리트 하야밈')은 '그 날들의 뒤끝'이라는 의미이다. 곧 구약 시대의 끝과 신약 시대를 가리키며,[94] 메시아 시대에 예수 그리스도의 복음이 온 세상에 퍼지게 될 것과, 신약 시대가 끝나는 때에 있을 심판을 말한다.

"나의 성산으로" — 하나님께서 메시아 시대에 세우시는 몸 된 교회는 단순히 예루살렘 성전만을 뜻하는 것이 아니다. 성전으로 비유된 하나님의 집(교회)을 의미한다.

"내 집은 만민이 기도하는 집이라" — 예수께서는 성전에서 비

---

94) (사 2:3, 4, 히 1:2, 행 2:16-21) 요엘 선지자의 예언은 오순절의 성취로 종말의 때에 완전히 성취될 것을 말함.

둘기 파는 자와 돈 바꾸는 자들을 쫓아낼 때 이 말씀을 인용하셨다.[95] 왕상 8:29-53에서 솔로몬은 성전 헌당식에서 하나님께 기도드릴 때 이 말을 의미 있게 사용하였다. 그는 하나님의 집을 기도의 집으로 특징 있게 말하지만, 유다의 죄악 된 행위는 날로 그 교만함이 자고함과 우상숭배로 이어졌으며, 이들은 부끄러움을 모르는 자들로서 더 패역한 짓을 일삼았다. 그런즉 여호와의 한 날은 날과 시간을 강조한 것이 아니라 심판의 날을 가리킨다.[96] 원수가 주는 고통에서 구원하여 주시기를 원하는 다윗의 기도가 애절하다. 70인역 어떤 사본에는 이 시편의 표제에 '그 아들 압살롬이 그를 잡으려고 따라올 때'라는 문구들이 첨부되어 있다. 이것은 시편에 나오는 '일곱 회개의 시' 가운데 마지막 시이다. 이 시는 자비에 대한 호소와 현재의 암담함에 대한 슬픔과 과거에 받았던 복에 대한 갈망과 구원과 인도에 대한 간구의 내용도 담고 있다. 여기의 '멸망의 산'과 동일한 말이 왕하 23:13에도 사용되었다.

"멸망산 우편" — 이는 당시 이방 신전들이 위치했던 감람산을 가리킨다. 솔로몬왕의 후궁은 700명, 첩은 300명이나 되었고, 고대 왕들은 이 방면에 아무런 제약이 없었다. 대상 3:2, 삼하 13:37에서 다윗 역시 한 외국 공주와 결혼했고, 적어도 왕비 일곱과 아들 열다섯, 그리고 열 명의 첩을 두었다.

솔로몬은 이방 여인들의 영향을 받아 우상숭배를 허용했다. 왕비들은 시돈의 여신 아스다롯(바알의 아내, 생산의 여신), 암몬의 우상 밀

95) (마 21:13, 막 11:17, 눅 19:46) 성전의 본질은 기도하는 집(사 56:7, 렘 7:11)이었으나, 제사장들이 상인들과 결탁하여 백성을 착취하는 강도 행위에 여념이 없는 신성모독을 말함.

96) (시 141:2, 3:2, 32편, 38편, 102편, 130편, 143편) 이 비탄의 시는, 다윗 자신의 반역으로 인한 고통과 구원의 노래로 평생을 전쟁과 음모 속에 살았던 그가 남긴 마지막 시이며, 그의 삶과 연관되어 감동적이다

곰(혹은 몰록), 모압의 신 그모스 등을 섬겼다. 이 우상들은 때로 자녀를 불에 태워 제물로 바치는 잔혹한 희생을 요구했다.

솔로몬은 감람산에 이방 신당들을 세우고, 이방 아내들이 섬기는 신들을 위해 제단을 지었다. 헷 족속과 에돔 족속 아내들은 아스다롯과 밀곰을 숭배했다. 여호와께서 그에 대해 진노하신 것은,[97] 두 차례나 직접 나타나 경고하셨음에도 솔로몬의 마음이 떠났기 때문이다. 그러나 다윗과 맺은 언약을 존중하여 유다 지파 하나를 남기셨다.

요시아왕 때, 그는 북이스라엘의 우상 지역인 벧엘까지 가서 단과 산당을 철폐하고, 여로보암이 세운 단 위에서 거짓 선지자들의 뼈를 불태웠다(왕상 13:1~3). 또한 유월절을 지방 성소가 아닌 예루살렘 성전에서 지키게 했다. 그 후 요시아의 죽음은 유다 왕국 최대의 비보였고, 그를 애도하는 '애가'가 국민적 규례가 되었다(대하 35장). 이 유월절에 대한 상세한 내용은 대하 35장에 기록되어 있다. 모든 사건의 특성은 무엇보다 우상숭배자들과 그들의 가르침에 따라 거짓을 유포하는 자들은 필경 하나님의 심판을 받게 된다는 것이다.[98]

그들에게 임할 하나님의 진노는 이미 율법책에 기록되어 나타나고 있으며, 그 언약은 비록 일부이지만 그 진노의 절정은 범죄자의 이름을 도말하는 것이다. 모든 재앙은 자연의 먼지로부터 생기는 것이 아니고, 고난도 땅에서 생기는 것이 아니다. 이 모든 재앙과 고난의 원인은 사람들에게 있다. 히 12:26, "그때 땅을 진동(振動)하였거니와 하늘도" — 처음 언급된 땅의 진동은 율법이 주어질 때 일어난

97) (왕상 3:5-14, 9:2-9) '너는 구하라' (약 4:3) 하나님은 성도들에게 옳은 기도를 요구하심.
98) (시 29:20, 21) 이 사건의 강포한 자나 경악한 자는 하나님의 말씀을 업신여길 정도로 타락한 종교 지도자들을 가리킴. 즉 부패한 종교인들의 표본을 말함.

시내산 사건과 연관되고,[99] 또 한 번의 진동은 그리스도의 재림과 관련되어 물리적 대이변을 예고하는 말이다. 욜 3:16의 "여호와의 심판"이 도래할 때 하늘과 땅이 진동한다는 것은, 여호와의 날에는 대자연도 가만히 있을 수 없다는 것이다. "그 앞에서 만민(萬民)이 송구(悚懼)하여" — 메뚜기 재난을 직접 목격한 사람들의 낯빛이 창백해졌다는 것은 70인역 즉 시리아역과 벌게이트역 등에서 모든 얼굴이 새까맣게 되었다고 하는 번역과 같다.

렘 25:32-38, "태풍(颱風)이 땅끝에서 일어날 것이라" — 태풍은 바벨론의 침략으로 말미암아 일어났던 재앙의 상징이다. 이러한 태풍이 땅끝에서부터 일어난다 함은 재앙의 그 영향이 크게 미치게 될 것을 암시하고 있다. "그날에 염습(染習)함을" 이 말은 히브리 원어로서 모음을 받지 못할 것이라는 의미이다. 그런즉 하나님의 재앙이 미치게 될 때 많은 사람이 죽게 될 것이고, 이들의 시체는 내버려져서 지면에 뒹굴게 될 것이란 뜻이다. 하나님을 저버린 자의 비참한 최후가 예언된 그것은 특별히 지도자들의 죄에 대한 심판이 언급된 것이라고 볼 수 있다. 하나님은 그들의 사명을 다하지 못한 지도자들에게 더 징계를 가하신다는 의미이다. "너희 목자들과 양 떼의 인도자"는 통치자를 비롯하여 백성의 지도자들도 함께 지칭한 말이다. "기한이 찼음인즉"은 하나님께서 그들의 회개를 위하여 기다리시던 기한이 이미 찼음을 의미한다. "그들의 초장과 평안의 목장"은 지도자들이 다스리던 나라를 의미하는데, 여호와의 진노하심으로 황폐하게 될 것이란 뜻이다. "그가 사자같이 그 소혈(巢穴)에서 나오셨도다"는 하나님의 심판이 자연으로부터 일어날 것임

99) (학 2:6) 하늘과 땅이 진동한다는 것은 그리스도의 초림에 시작될 '구속사'의 놀라운 변화를 의미함.

을 암시하고 있다.

첫째 천사의 나팔

계 8:7~11에서 피 섞인 우박이 쏟아졌다. 이를 미사일이나 로켓, 불붙은 산이 바다에 던져진 것을 항공모함 군함으로 해석하는 견해가 있다(자의적 해석). 쓴 물은 세상의 헛된 사상과 거짓 교훈을 상징한다는 견해도 있다(상징적 해석). 어떤 사람은 현대의 공해로 인한 수질 오염을 예언한 것이라 보기도 한다.

계 8:7, "우박과 불이 땅에 쏟아지매 수목의 삼 분의 일이 타버리고" — 이는 대심판 전, 신약 종말론에서도 말하듯 피와 불과 연기 기둥이 나타난 후 끝이 올 것을 뜻한다.[100] 겔 38:22, "내가 온역과 피와 쏟아지는 불과 유황으로" — 이는 자연재해(역병, 우박, 유황, 홍수)와 전쟁(내란)의 심판을 포함한다. 이 기근의 예언은 장차 대환난 때 인류가 겪게 될 재난을 예고한다.

곡이 패전한 원인은 외부의 적뿐 아니라 내부의 분열 때문이었다. 그의 멸망은 하나님의 직접 개입으로 이루어진 것이다. 출 9:23에서와 같이, 우박은 애굽에서 흔치 않았으며, 때로 불과 함께 내려 모든 것을 불태웠다. 일부 학자들은 이를 유성 충돌로 보기도 하지만, 번개와 우박이 함께 쏟아진 것으로 보는 해석이 타당하다. 하나님은 자연 현상을 통해서도 기적을 이루신다.

메뚜기 떼는 아라비아에서 불어오는 동풍에 실려 오고, 그 수는 1km²당 약 5천만 마리에 달한다. 이런 떼가 순식간에 수백㎢를 뒤

---

100) (겔 38:21-22, 막 13:7, 8) '끝은 아직 아니니라' 끝이라는 말의 헬라어 '텔로스'(τέλος)는 어떤 것이 끝나는 종결이나 한계 또는 어떤 행위, 상태, 생명의 끝을 뜻함. 여기서 생명의 끝은 환난기의 끝을 의미함.

덮으면 농토가 황폐해진다. 애굽 사람들은 이런 재앙에서 자신들을 구해 줄 것을 이시스와 세라피스 신에게 간구했으나 아무런 도움이 되지 못했다.

출 10:22, "모세가 하늘을 향해 손을 드니" — 여호와께서 강한 바람과 초자연적 흑암을 일으키셨다. 애굽의 최고신인 태양신 '라'에 대한 타격이었다. 그러나 이스라엘이 거주한 고센 땅에는 재앙이 미치지 않았다. 애굽은 나일강의 수로가 복잡히 얽힌 천연 요새를 가진 강대국이었고, 오랫동안 군림했다. 팔레스타인의 여러 왕국(이스라엘과 유다 포함)은 앗시리아와 바벨론이 부상하기 전까지 애굽과의 외교가 주 관심사였다.

사 33:9, "땅이 슬퍼하고 쇠잔하며" — 산헤립이 조약을 깨고 유다를 침략해 참혹하게 된 상태를 레바논과 그 백향목으로 비유한 구절이다. 산 정상에는 언제나 흰 눈이 덮여 있는 레바논이라는 이름은 '희다'는 뜻으로, 앗시리아의 왕 산헤립을 가리킨다.[101] 이 평화의 조건은 산헤립이 예루살렘의 항복을 요구하며 조약을 파기하게 만들었고, 이제 앗시리아의 불법 행위는 끝이 났다. 그것은 유다에 구원의 시간이 서서히 다가오고 있음을 의미한다. 여호와께서는 가만히 두고 보시는 것 같지만, 섭리하시고 간섭하고 계신다는 뜻이다.

사 2:13의 레바논의 백향목은 키가 크고 아름다운 모습으로 서 있으나, 교만의 상징으로 사용됐다. 이는 유다의 모든 높은 사람(자기를 높이는 자들)을 의미한다. "화목을 삼는 것이거늘" — 사람들은 마치 성장한 나무를 땔감으로 삼는 것처럼, 나무를 사용하여 불을 피우고 고기를 삶아 먹으며 몸을 덥히는 것을 당연하게 여긴다.

---

101) (사 33장) 앗시리아에 간섭하신 주님의 승리와 역사적 배경을 (왕하 18:13-17) 의미한 내용이다.

그러나 우상숭배자들은 나무를 사용하게 하신 하나님께 영광을 돌리지 않고 그 나무로 우상을 만들어 하나님을 모독했다. 이는 은혜를 원수로 갚는 극단적인 악행이다. 자연을 이용하여 우상을 숭배하는 행위는 하나님의 뜻을 거역한 것이고, 한 걸음 더 나아가 창조주 하나님께 대한 적극적인 반역이다.[102]

우상숭배자들의 어리석은 행위는 하나님의 진노로 형벌을 당하게 되지만, 그들은 전혀 깨닫지 못한 채 나무로 만든 우상 앞에서 구원해 달라며 경배하고 있다. 그러므로 하나님께서는 인간이 스스로 높아지는 교만한 죄를 지적하시면서, 거짓 목자들을 백향목에 비유하셨다.

둘째 천사의 나팔

"계 8:8~9의 "불붙는 큰 산이 바다에 던져지매 바다가 피가 되고 바다의 피조물들의 삼 분의 일이 죽고" — 여기서 '대해'(大海)는 큰 바다를 가리킨다.

렘 51:25의 "멸망의 산"은 감람산을 지칭할 때 사용된 말이다. 당시 감람산은 종교적으로 심히 부패한 곳이었다. 이런 관점에서 볼 때, 당시 바벨론도 영적으로 세상적인 세력에 의존하며 교만과 우상숭배의 타락 속에 살았다. 한편, 불은 하나님의 임재와 심판을 상징한다.

출 7:17, "여호와인 줄 알리라" — 애굽에 임한 모든 이적과 기사는 성경적 신앙의 증거였으며, 율법서와 시편에도 기록돼 있다.[103]

102) (사 45:15-17) '스스로 숨어 계시는 하나님'은, 우상들과는 대조적으로 진정한 하나님은 불가시적인, 즉 '영원한 구원자'요 '완전한 자'이심을 말함.

103) (신 7:18, 19) 율법서와 (렘 32:20) 예언서와 시 78:42-52, 105:26-36에도 기록되어 있음.

이 사건은 단순히 석양의 햇빛이 강물에 반사되어 피처럼 보인 것과 달리, 실제로 강물이 피로 변한 것이다. 그 결과 물고기가 죽고 물을 마실 수 없게 되었다. 하나님의 초자연적 심판으로 애굽의 생명줄인 나일강은 맛과 냄새, 그리고 구성 성분이 완전히 변했다. 이는 애굽의 신들과 백성이 참을 수 없는 고통을 받게 만들었다. 우리는 여기서 생명을 주관하시는 하나님의 능력을 알 수 있다.

나일강의 모든 지류가 피로 변했다. 다시스의 모든 배는 지중해 연안 모든 나라를 오가던 무역선들이었다. 유다가 자랑하던 배들을 포함해,[104] 베니게(페니키아)는 국제 무역에서 번성했으나 토산물은 많지 않았고, 외국 물자를 들여와 공업품으로 가공해 수출했다. 다시스는 스페인을, 야완은 헬타 사람을 가리키며, 두발과 메섹은 흑해와 카스피해 사이에 사는 사막 민족, 도갈마는 알메니아 민족을 가리킨다. 두로를 배에 비유하여 파선 당한 광경이 묘사된다. 바다 한가운데서 파선이 일어나면 어떻게 될까? 아무리 강대한 국가라도 죄악을 쌓으면 하나님의 심판을 받아 패망할 수밖에 없다.

두로가 평소 믿고 의지하던 대상(隊商)들이 모두 바다 한가운데 빠질 것이라는 예고이다. "열국의 상고가 다 너를 비웃음이여" — 두로가 망하자 슬퍼하는 자도 있겠지만, 그 범죄를 조롱하는 자들도 많을 것이다. 두로 왕은 수도를 바다 한가운데 두고 난공불락의 요새라 자처하며, 자신을 신과 동등하게 여겼다. 그는 이타발 2세로, 교만과 자만으로 가득한 왕이었다. 그의 죄악 때문에 하나님께서 심판하신다는 예언이 주어졌다.

그 심판은 외국 군대, 곧 바벨론에 의해 실행될 것이었다. 그의

104) (왕상 22:48, 시 48:7, 겔 27:12) 다시스는 스페인을 가리키며, 선척은 특히 큰 배들을 말하는데, 여기서 베니게(페니키아 Phoenicia)라는 나라는 국제적인 무역으로 성공한 나라를 가리킴.

아름다움과 부귀영화를 취하던 생활은 파멸될 것이다. 바다 한가운데서 살육당하면 무덤 없는 죽음을 맞게 된다. 이것은 할례받지 못한 자가 맞는 수치스러운 죽음에 비유되었다.

시 48:7, "주께서 동풍으로 다시스의 배를 깨뜨리시도다" — 다시스의 배가 고대 배들 중 가장 강력했어도, 하나님의 능력 앞에서는 무력할 수밖에 없음을 보여주는 상징이다.

셋째 천사의 나팔

계 8:10~11의 이 재앙은 물에 대한 심판으로 인한 인명 피해가 처음으로 언급된다. "이 별 이름은 쑥이라" — '쑥'은 근동에서 발견되는 '아르테메시아 압신디움'이라는 아주 쓴 풀을 가리키는 듯하다.[105] 쑥은 구약에서 우상숭배(신 29:18), 비애(애 3:15), 불리한 재판과 불의(암 5:7) 등을 나타내는 상징으로 사용되었다. 큰 별이 하늘에서 떨어져 물 샘에 떨어지니 쑥이 되었고, 많은 사람이 죽었다.

렘 9:11의 '쑥'은 주로 광야에서 볼 수 있는 식물로서, 그 수액은 매우 쓰다. '아주 독한 물'에 해당하는 히브리어 '메로쉬'는 양귀비 잎 즙을 가리키는 말로, 이는 처절한 환난에 대한 체험적인 고백이었다. 또 쓴 것, 돌, 재 등 이런 비참한 모습들은 모든 소망을 빼앗아 버리기에 충분한 것들이다.

"쑥을 마시리니" — 하나님께서 악한 일을 행하는 유다의 지도자들을 재앙으로 심판하시겠다는 경고이다. 그 불의에 대한 이유로, '인진'은 매우 쓴 풀을 가리키는 말인데, '공법으로 인진을 만들었다' 함은 모든 사람에게 평등해야 할 공의로운 법이 쓰디쓴 풀처럼 오히

105) (렘 9:15, 23:15, 애 3:15, 19, 암 5:7) 쑥 곧 인진이란 매우 쓴 풀을 가리키는 말인즉 정의를 지켜야 할 지도자들이 오히려 불법을 행하므로 책망하는 말임.

려 해롭게 되었다는 뜻이다. 곧 정의를 지켜야 할 지도자들이 오히려 불법을 저질렀으므로 책망하신 것이다.

"묵시의 응함이 가까우니" — 수개월 동안 참 선지자들이 예언했음에도, 하나님께서 오래 참으시는 자비로 아직 재앙이 이르지 않자, 백성들은 헛된 속담을 만들어내는 거짓 선지자들과 지도자들의 위로를 들으려 했다. 그들은 '날이 더디다', '모든 묵시는 먼 훗날의 일이다'라고 말하며 예언의 성취를 부인했다. 하나님께서는 유다 백성들에게 심판이 임박했으며, 모든 환상의 성취가 멀지 않았다는 것을 선포하셨다.

이것은 하나님이 결코 식언하시는 분이 아니며, 말씀하신 바를 그대로 이루시는 공의의 하나님이심을 밝힌다. 겔 13:3, "주 여호와의 말씀에, 본 것 없이 예언하는 우매한 선지자들에게 화 있을진저" — 여기서 에스겔은 그의 적대자들, 곧 거짓 선지자들을 대적하기 위해 말의 유희라는 수사법을 사용해 그들을 '우매한 선지자'라 불렀다.

참 선지자를 의미하는 히브리어는 '나비'(נָבִא)이고, 우매함을 뜻하는 말은 '나발'(נָבָל)이다. 당시 '우매하다'는 것은 대개 지식이 없음을 뜻했고, 영적인 사람이 갖추어야 할 조건을 갖추지 못한 상태를 말했다. 에스겔의 저주에는, 이들이 하나님의 뜻이 아닌 자기 심령에 따른 메시지를 선포하여 자기 마음대로 행하는 자들이라는 표현이 담겨 있다. '자기 심령을 따라 예언한다'는 것은, 사람의 마음이 만물보다 거짓되다는 예레미야의 선포에 비춰볼 때, 하나님께 거짓말을 하고 있음을 암시한다.

'황무지'는 여우의 탈을 쓴 거짓 선지자들을 비유한다. 그들은 여우처럼 간사해 자기 이익만 추구했다. 황무지는 신정 정치의 몰락을 가리키는 말로, 전쟁 때 보호 방벽이나 성이 무너지면 지도자들이 성을 재건해 적의 침입을 막아야 함을 의미한다. 그러나 거짓 선지

자들은 하나님의 보호하심을 버린 채, 거짓 예언으로 회개를 방해하고 유다의 패망을 재촉했다.[106)]

'하나님의 진노에 비를 받지 못한 땅'은 한재(가뭄)로 인한 하나님의 심판의 표징이었다. 모든 재난으로 인한 기근은 땅의 각계각층의 죄악이 드러남을 뜻한다. 거짓 선지자들은 회개와 심판 대신 평화를 외쳐 사람의 영혼을 죽이는 사자와 같았다. 제사장들은 율법을 지키지 않고 속된 것과 거룩한 것을 분별치 않아 백성들을 잘못 이끌었고, 방백들은 탐관오리로 불의하게 사람을 죽이고 재물을 탈취했다. 그들은 거짓 선지자들과 결탁해 사악한 행동을 합리화하고, 그것을 회칠하는 일을 했다.

이러한 지도자들의 불의 아래서, 백성들이 공의를 행할 이유는 사라졌다. 성경이 '열국 중에 장부의 기개를 가진 시드기야왕'이라고 기록했으나, 그는 실로 무력하기 짝이 없었고, 더 공공연히 여호와께 불순종했다. 그 전의 신실한 왕 히스기야와 요시아는 백성들에게 하나님께로 돌아올 것을 강력히 요구했던 이들이었다. 이는 히브리어 문법에서 뜻을 강조하기 위해 복수형을 사용한 예이다.

넷째 천사의 나팔

계 8:12~13의 '땅에 거하는 자들'은 어린양의 참되고 충성된 백성과 구별된, 세상에서 그리스도를 배척하는 자들을 말한다. 계 4:7과 12:14의 '독수리'는 네 생물 중 하나로, 남은 세 재앙의 혹독함을 예고한다.[107)] 초자연적인 어두움 속에서 화를 예언하는 천사의 나

---

106) (겔 22:24-30, 왕상 17:1, 18:1, 2, 16-18) 진노의 날에 비를 얻지 못한 땅의 한재(旱災)는 하나님의 진노의 증표로 주어진 죄로 물든 땅을 말함.

107) (계 4:7, 12:14) 네 생물은 스랍 및 '경외의 대상'이며, (사 6:2, 겔 1:5-25, 10:1-22) '불타

팔 소리는, 출 10:21에서 "여호와께서 모세에게 흑암이 있게 하라고 하신 것과 같다. 강한 모래바람과 바람이 뒤엉킨 초자연적 흑암은 매우 치명적이었다.

이 환난의 때는 마 24:29의 "그 후에 즉시 하늘의 권능들이 흔들리리라"는 말씀처럼, 인자의 재림 직전에 일어날 우주의 대변동을 뜻한다. 대변동은 세 가지로 나타난다. ① 대지진과 폭풍으로 해와 달이 어두워지고, ② 별이 떨어지며, ③ 땅 위에 공포가 가득하다. 사 13:9, "여호와의 날에" — 여기서 '잔혹한'은 '파괴적인'을 의미한다.

암 5:1에서 아모스는 이스라엘을 향해 '일으킬 자 없으리로다'라고 선언한다. 이는 아모스 당시 이스라엘이 한 번도 정복당한 적이 없었지만, 정부가 멸망할 것을 뜻한다. 그러나 '소수의 남은 자'로 인해 희망이 있다. 아모스는 귀족들의 사치와 우상숭배가 멸망의 원인임을 지적했다. 철저한 파괴 후에 이스라엘의 10분의 1만 남고 90%가 멸망한다. '남은 자'를 통해 구원이 성취될 것이다. 이미 국가를 형성한 이스라엘은 하나님께 의존함을 거절했기 때문이다. 그러므로 하나님께서는 국가의 일을 이스라엘의 남은 자에게 맡기셨고, 궁극적으로 메시아를 통해 모든 일을 이루게 하신다. 메시아는 성육신하셔서 영원히 국가의 일을 맡으실 것이다.

"묘성과 삼성을 백주로 어둡게 하시는 자" — 이는 하늘의 별들을 가리키는 표현으로, 하나님의 위엄을 나타낸다. 아모스는 이날이 심판의 날이며, 타락한 이스라엘에게 어두움의 날이 될 것이라고 예언했다. 창 6:13, "끝 날이 네 앞에 이르렀으니" — '끝'은 히브리어 '카차츠'(קצץ)로 '끊는다'는 뜻이다. 민족의 종말, 멸망을 의미하며, '내 앞에 이르렀으니'는 더 이상 지체할 수 없다는 뜻이다.

다'라는 뜻의 성결의 대행자 '스랍들'은 하나님을 가까이에서 모시는 근위(根位)적 천사들이며, '불타는 성결'을 소유하였음.

"이 땅 사방의 일들이 끝났다" — 종말이 교회와 온 땅에 임한다는 것이다. 여호와의 심판은 이스라엘 전역, 네 끝 지역에까지 다다를 것이다. 그 무서운 종말은 재앙으로 묘사되어, '임박하고 끝났다'는 선포 속에 강조된다.

"산에서 즐거이 부르는 날이 아니다" — 공허한 메아리가 아닌, 반드시 그대로 이루어질 말씀이라는 뜻이다. 몽둥이가 이미 준비되었음을 말하며, 이는 경건치 않은 이스라엘을 징계하는 도구이다. 사 10:5의 앗시리아와 유다를 징계하는 모든 민족, 그리고 바벨론이 여기에 해당한다. 이 몽둥이의 심판은 철저하다. 겔 7:11에 기록된 대로, 범죄자는 두려움 속에 산비둘기 떼처럼 도망하며, 죄로 인한 고통 속에 슬퍼할 것이다.[108] 사 5:20, "화 있을진저" — 이는 넷째 화를 말하는 것으로, 선악의 문제와 어두움과 밝음의 문제, 또는 단것과 쓴 것의 문제에 대해 올바로 말하지 않고, 그 반대로 말하는 것을 정죄하고 있다. 철저히 악을 미워하고 선을 사랑하는 일에 명확한 구분을 하지 못하는 자는 하나님의 진노를 면하기 어렵다.

이는 전쟁 동안 치솟은 물가는, 상품의 절대적 수요 부족으로 인해 아무리 돈이 많다 할지라도 기아와 기근에서 벗어날 수 없음을 의미한다. 은과 금으로도 능히 그들을 건지지 못하리라는 것은 습 1:18을 회상하게 한다.

"그 창자를 채우지 못하고" — 이는 형편을 부연하며 더욱 강조하는 표현으로, 그들이 적의 칼날이나 죽음으로부터 생명을 보호받지 못한다는 뜻이다. 곧 포위된 성읍 안에서도 더 이상 음식을 구할 수 없었던 그들은, 우상을 섬길 때 악용한 귀금속과 패물들이 많았다. 하나님께서 장식용과 부의 상징으로 주신 그것을 그들은 교만으로

---

108) (시 15:2, 3, 렘 16:6, 사 5:20) '바잇'은 바알의 신당을 말함. 지금은 하나님의 심판으로 모두 폐허로 남아 있음.

바꾸었다. 사 3:16에서는 하나님의 값진 보화를 헛되이 사용하여, 호 8:4~13:2의 가증한 신상 곧 우상을 만드는 일에 사용했다고 기록한다. 이와 같이 스스로 화를 자초하며 악을 행하는 잔인한 자들에게는 파괴적인 심판으로 갚으시는 하나님의 진노가 임한다. 흑암(히브리어 '코쉐')의 재앙은 사람으로 하여금 하나님을 두려워하게 하고, 천체의 변동과 같은 공포를 통해 하나님을 경외하도록 만드는 결과를 낳기도 한다.

9장

다섯째 천사의 나팔에 무저갱이 열리고

계 9:1~12에서 첫째~넷째 재앙이 자연계를 대상으로 했다면, 다섯째~일곱째 재앙은 사탄의 세력이 인간의 영혼을 직접 괴롭히는 재앙이다.

다섯째 천사의 나팔

계 9:1의 "땅에 떨어진 별"은 타락한 천사, 즉 사탄을 가리킨다. '무저갱'은 히브리어 '테홈'(תְּהוֹם)으로 시 71:20에서는 '땅 깊은 곳', 창 1:2에서는 '밑이 없는 깊음'으로 번역된다.[109] 계시록에서 이 단어는 일곱 번 쓰였으며, 짐승 또는 사탄의 임시 거처를 뜻한다. 이는 한 번 들어가면 영원히 나오지 못하는 지옥이나 음부의 개념과는 다르다.

눅 8:31의 무저갱은 헬라어 '아뷧소스'(ἄβυσσος)인데, 문자적으로는 '밑이 없는 깊은 곳'을 뜻하며, 마귀가 잠시 갇힐 곳이다. 마 25:41에서는 '마귀와 그 사자들을 위해 예비된 영원한 불'로 표현된다. 범

109) (롬 10:7, 계 20:3) 무저갱은 '밑 없는 구덩이'로 끝없이 깊은 곳, 곧 마귀가 일시적으로 갇혀 있는 곳임.

죄한 천사들에 대한 하나님의 심판은 창세기 전반부 사건(홍수, 소돔과 고모라의 멸망 등) 속에도 나타난다.

하나님을 순종하고 섬기도록 창조된 천사가 본래의 임무를 저버리고 타락한 귀신이 되었고, 자기 처소를 떠난 천사들은 사탄의 유혹에 빠져 세상에 와서 죄의 속성으로 인해 음부에 결박당했다. 외경 에녹서에도 그들의 비극적인 종말이 묘사되어 있다.

유 1:9, "천사장 미가엘이 마귀와 다투어" — 전승에 의하면, 모세가 죽은 후 마귀는 그의 육신을 인간 숭배의 대상으로 만들기 위해 천사와 싸웠다고 한다. 천사장 미가엘은 마귀를 비방하지 않고, 하나님의 주권에 맡겼다. 하물며 인간 거짓 교사들이 하나님의 권위에 대적하는 것은 얼마나 불경한 일인가. 마지막 때에 불경건한 삶을 사는 조롱자들이 나타날 것이며, 그들의 속성은 ① 당을 짓는 자 — 분열을 일으키는 자, ② 이교도적인 무리 — 육욕적 사람들, ③ 육에 속한 자를 가리킨다.

계 9:2, "무저갱을 여니 연기가 올라오매" — 사탄의 악행이 시작되는 장면이다. 황충은 상징적으로 종교적 이단자, 유물론자, 사이비 종교 등으로 해석되며, 참 성도들은 해치지 못한다. 십의 반인 '오 개월'은 짧은 환난의 기간을 뜻한다. 그 환난의 징조는 욜 2:10의 "땅이 진동하며 하늘이 떨며[110] 일월이 캄캄하니"와 같이, 하나님의 권능이 심판을 위해 나타날 때 종종 쓰이는 표현이다.

창 19:28, "옹기점 연기와 같이" — 요단강 주변 성들, 즉 사해 남단의 소돔과 고모라의 재난은 실재한 사건이었다. 아브라함은 이를 직접 목격했으며, 후대에 전해진 경고의 본보기였다. 이는 애굽의 멸

---

110) (욜 3:16, 시 18:7, 출 22:8, 사 13:3, 나 1:5, 합 3:6) '연기'와 '불'은 지진, 우레, 어둠, 번갯불로 하나님의 진노에 대한 상징적 표현이며, 죄악에 대한 심판자의 위용과 그 진노로 하늘과 땅이 요동한 것은 그 위엄을 가리킴.

망도 같은 원리로 설명된다. 애굽은 열국의 문화와 힘을 의지했으나, 하나님께 대항한 교만으로 결국 패망했다. 하나님께서 '불을 끄듯' 멸하신다는 것은, 애굽의 모든 질서가 무너질 것을 뜻한다.

계 9:3, "황충이 전갈의 권세와 같은" — 메뚜기의 침입은 실제적인 재앙으로, 성경에서는 전염병과 가뭄 등 큰 재난의 상징이었다. 왕상 8:37의 '온역'은 기상 재해로 인한 전염병을 뜻한다. 하나님께 불순종할 때, 온역과 메뚜기 재앙은 이스라엘을 가장 위협했다. 그러나 레위기에 따르면, 땅에서 뛰는 것은 먹을 수 있으며, 긴 다리가 있어 뛰는 메뚜기는 부정하지 않아 식용이 가능했다. 마 3:4에서도 세례 요한이 메뚜기와 석청을 먹고 살았다고 기록했다.

전갈은 가시 돋친 채찍을 비유하며(대하 10:11), 르호보암이 이런 포악한 말로 백성을 무시하게 된 것도 솔로몬의 죄로 인한 징계일 수 있다. 출애굽기의 10가지 재앙(피, 개구리, 이, 파리, 악질, 독종, 우박, 메뚜기, 흑암, 장자의 죽음)은 자아의 재앙을 깨닫는 말로써 각기 '그 마음에 아픔을 느끼고'라는 뜻으로 해석된다.[111] 인간이 자신의 죄로 인해 재앙을 자초했음을 보여준다.

'텔 엘 켈레이페'와 '와디 아라바'에서 발견된 제련소 유적은, 철기시대 산업용 풀무를 통한 연단의 비유와 연결된다.[112] 하나님께서 주시는 환난과 고통은 불순물을 제거해 내는 과정이다. 은을 단련하듯, 하나님은 회개한 자의 죄를 용서하시고 원수의 죄까지 불쌍히 여기신다.

계 9:6, "그날에 사람들이 죽기를 구하여도 피하지 못하리라" —

---

111) (출 7:14-25, 8:1-14, 16-19, 20-32, 9:1-7, 8-12, 18-35, 10:21-29) 여기서는 역병과 기타 많은 재앙은 생축에 관한 사건들을 기록한 것임을 강조함.

112) (신 4:20, 렘 11:4, 사 48:10, 잠 17:3, 27:21) 도가니나 풀무가 은과 금에서 불순물을 가려낸다는 뜻은 죄악을 지적하는 말임.

하나님 없는 인간은 물 없는 왕골과 같고, 거미줄보다도 연약하다. 그의 기쁨은 잠시뿐이며, 웃음거리로 끝난다.

계 9:4, "오직 이마에 하나님의 인을 맞지 아니한 사람들만 해하라" — 이는 환난 속에서 악인을 가려내시겠다는 하나님의 뜻이다. 계 9:7~12에서 황충은 전쟁을 위해 준비된 말처럼 빠르고 강력한 세력을 상징하며, 면류관 같은 것을 쓰고 있는 모습으로 묘사된다. 이는 사탄이 가진 세력의 기세를 나타낸다.

이 사람의 얼굴은 사탄의 악마적인 지혜와 능력을, 여자의 머리털은 사탄의 유혹적인 매력을 상징한다. 사자의 이는 욜 1:6에 나오는 강한 공격력을 의미하며, 철 흉갑과 같은 흉갑은 강한 방어력을 뜻한다. 전갈과 같은 꼬리는 힘이 있는 반면, 독과 같은 악영향을 지녔다.

이들의 얼굴은 '아바돈(파괴자)'이라 불렸으며, 이는 세상의 모든 악의 세력이 사탄의 수하임을 나타낸다. '무저갱의 사자'라 하며, 히브리어 발음은 '아바돈'(Abaddon), 헬라어 발음은 '아폴리온'(Apollyon)이다. 이들의 세력은 곧 황충의 임금이며 무저갱의 사자로, 사탄을 지칭한다.

욜 1:6, "한 이족이 내 땅에 올라왔음이라 그들은 강하고 무수하며" — 여기서 '한 이족'은 메뚜기 떼처럼 유다 땅에 침입한 이방 세력을 가리킨다. "내 땅은 여호와 하나님의 땅이라" — 사자의 이와 암사자의 어금니는 땅과 수확물을 파괴하는 메뚜기보다 더 큰 힘을 가진 침입 군대를 비유한다.

이것은 여호와의 날, 즉 재난의 때에 침입하는 군대를 미리 보여주는 것으로 간주된다. 이 미래에 대한 언급은 계 9:1~12에 기록된 황충의 재앙을 뜻할 수도 있고, 북방 왕의 침입을 묘사하는 것일 수도 있다.[113] 이는 기병대의 메뚜기 떼가 진군하는 모습이 마치 전

---

113) (겔 38:15, 단 11:40) '때'는 북방의 군대가 전쟁을 일으킨다는 의미로 하나님께서 불의를 심판하시겠다는 뜻을 밝히시는 표상을 연상케 한다.

쟁하는 말이 전열을 갖추고 가장 빠르게 달리는 것과 같음을 의미한다.

나 2:11~12, "수사자와 암사자가 그 새끼 사자와 함께 다니니" — 이는 앗시리아가 여러 나라에서 약탈한 전리품이 많았음을 암시한다. 앗시리아는 한때 사자처럼 강력한 군사력을 지녔으나, 곧 사냥당할 운명이었다. 실제로 오늘날에도 다양한 형태의 사자 조각상이 발견되는 것으로 볼 때, 앗시리아는 사자로 묘사됨을 알 수 있다.

이 비유는 거짓 교사에게 속지 말라는 교훈이며, 지혜로운 청지기처럼 미래를 대비하고 현재의 기회를 잘 활용한 자가 칭찬을 받는다는 교훈이다. 빛의 아들들(신자들)은 하늘에서 받을 상을 확실히 하기 위해 이 세상에서 하나님을 섬기며, 자신에게 맡겨진 것을 충실히 관리하려고 노력해야 한다.

특히 재물에 해당하는 헬라어 '마모나스'(μαμωνᾶς)는 금전뿐만 아니라 모든 물질적 소유를 일컫는다. 예수께서는 '불의의 재물' 비유에서, 주인의 뜻이 아니라 제 뜻대로 재물을 사용한 청지기를 책망하신 반면, 그 재물로 친구를 사귀어 영원한 처소를 준비한 청지기의 지혜를 칭찬하셨다.

이는 마 25:21의 지극히 작은 달란트 비유와도 연결된다. 이 진리는 현세에서뿐만 아니라 영원한 나라에서도 적용된다. "누가 참된 것으로" — 청지기의 비유는 단순히 재산 관리에 대한 교훈이 아니라 현세의 시간과 재능, 하나님께서 주신 모든 것을 잘 활용해야 한다는 교훈이다. 삶의 성실함은 하나님에 대한 신앙 없이는 결코 성취될 수 없다.

남의 재물을 관리하는 데 불충성한 사람은 자신을 위해 많은 것을 받을 자격이 없다. "두 주인을 섬길 수 없나니" — 현세에서 재물을 우상화하며 불의하게 모아 하나님과 병행해 섬기는 신앙은 결코 평안을 누릴 수 없다. 고만한 인간은 재물로 사람들에게 존경받고 높임받기를 원하지만, 이는 하나님의 뜻에 어긋난 일이다. 사람은 모든 영광을 하나님께 돌리기 위해 창조되었다. 자신에게 영광을 돌리는 것은 하나님의 영광을 도둑질하는 셈이다.

"율법과 선지자는 요한의 때까지라" — 하나님의 나라는 세례 요한과 함께 전파되기 시작했다. 본문과 각주[114]를 통해 이를 알 수 있으며, 그리스도께서는 유대인과 이방인을 막론하고 만유의 주가 되신다. 그리스도께 속한 이방인도 구속의 대상이다. '만유의 주'는 하나님에 대한 칭호이다.

"보라, 침입하느니라" — 그리스도께서 하나님의 나라를 선포하시자 세리와 창기들이 몰려들었고, 불의를 행하던 자들이 하나님의 나라를 차지하게 되었다. 눅 16:23의 "음부"는 사후 세계를 가리키며, 아브라함과 하나님의 자녀들이 있는 낙원과 구원받지 못한 자들이 거하는 고통의 장소가 있다.

예수님의 사후 세계에 대한 교훈은 다음과 같다. 인간은 죽음 후에도 의식적으로 실제 존재한다. 지옥은 실제로 고통스러운 장소이다. 죽음 후에는 생전의 삶을 만회할 기회가 주어지지 않는다. 죽은 자와 산 자는 의사를 교환할 수 없다.

그리스도의 가르침은 이 땅에서의 삶과 죽음 이후의 운명이 직결된다는 것을 보여준다. 단 12:2의 잠에 비유한 죽음은 그리스도 재림 시 의인과 악인의 부활을 가리킨다.[115] 의를 위해 죽은 자는 부활하여 영생을 얻지만, 불의를 행하며 악인의 앞잡이로 살았던 자

---

114) (행 10:36-43, 13:23-25) '하나님께서 약속하신 대로' (롬 1:2, 3) 그리스도의 오심에 대한 '마지막 예언'은 세례 요한을 통하여 이루어졌다.

115) (계 20:4-6) '땅의 티끌 가운데서' 이 의미는 안티오쿠스, 에피파네스의 핍박 때 의(義)를 위해 죽은 자들이 부활하여 영생을 얻게 되고, 그의 앞잡이 노릇을 했던 자들은 구원받지 못한다는 내용임.

는 구원받지 못하고 부끄러움을 당한다. 따라서 황충의 임금들, 곧 무저갱의 사자와 같은 자들, 범죄자의 치욕은 장차 받을 형벌을 나타낸다.

여섯째 천사의 나팔

계 9:13~21의 '둘째 화'도 사탄의 역사로서, 유브라데 강가에서 일어나는 전쟁으로 불신자의 삼 분의 일이 죽임을 당하는 사건이다. 전통적으로 고대 하나님의 백성을 공격하던 적들은 흔히 유브라데강을 통하여 이스라엘을 침공했다. 당시 요한의 역설적인 서술은 '유브라데'라는 고대 지리적 명칭을 전쟁의 시발지로 사용했을 수 있다.

이때 죽은 사람의 수는 전 세계 인구의 삼 분의 일이었고, 동원된 군사는 이억 명이었으니, 역사상 이런 규모의 전쟁은 없었다. 문자적으로 해석하면, 네 천사는 전쟁 당사자인 네 강국을 의미하며, 중동이 세계대전의 발발지가 될 수 있다는 결론에 이르게 된다. 그런즉 묵시록의 완전한 해석은 새 하늘과 새 땅 이후로 돌릴 줄 아는 겸손이 필요하다.

계 9:13, "금단 네 뿔에서 한 음성이" — 분향하는 단에도 제단과 마찬가지로 네 뿔이 있었으며, 이 뿔에서 난 음성은 성도들의 기도와 순교자들의 탄원에 대한 응답이다. 14절의 '큰 강에 결박한 네 천사를 놓아주라'는 말씀은, 우주의 창조자이신 하나님의 초자연적 능력과 위대함 앞에서 인간이 얼마나 무지한지를 보여준다.

이러한 진리에 대한 질문식 교수법은, 욥을 교훈하신 하나님의 방법과 유사하다. 이때 죽음의 네 천사가 풀려나더니, '그 연, 월, 일, 시에' 하나님의 심판이 치밀한 계획 아래 진행됨을 드러내셨다.

'열국에 대하여' — 당시 이스라엘은 강대국의 세력 판도를 전혀 이해할 수 없는 상황에 놓여 있었다. 렘 46~51장에는 열방에 대한 예언이 나오는데, 이스라엘과 밀접한 관계가 있었다.

애굽에 대한 첫째 예언 — 선지자는 애굽의 군대에 전쟁을 대비해 무장하라고 권고했으나, 그들은 싸움터에서 패배한 후 무서워 도망쳤다. 선지자는 애굽 군대를 '나일강의 창일함'에 비유하며, 말과 병거와 모든 병사를 불러 싸우라고 했으나, 이날은 여호와께서 애굽에 복수하시는 날이므로 애굽은 패배할 수밖에 없었다. 애굽의 패전은 치명적이었고, 그 소식은 열방에 퍼졌다. 이는 애굽 왕 바로느고가 바벨론 왕 느부갓네살에게 패할 것을 예언한 것이다.

바로느고는 애굽 제26왕조 6대 임금으로 추정된다.[116)]그를 애도하는 '애가'는 이스라엘 전 국민의 항구적 규례가 되었고, 요시아의 아들 여호아하스를 왕으로 세웠으나 폐위시키고 엘리야김을 세워 유다를 속국으로 만들었다. 이후 그는 군대를 이끌고 유브라데를 건너 시리아로 진군, 갈그미스 전투에서 느부갓네살에게 패했다(B.C. 606). 예레미야는 이 패배를 예언했다.

갈그미스는 유브라데강 상류, 메소포타미아와 서방 세계를 잇는 상업 군사 요충지였으며, B.C. 717년 사르곤 2세가 정복한 곳이다. 렘 46:9의 "병거야 급히 달려라"에서 구스인과 붓인, 루딤인의 용병이 언급된다. 구스인은 에티오피아인, 붓인은 북아프리카의 리비아인, 루딤은 소아시아 종족으로 보인다.

믹돌은 아람어로 '탑'을 뜻하며, 애굽 동북 변경 펠루시움 남쪽 20km 지점 '텔엘헬'의 옛터로 추정된다. 디바네스는 애굽 동부 국경

---

116) (왕하 23:29) 앗수르 왕을 치고자 한 앗시리아의 수도 니느웨가 메대의 크약사레스와 바벨론의 나보폴라살의 연합군에게 함락된 것이 B.C. 612년이었음. 상세한 내용은 대하 35:24-24에 기록되어 있음.

도시, 놉은 북부 애굽의 성읍으로, 멤피스와 같은 지역이다.[117] 놉은 '높은 곳' 혹은 '산당'이라는 뜻으로, 상(上)애굽을 가리킨다.

소안은 고센 땅으로, 민 13:22에 따르면 헤브론보다 7년 늦게 건설되었으며, 힉소스 왕조 때 재건되었다. 노는 국경 요새, 아웬은 태양신 숭배 중심지 헬리오폴리스로, 렘 43:13에서는 '온'으로 불린다.

미벳셋은 '벨바스렛'이라 불렸으며, 카이로 북동 약 48km에 위치한, 고양이 머리 형상의 여신 '바스뎃'을 숭배하는 중심지였다. 렘 43:7~9에 따르면, 애굽의 바로가 거주하던 곳이다. 위 도시들은 애굽의 주요 도시로, 모두 우상숭배로 악명이 높았다. 테베(노의 아몬)는 상(上)애굽의 수도로, 태양신 레와 결합된 주신 아몬을 섬겼다.

계 9:16, "마병대의 수는 이만만이니" — 하나님의 원수들이 방자하게 행동했지만, 하나님께서 그 입에 재갈을 물리시고 그 끈을 장중에 잡고 계신다. 결국 그들은 대군을 몰아 이스라엘을 치려 하지만, 하나님의 통제 아래 있다.

'그 구름의 날'은 재앙과 '열국의 때'를 나타내며, 이는 열국이 심판받는 시기를 뜻한다. 전쟁의 위협은 구스의 기근과 전쟁 소식으로 나타나고, 이웃을 두렵게 한다. 기지(基地)는 애굽의 법과 질서에 의한 안전 보장을 의미하지만, 패전으로 모든 것이 무너진다. 하나님의 백성은 그들을 두려워할 필요가 없다.

그들이 통치하는 민족은 바사(페르시아, 오늘날 이란), 구스(에티오피아와 수단 북부), 붓(리비아), 고멜과 야벳(튀르키예, 우크라이나 동부) 등이다. 도갈마 족속은 시리아 국경 근처 튀르키예 지방에 살았다. 창 9:27에 나오는 야벳의 후손들은[118] 팔레스타인 서북부에 거주하며 아리

117) (사 19:13, 렘 2:16, 44:1, 46:14, 겔 30:1-19) '놉'의 북애굽에 있는 성읍을 상세히 기록한 내용이기도 하다.

118) (창 10:3) 야벳의 후손은 흑해와 카스피해로부터 스페인에 걸쳐 유라시아(Eurasia)

아인의 조상이 되었을 것으로 보인다.[119] 함의 후손들은 주로 아프리카에서 살았으며, 구스는 나일강 상류를 원정 거점으로 삼았다.

여부스는 예루살렘 근방, 아모리는 유다 산지와 요단 양쪽에 거주했다.[120] 셈의 후손은 페르시아만 북부 지역을 차지했다. 창 11:9의 바벨탑 사건은 세상의 분열을 상징한다. 창 10장은 고대 민족들의 이름을 나열하며, 일부는 현대 국가명과 연결된다(구스=에티오피아, 야완=그리스, 고멜=독일).

이처럼 '곡'의 전쟁 준비조차 하나님의 경륜 안에서 일어난다. 겔 38:8, "후 말년에" — 이는 바벨론 포로에서 돌아와 평안히 사는 유대인을 가리키며, 무방비 상태의 유다를 침략하는 것은 하나님 앞에서 범죄이다. 유대인은 지리적, 역사적으로 도덕적 영향력이 큰 민족이다.

유대인의 방위는 하나님 자신이셨고, 결과는 그의 경륜대로 이루어졌다. 곡이 불의하게 이스라엘을 공격할지라도, 하나님은 그를 실패케 하신다. 이는 하나님의 거룩함과 살아 계심을 만민에게 알리는 공의의 심판 사건이다.

계 9:15, "그 년 월 일 시에" — 죽음의 네 천사가 무저갱에서 풀려난다. 이로써 천 년이 차매, 사탄이 옥에서 놓인다. 이들은 사람 삼분의 일을 죽이기 위해 예비되었다. 계 9:17~19은 현대 무기를 묘사한 것일 수도 있으며, 특히 19절의 '그 입과 그 꼬리'는 현대 정보사회에서의 거짓 선전을 암시할 수 있다.

계 9:20~21, "목석의 우상에게 절하며 회개치 아니하더라" — 이

지방에 흩어져 살고 있음.

119) (창 10:2-5:21) 야벳의 아들은 고멜과 마곡과 마대와 야완, 두발과 메섹과 디라스이다. 대상 1:5에 야벳에 관한 이야기가 상세히 기록되어 있다.

120) (수 15:8, 삿 19:10, 대상 11:4, 5) 여부스의 거주와 (수 10:5) 아모리 외 다섯 왕이 악한 동맹을 맺어 기브온에 올라와 대진하며 싸울 것을 원하는 장면이다.

는 하나님께로 돌아오기를 거절한 불신자들의 결말이다. 그 완고함은 손으로 만든 우상의 숭배에만 그치지 않고, 귀신과 교제하며 살인, 음행, 도둑질을 행하는 데까지 이르렀다.[121] 사도 바울은 이런 이방의 적나라한 우상숭배를 꾸짖었다.

그들은 하나님의 진리를 거짓으로 바꾸어, 피조물을 창조주보다 더 경배했다. '아멘'은 히브리어로 '확인된다', '진실로'라는 뜻이며, 신앙의 고백과 예배 시 응답으로 사용된다.[122] 이는 자신을 낮추어 하나님께 영광 돌리는 예배 자세를 뜻한다.

---

121) (롬 1:24-31) 여기서 바울은 인간의 성적 타락을 지적, 그 과정은 곧 우상숭배 및 신격 보편화를 일반 죄로 지적하여 이방 세계의 우상숭배를 공격한 내용임.

122) (출 34:8, 느 8:6, 계 5:14) 예배는 하나님의 은혜에 대한 응답임. 즉 하나님께서 자기 백성을 대하실 때 의로운 백성을 부르는 것이 아니라 죄인을 불러 회개시켜 자기의 백성으로 삼으신다는 뜻을 인용하라.

10장
요한이 먹은 작은 두루마리 책

계 10:1~11은 첫 번째 중간 계시로, 여섯째 인과 일곱째 인 사이에 나타난다. 7장은 일곱째 나팔의 재앙에 앞서, 즉 일곱 대접의 재앙으로 이어지는 중간에 다시 보충 계시가 나타난다. 두 번째 중간 계시도 두 부분으로 구성되는데, ① 10장은 강한 천사와 작은 책의 환상, ② 계 11:1~13은 두 증인의 환상이다. 이 중간 계시는 일곱째 나팔의 재앙을 앞두고 땅에서 고난을 겪는 성도들에게 위로를 주며, 결국 하나님께서 승리하실 것을 가리킨다. 첫 중간 계시의 무대는 하늘이고, 둘째 중간 계시의 무대는 지상이다.

힘센 천사와 작은 책

계 10:1의 "힘센 천사와 그의 책"은 단 12:1의 미가엘이나 단 12:7의 가브리엘 등 두 천사로 보는 견해와, 그리스도로 보는 견해가 있다. 여기서 '천사'는 여섯째 천사에 대응하는 말이며, 성경은 삼위일체이신 그리스도를 천사와 동일시한 적이 없다는 점을 고려할 때, 천사로 보아야 한다. 그러나 4절과 8절의 음성은 그리스도께서 직접

하신 말씀이다.

겔 1:28, "그 사면 광채가" — 여호와, 경외할 대상이신 하나님은 천사들의 주이시며, 세상의 모든 일을 총지휘하시는 분으로 묘사된다. 선지자들에게 주어진 신적 계시는 영원한 말씀으로, 반드시 구체적으로 탐구해야 한다. 에스겔은 궁창에서 들리는 음성을 듣고, 그에게 말씀하시는 이의 소리를 들으려고 몸을 돌렸을 때 '인자 같은 이'의 모양을 보았다. 그가 본 보좌는 영광과 은혜, 승리의 통치자이신 분의 심판의 보좌였다.

마 17:2, "변형되사" — 누가는 예수께서 기도하실 때 이 일이 일어났다고 기록했다. 제자들 앞에서 예수님의 얼굴이 변하여 해같이 빛나는 영광의 모습을 보이셨다.[123] 이 사건은 예수께서 미래의 승리와 장차 임할 천국을 예견하게 하신 것이다.

합 2:3 "이 묵시는 정한 때라" — 여호와의 말씀으로 기록된 예언은 반드시 성취된다. 이 예언의 성취 여부는 '속히 이르겠고' 참 선지자를 가려내는 결정적 시험이 된다(신 18:21~22). 거짓 선지자들의 죽음은 필연적이다. 참 선지자의 근본 기능은 하나님의 뜻을 백성에게 전달하는 것이며, 예언의 본질은 미래를 '맞히는 것'(foretelling)이 아니라 하나님의 뜻을 선포하는 것(forth telling)이다. 그러나 거짓 선지자는 하나님의 이름을 이용해 사리사욕을 추구함으로써, 하나님을 죽은 우상과 동일시하는 심각한 죄를 짓는다. 거짓 선지자의 결말은 참 하나님을 깨닫지 못한 성도를 미혹하는 자가 되는 것이다. 이런 자들은 하나님의 이름을 전하는 것 같지만, 결국 사탄에 이용되는 자들일 뿐이다.

계 10:2, "작은 책" — 힘센 천사가 펴 놓은 책으로, 계 5:1의 인봉

123) (벧후 1:14) 베드로는 자신에 대한 그리스도의 예언을 상기하고 있었음. 요 21:18을 참조하라.

한 책과 달리 이미 그 내용이 알려진 책이다. 렘 15:16, "내가 말씀을 얻어 먹었사오니" — 영혼의 양식은, 시련 속에서도 하나님의 말씀을 귀 기울여 듣는 것이다. 예레미야 선지자의 훌륭한 점은 바로 이 점이다. 고독 속의 목마른 자가 시냇물에 다다랐는데, 물이 말라 있다면 이는 그를 속인 것과 같다.

이 예언적 환상은 슥 5:1의 "날아가는 두루마리"와 같다. 이는 죄인에 대한 하나님의 심판을 상징하는데, 두루마리의 크기는 길이 약 9m, 폭 약 4.5m로 성소의 면적과 같다(출 26:1). 두루마리에 기록된 자들은 하나님의 성소에서 끊어질 자들이며, 양면에 모든 글이 새겨져 있다. '저주'라는 단어는 모세 율법에 기록된 죄와 불순종에 대한 저주를 가리킨다.[124] 십계명을 어기는 죄는 하나님을 망령되이 일컬고, 이웃을 사랑하지 못하며, 도둑질과 위증하는 것으로 대표된다. 이러한 죄에 대한 처벌은 행위에 따른 심판이며, 두루마리는 그 저주를 전한다.

렘 36:2, "모든 말을 기록하라" — 하나님은 예레미야에게 '요시아 때부터 오늘날까지' 즉 B.C. 627년부터 605년까지 이스라엘 유다와 열방에 대한 방대한 예언을 두루마리에 기록하라 명하셨다. 그 이유는, 성취될 때 하나님의 엄정성과 계획성을 드러내기 위해서이다. 또한 거짓 예언과 구별하여 예언의 순수성을 보존하고, 백성에게 회개를 촉구하기 위함이다. 이 두루마리 말씀은 어떤 재앙이 선포된 듯[125] 회개를 촉구하는 내용이며, 하나님은 범죄한 이스라엘의 죄

---

124) (신 27:11-21, 28:15) 여기에 기록된 의식 절차는 언약의 확증(確證, ratification) 즉 하나님께서 주신 율법에 모든 백성이 순종할 것을 약속하는 방법의 절차를 묘사하고 있음.

125) (레 16:29, 23:27) 속죄일에 드리는 제사법과 즉 속죄일은 '스스로 괴롭게' 하는 일로서 사람들은 회개하고 죄악에서 떠나야 한다. 속죄일은 큰 안식일로 백성들이 속죄를 받음과 동시에 하나님과 화목할 수 있는 '천국 복음'을 의미한다.

사함을 기뻐하신다(미 7:18~20). 그러나 당시 유대인들의 기도는 형식에 그쳤고 헛된 기도가 많았다. 잠 8:13에 기록된 하나님께서 미워하시는 죄악, 즉 교만, 거만, 악한 행실, 패역한 입(험담), 도덕적 부패, 사법적 살인이 바로 그들의 모습이었다. 그리스도의 계명은 모든 율법의 근본 정신을 요약·구현한 것이다.

계 10:3~4, "일곱 우레" — 시 29:3~9에 유사한 배경이 있다. 이는 하나님의 계시 활동의 신비를 강하게 묘사하나, 계시의 본질적 요소는 아니다. "오른발은 바다를 밟고" — 이는 모든 성도의 찬송을 상징하며, 계시 범위가 전 세계임을 뜻한다. 레바논과 시온산(헤르몬산) 위를 울리며 가데스의 광야로 사라지는 뇌성은, 자연현상의 우레 소리를 영적으로 해석하면 하나님의 음성으로 간주된다. 그러나 천사로 하여금 일곱 우레의 내용을 '기록하지 말라' 하신 것은, 인간의 유한성을 일깨우고 겸손함을 요구하는 것이다.

오른손을 들고 하는 맹세는, 하나님께서 이스라엘 자손에게 허락한 모든 복이 언약에 근거함을 나타낸다. '구속'(히브리어 '고엘')은 혈연에 의한 구속자라는 뜻으로, 괴로운 노역에서 자유를 주고 구원하는 것을 의미한다. 약속의 땅 가나안은 함의 아들 가나안과, 소돔·고모라·아드마·스보임을 지나 라사까지, 헷·기르가스·아모리·브리스·히위·여부스 족속이 거주하던 곳이었다(창 10:6, 19). 하나님은 모세와 여호수아를 통해 이 땅을 이스라엘에게 주셨다.

'아말렉'(창 36:12)은 유목민 약탈자로, 이스라엘의 오랜 원수였다. 민 24:20, "열국 중 으뜸이라" — 아말렉은 모든 기독교 국가를 압제하는 나라의 상징이었다. 시내반도, 가나안 남쪽 산악지대, 북아라비아 일대에 퍼져 있었으며, 사울이 아말렉을 이겼으나 전리품을 없애지 않아 사무엘이 아각 왕을 죽였다(삼상 15:33).

이들은 가나안의 만민으로, 평야·지중해·연안·산간지대 등에 살던 자들로,[126] 블레셋과 베니게 주민과 더불어 '가나안 사람'이라 불렸다. 사 19:18에서는 히브리어를 '가나안 방언'이라 했고, 발굴된 비석들이 이를 증명한다. 이처럼 가나안이란 이름은 B.C. 1500년쯤에는 귀순하였다가, 12년쯤 이스라엘에 전복되었으나 물질문명과 우상숭배에는 가나안 사람들이 매우 앞서 있었다. 그들은 이스라엘 사람들에게 농사법과 그 밖에 필요한 기술을 가르쳤고, 그들의 종교의식을 따르게 하여 이스라엘의 여호와 유일신 신앙에 가장 큰 장애가 되었다.

그러나 예언자들의 노력으로, 이스라엘의 종교는 순화하며 고상한 윤리적 유일신교로 발전되었다. 사사기 1장의 유목민 이스라엘 백성은 가나안에 침입하여 원주민과 싸웠고, 쇠로 만든 병거를 가진 그들로부터 많은 전리품을 빼앗기도 했으나 쉬운 일은 아니었다. 솔로몬 이후, 정복되지 않은 산간 지대의 가나안 사람들은 부역에 종사하였다. 그 후 블레셋 사람들이 들어와 갈멜산 이남으로 가나안 사람들을 몰아냈고, 남은 자는 베니게 사람들뿐이었다.

그들은 장사에 능하여 성읍들을 상업 중심지로 발전시켰고, 후대에는 '가나안'이 '상인'이란 뜻으로 쓰이게 되었다. 창 10:15의 '헷 사람의 땅', 즉 북시리아 지역의 거민은 본래 가나안의 둘째 아들 헷의 후손들로, 오래전에 가나안으로 이주해 온 족속이었다. 그들은 가장 세력이 강한 종족 중 하나였다. '광야와 레바논에서부터 큰 하수 유브라데에 이르는' 온 땅을 헷 족속의 땅이라 불렀음을 볼 수 있다. 수 1:4에도 등장하는 힛타이트(Hittites)는 B.C. 1500년경부터 이집트 기록에 나타난다.

그러나 계 10:7의 "하나님의 비밀"은 신·구약에 나오는 모든 선지

---

126) (창 24:3-7, 38:2, 출 3:8, 17) 구원은 가장 먼저 아브라함에게 예언된 것과 또 가나안 땅은 아름답고 광대하고, 젖과 꿀이 흐르며, 다섯 가지 내용으로 설명되어 있음.

자에게 계시된 연결과, 세상에 대한 하나님의 뜻과 목적이 속히 이루어질 계획으로, 그리스도의 나라를 선포하는 일곱째 나팔 소리이다. 암 3:7에서 아스돗과 애굽은 이스라엘 위에 내려질 심판을 전하기 위해 부름 받았고, 이스라엘의 죄악상을 이방 세계에 알려 그들의 타락 정도를 드러낸다.

작은 책과 요한의 사명

요한은 작은 책을 먹었다. 계 10:8~11에서 요한은 에스겔처럼 예언의 책을 먹으라는 명령을 받았다. "네 배에는 쓰리라" — 말씀을 받는 것은 큰 기쁨이지만, 그 내용은 심판과 화의 메시지를 선포해야 하는 어려운 사명을 의미한다. 주의 말씀은 듣기는 쉬우나, 행하는 것은 어렵다. "네가 많은 백성과…" — 10장의 주된 취지는 요한의 예언적 소명을 재확인해 주는 것이다.

이 예언은 앞의 환상을 반복하는 것이 아니라, 종말 관련 사건들의 전개로 해석되어야 한다.[127] "이 글을 봉함하라" — 이는 설명하지 말고 남겨두라는 뜻이 아니라, 흠 없이 보관하라는 의미이다. "많은 사람이 왕래하며" — 종말이 가까워질수록 사람들이 지식을 얻기 위해 이곳저곳 찾아다닐 것임을 뜻한다.

단 12:5~6, "다니엘이 본즉" — 여기 두 사람은 천사이다. 강물 위에 서 있는 세마포 옷 입은 자를, 계 10:5의 예수 그리스도와 비교해 볼 수 있다. 이는 재림 전 마지막 대환난을 암시한다. 곧 말씀에 기록된 환난 사건은 7년 기간 중 마지막 3년 반, 즉 '후 3년 반'에

127) (계 20:4-6) '땅에 티끌 가운데에 있을 것이라' 안티오쿠스 에피파네스의 핍박 때 의(義)를 위해 죽은 자들이 부활하여 영생을 얻게 되는 (요 5:35) 성도의 생애와 영적 삶의 보증을 말함.

절정을 이룰 것이라는 예언이다. 실제로 몇 년간일지는 하나님만이 아신다.

여기서 7년 대환난은 해석에 따라 문자 그대로 7년으로 보기도 하고, 그리스도의 초림과 재림 사이의 기간 중 후반부 짧은 시기로 보기도 한다. 대체로는 재림 직전 특정 기간을 가리킨다. 다니엘은 이 예언의 의미를 이해하지 못했고, 다시금 그 결말을 물었다. 이는 '멸망케 할 미운 물건', 곧 적그리스도가 유대인의 제사를 폐지할 것에 대한 예언이었다.[128]

다니엘은 인간의 의로는 구원받을 길이 없음을 깨닫고, 전적으로 하나님께 의지하여 민족을 위한 회개와 구원을 기도했다. 단 8:5의 '숫염소'는 알렉산더 대제를 비유한 것으로, 그는 헬라 제국을 세웠다. 그러나 B.C. 323년 죽은 후 나라는 넷으로 나뉘었고, 그중 셀루쿠스가 시리아를 다스리며 팔레스타인을 정복한 뒤 유대인을 헬라화하려 했다.

그 결과, 안티오쿠스 에피파네스가 왕이 되어 유대인을 심하게 핍박했다. B.C. 175년 등극 이후 그는 이를 멈추지 않았다. 단 11:13 "대군을 전보다 더 많이" — 북방의 시리아 왕은 남방의 애굽을 침략하기 위해 대규모 전쟁을 준비했다. 이 예언은 안티오쿠스 3세(에피파네스의 부친)가 일으킨 전쟁으로 성취되었으며, 전쟁은 12년간 계속됐다.

안티오쿠스 에피파네스는 유대주의를 말살하려 했고, 유대 성전에 이방 우상을 세우고 돼지고기를 제물로 바쳤다. 유대인들에게 헬라 철학자를 보내 감시하게 했으며, 유대인의 신을 '주피터'로 바꾸어

---

128) (단 9:17-27, 마 24:15, 살후 2:4) '멸망의 가증한 것'은 적그리스도를 말하며 이들은 사람들에게 자신을 경배할 것을 강조하는데, 이에 항거하는 자는 박해를 당할 것이라는 예언임.

부르게 했다. 그는 성전에서 이방 의식을 행하고, 이방 술을 위한 광란의 연회를 강요했다. 이 법은 대단히 잔혹했다.

늙은 서기관 엘리에저는 돼지고기를 먹지 않으려다 매 맞아 죽었고, 한 어머니와 일곱 아들은 우상에게 절하지 않는다는 이유로 차례로 창에 찔려 죽었다. 안티오쿠스 치세는 유대인 신앙을 파괴한 참혹한 시기였다. 당시 유대인은 오후 3시에 번제를 드렸는데, 단 9:24~27에 기록된 대로 가브리엘이 다니엘에게 신속히 날아와 계시를 전했다.

'칠십 이레'는 B.C. 455년 유대인의 귀환과 성전 재건 허락에서 시작되며, 62주(앞의 7주를 합하면 69주) 후[129] 메시아의 수난 사건이 이어진다. 단 9:26은 로마인들이 A.D. 70년 예루살렘을 파괴할 것을 예언한다. 이 사건 후, 69주와 마지막 70주 사이에 간격이 있다고 보는 견해가 있다.

"네 백성과 네 거룩한 성"은 육적 이스라엘과 동시에 영적 이스라엘, 곧 하나님의 백성을 뜻한다. '칠십 이레'의 히브리어는 '샤브임'(שָׁבֻעִים)으로, 일곱의 칠십을 의미한다. 정확한 연한은 알 수 없으나 문자적으로 3주를 가리킨다(단 10:2). 포로 생활 70년 후 또 하나의 중요한 구속사의 시기가 시작됨을 뜻한다.

이 기간은 구속 사업 완성을 위해 하나님이 작정하신 시기로, 그 길이는 하나님만이 아신다. "이상과 예언이 응하며" — 구약의 예언은 그리스도의 오심으로 성취되고 종결된다. "지극히 거룩한 자가 기름부음을 받으리라" — 이는 예수 그리스도의 속죄 사역을 가리킨다. 눅 1:35, "성령이 네게 임하시고" — 성육신은 마리아의 몸에서 성령의 창조적 역사로 이루어졌다.

---

129) (단 8:11-15) 안티오쿠스와 유대인들의 평화적인 관계가 종식된 B.C. 171년부터 유다가 마카비아 성전을 회복한 B.C. 165년 12월 25일까지 2,300일 동안의 기간을 말함.

성자는 죄 없는 참 인간의 모습을 입으신 '거룩한 자'로 오셨다.[130] "중건하라는 영"이란 히브리어 '다바르'(דָבָר, 말씀)로, 예루살렘을 중건하라는 계시의 상징이다. 고레스 원년에 유대인은 귀향을 허락받아 새로운 질서를 시작했고, 에스라와 느헤미야의 지도 아래 성전과 성벽 재건이 완성되었다.

'육십이 이레'는 재건 후부터 그리스도의 초림에 이르는 기간이며, 기름부음 받은 자의 죽음과 예루살렘의 멸망은 장차 올 왕의 백성, 곧 로마군과 그 지휘관 디투스를 가리킨다. 이는 A.D. 70년 로마의 침공으로 예언이 성취된 것이다. "그가 장차 많은 사람과 언약할 것이나" — 단 7:8, 24~26에 소개된 적그리스도, 곧 한 왕을 가리킨다.

그는 환난 기간 초에 많은 사람(유다 백성)과 더불어 언약을 맺을 것이다. 곧 '이레의 절반'(3년 반 뒤)에 적그리스도가 그 언약을 파기한 뒤 성전에서 자신을 예배할 것을 요구함으로써 성전을 더럽힌다. 이 예언을 요한계시록의 종말론 예언과 연결하여 해석할 수도 있다.

문자적으로 3주를 가리킨다. 정월 이십사일의 연대 표시는 기독교 계시의 특징이다. 역사적 사실 가운데 살아 계신 하나님의 섭리를 나타내는 '정월 이십사일'은 유월절 시기에 멸망할 자와 가증한 것들이 1,290일을 지낼 것을 의미한다. 즉, 적그리스도가 성전 제사를 폐한 후부터 마지막까지는 1,290일이 될 것이라는 의미이다.

보통 3년 반(1년을 360일로 계산하면)은 1,260일밖에 되지 않는데, 남은 30일은 예수 그리스도의 재림 후 있을 심판 기간을 시사한다.[131] 또한 그리스도의 재림 직전에 올 적그리스도의 박해 기간을 상징한

---

130) (행 3:14, 4:30, 요일 2:20, 계 3:7) 요한은 성도들이 '교사가 되시는 성령'의 부르심을 받기를 원하며 그 의미는 진리와 거짓을 구별할 수 있게 됨을 강조함.

131) (겔 20:33-44, 욜 3:2-3, 마 25:32) 헬라 시대의 시리아 왕 안티오쿠스 에피파네스가 유대인을 핍박할 때 가장 심한 기간을 지적해 주는 내용임.

다. "1,335일까지 복이 있으리라"는 말씀은, 1,290일(재림 직전 적그리스도의 핍박 기간)을 지나서 45일을 더 견디면 하나님의 축복의 시대가 온다는 뜻이다. 그러므로 마 24:13의 "끝까지 견디는 자는 구원을 얻으리라"는 주님의 말씀과 일치한다.

단 10:14의 "말일에"는 그리스도의 재림이 관련된 미래 사건들을 가리킨다. 이는 하나님께서 종말에 대한 계시를 주신 것이다. 다니엘은 그 의미를 잘 깨닫지 못했다. '인자 같은 이'가 천사 미가엘과 함께 다니엘에게 말일에 일어날 이상을 깨닫게 하겠다고 했을 때, 그는 갑자기 힘이 빠졌다. 그러나 '사람 모양 같은' 그리스도께서 나타나 다니엘을 만지며 "강건할지어다"라고 하셨다. 이는 은총을 크게 받을 사람이라는 뜻이다.

그리스도께서 다니엘을 위로하시며 두려워 말고 강건하라고 하셨을 때, 그는 힘을 얻게 된다. '나를 막았으므로'라는 말은 다니엘이 세 이레 동안 슬퍼하며 기도했을 때, 첫날부터 그 기도가 상달되었으나 응답이 지연된 이유를 설명한다. 그 이유는 슥 4장의 바사국 군(群)의 방해 때문이다. 사마리아 사람들이 페르시아 왕 아닥사스다에게 상소하여, 귀환한 유대인들이 예루살렘을 재건하지 못하게 막았다. 이러한 아닥사스다의 행동은 악한 천사의 충동에 의한 것이었다. 곧 페르시아군 세력과 싸우던 천사는 유대인의 성전 건축을 방해하는 마귀와 싸우다 떠나게 되었다.

"헬라군이 이를 것이라" — 페르시아가 멸망한 뒤 헬라가 등장하게 된다는 의미이다. 단 10:21~11:5의 "진리의 글이 기록된 것"은 세계 역사와 성도들이 받을 고난에 대한 하나님의 계획서를 뜻한다. "그를 돕고" — 주께서 미가엘[132]을 도와 바벨론을 멸하게 하신다는

132) (단 10:13, 계 12:7) '누가 하나님과 같으리요'라는 뜻으로 이스라엘을 특별히 보호하는 자로서 하나님을 위하여 싸우는 천사였다.

의미이다.

이 예언은 페르시아부터 알렉산더 대왕, 그리고 프톨레미, 셀루쿠스, 안티오쿠스 에피파네스에 이르는 내용을 포함하며, 모두 세세히 성취되었다. 다니엘의 적그리스도 예언은 아직 성취되지 않았다.

세 왕은 캄비세스(B.C. 529~522), 스메르디스(B.C. 522~521), 다리오 대제(B.C. 521~486)이며, 넷째 왕은 에스더서의 아하수에로로 알려진 크세르크세스(B.C. 486~465)이다. 단 8:8의 "한 능력 있는 왕"은 알렉산더 대왕이다. 그의 사후 프톨레미, 셀루쿠스 1세, 카산더, 루시마쿠스 등 네 장군에 의해 나라가 나뉘었다. 이후 남방왕(애굽 프톨레미 1세)과 북방왕(팔레스타인 인도까지 확장한 셀루쿠스 1세) 간의 전쟁이 이어졌다.

하나님의 비밀과 언약

계 10:7의 "하나님의 계획과 비밀의 복음"은 신 구약 모든 선지자에게 계시된 하나님의 뜻과 목적이었다. 마 24:21, "그때 큰 환난이 있겠음이라" — 예루살렘 함락 후 재난은 엄청났다. 로마군의 잔혹한 공격과 동족 간 살육이 이어졌다. 요세푸스는 역사상 어떤 국가보다 유대인이 더 큰 비극을 겪었다고 기록했다. 막 13:19~20의 말씀대로, 하나님이 그날들을 감하지 않으셨다면 인류는 멸망했을 것이다.

창 9:17, "그 증거가 이것이라" — '언약을 세운다'의 히브리어 동사는 세 가지이다. ① 나탄(נָתַן) — 하나님의 은사를 의미, ② 쿰(קוּם) — 타락한 인간을 일으키심, ③ 자카르(זָכַר) — 하나님의 기억 속에 심는 언약이다. 이 표현은 심판과 화의 메시지를 전해야 하는 어려움을 뜻한다. 주의 말씀은 듣기는 쉽지만, 행하기는 어렵다. "네가 많은 백성과…" — 계 10장의 주된 취지는 요한의 예언적 소명을 재확

인하는 것이다. 이 비밀은 하나님의 택함받은 자들에게 드러나 보이게 된다.[133)]

하나님의 언약적 인애(仁愛, 히브리어 '헤세드' חסד)는 구약에 약 250회 등장하며, 충성, 견고, 신실한 사랑을 뜻한다. 이는 신실치 못한 백성에게 베푸시는 하나님의 성실한 사랑을 강조한다. 그러나 교만하여 마귀의 도구가 될 자가 있음을 경고한다.

미 3:6, "너희가 밤을 만나리니" — 흑암을 점치지 못할 것이다. 히브리어 '하존'(חזון)은 초자연적 환상을 보는 것을, '카삼'(קסם)은 제비 주사위 조짐을 통한 원시적 점술을 의미한다. 불의한 지도자들은 백성을 도살자가 짐승 다루듯한다. 그들은 죄를 사랑하고, 하나님께 부르짖는 척하지만 악을 행하는 자들이다. 이런 거짓 예언자들은 뇌물을 가져오는 자에게만 평안을 외친다.

렘 14:10, "그들이 어그러진 길을 사랑하여…" — 이는 하나님께 일관된 충성을 보이지 않고, 다른 우상을 숭배하며 불확실한 태도를 보였다는 뜻이다. 회개 없는 번제와 소제는 형식일 뿐이다. 하나님은 이런 자들을 방관치 않으시며, 결국 칼, 기근, 염병으로 멸망케 하신다.

마지막 때 하나님의 계시는 결국 그리스도의 재림과 관련된 미래 사건을[134)] 포함한다. 인간이 스스로 신격화하는 죄악성을 경고한다. 그 날과 시는 하나님만 아시며 인간, 천사, 아들도 알지 못한다. 그러므로 우리는 믿음으로 깨어 준비해야 한다.

---

133) (시 98:2, 3) 저자는 하나님을 구원자로, 왕, 즉 통치자로 묘사하였다. 즉 '인자'의 언약적인 (호 2:19) 신실하심의 의(義)를 나타내는 표상이다.

134) (창 49:1) '후일에' 가나안 정복은 메시아의 강림을 중심으로 이스라엘의 미래를 예언한 (신 4:30, 겔 38:16) 이스라엘의 고난이 끝날 때 (단 2:28) 이방인 족속의 역사와 (히 1:2) 현재 교회의 전반에 걸쳐, (딤후 3:1, 약 5:3) 종말에 대해서 암시한 하나님의 지혜와 능력과 위대성을 의미함.

마 5:18, “천지가 없어지기 전에 율법의 일점일획도 반드시 이루리라” — ‘일점’은 히브리어 글자 ‘요드’(י), ‘일획’은 비슷한 문자 구분을 위한 짧은 횡선이다. 이는 구약의 모든 말씀이 반드시 성취된다는 하나님의 선언이다.

단 10:14 “이제 내가 말일에 네 백성의 당할 일을 네게 깨닫게 하러 왔노라 대저 이 이상은 오래 후의 일이니라.”

11장

두 증인의 예언과 일곱째 나팔

계 11:1~13은 중간 계시의 두 번째 부분으로, 두 증인의 환상이다. 계 11:1, "성전 내부를 척량하되" — 여기서 성전은 구약 시대 희생 제사의 중심지였던 성전이 아니라, 신약 교회를 의미한다고 보는 것이 가장 자연스럽다.

겔 40:3의 성전 내부 척량 환상은 요한의 환상과 비슷하다.[135] 겔 1:26~27에서 에스겔이 환상 중에 본 사람은 여호와와 같은 이, 단 10:6의 다니엘에게 나타난 이는 천사, 계 1:15에서 요한이 본 이는 영광 중의 그리스도로 묘사된다. 이 표현은 신현(神顯) 혹은 신의 사자를 의미한다.

'삼줄'은 긴 척량 기구를 뜻하며, 척량 장대는 짧은 거리를 측정하는 기구다. 슥 2:1의 척량하는 사람 환상은 미래 이스라엘과 예루살렘에 보장된 복과 회복을 상징한다. 예루살렘의 성곽이 확장되어 백성이 여호와의 특별한 도우심으로 평안히 살게 될 것을 뜻한다.

---

135) (계 11:12, 1:15, 17) 이 부분은 에스겔서와 다니엘서에 나타나는 불처럼 금속의 광채 같은 비유는 하나님 영광의 상징이며, (겔 1:13, 27, 8:2, 단 10:6) 음성의 물소리도 역시 하나님의 영광의 위엄을 묘사하는 것임.

렘 1:14 — 북방 땅 바벨론에서 아직 돌아오지 못한 자들이 곧 약탈 당할 것이기 때문에, 오래지 않아 돌아올 것임을 확신하게 한 사건은 B.C. 538년 고레스 칙령으로 약 5만 명이 귀환한 역사였다. 이는 열방과 이스라엘 예루살렘에 대한 메시아 왕국의 축복을 설명하며, 거룩한 땅 팔레스타인의 면적이 얼마나 넓은지 알려주는 의미도 있다.

이는 가까운 장래에 바벨론 포로에서 돌아온 이스라엘이 예루살렘을 재건할 것을, 그리고 예수 그리스도께서 유다 땅에 오심으로 새로운 복음 운동이 시작될 것을 의미한다. 겔 45:2, "성소에 속할 땅이 네모반듯하다" — 이는 그곳이 안전하고 견고함을 말하며, 새 이스라엘 백성을 향한 하나님의 구원을 상징한다.

성전은 사면이 담으로 들러싸여 있으며, 척수는[136] 장 광이 각각 500규빗이며, 외벽은 두께와 높이가 한 장대(약 2.7m)이다. 벽은 하나님의 성전과 성결을 지키기 위한 영적 의미를 지닌다. 엡 2:14에서 성전은 신약 교회를 상징한다. 교회는 이방인과 유대인의 구분 없이 그리스도 안에서 하나가 되어야 하며, 세상과는 구별되어야 한다.

성전에 동향(東向) 문으로 들어가는 이유는, 그 문이 성전 출입구로 사용되었기 때문이다(겔 43:1~2, 44:1~3). 이 동문은 하나님의 영광이 들어올 문이어서, 천사가 에스겔을 이 문으로 인도했다. 층계는 성전 외벽 문밖에 쌓은 계단을 가리킨다. 문간 문지기 방은 좌우에 각각 세 개씩 있으며, 성전에서 수종 드는 자들이 쓰는 방이다. 신약 교회에서 모든 봉사자는 문지기와 같이 겸손해야 한다. 여기서 '한 장대에 오 척'과 같은 수치는 상징적 의미가 있으나, 그 정확한 해석은 어렵다.

모든 부분(지체)에 척수가 있다는 점은 하나님의 질서와 계획을 나

136) (롬 12:4-8, 고전 12:4-11) 신령한 영적 은사는 고전 1:7, 12:1-14, 엡 4:7-16에서 논의된 것을 참조하라.

타낸다. 현관 앞에는 안문이 있어, 성전에 들어가기 전 이중 문을 통과해야 한다. 이는 신자가 하나님께 가까이 가는 신앙의 단계를 상징한다.

성전 척량

계 7:9의 종려나무 비유는 승리를 의미한다. 성전 출입자는 종려나무를 보며 하나님의 승리를 사모해야 한다. 방석 깔린 땅은 빛나는 돌 석판을 가리키며, 성결의 길을 걷는 자의 발이 깨끗해야 함을 상징한다. 바깥뜰 북문과 남문 간 척량은 동일하다. 천사가 에스겔에게 이를 자세히 보게 한 것은, 신자가 하나님의 말씀을 듣기만 하는 것이 아니라 삶 속에서 실천해야 함을 가르친다. 하나님께로 나아가는 길은 오직 예수 그리스도뿐이다(요 10:17). 바깥뜰 문은 7계단, 안뜰 문은 8계단으로 올라간다. 진실한 섬김을 가진 사람일수록 더 성결해야 함을 뜻한다. 안뜰 동문 역시 8계단이다.

북문 바깥에는 제물 씻는 방과 8개의 상이 있다. 레 1:11의 희생제물 언급이 8번 나오는 것은, 하나님께 드릴 제물을 강조하기 위해서이다. 신·구약에서 가장 중요한 것은 예수 그리스도께서 단번에 희생 제물이 되심으로, 구약의 모든 동물 제사를 폐하시고 하나님께로 나아가는 길을 여셨다는 것이다.

'방'은 히브리어 원문에 '노래하는 자들의 방'이라고 기록되어 있다. 제단을 수직(守直)하는 제사장의 방은 큰 제단 맞은편, 북쪽을 향한 남문에 있다. 사독의 자손들이 희생 제사를 드리는 일을 맡았다[137](겔 43:19, 44:15, 48:11). 솔로몬은 아비아달을 해임하고 사독을 제

137) (왕상 2:26-27, 삼상 2:30-36) 엘리 가계의 제사장이었던 아비아달은 왕위 계승을 위한 아도니아의 음모에 참여한 이유로 그의 고향인 (수 21:18, 렘 1:1) 아나돗으로 추방당함.

사장으로 세웠다.

제단 뜰은 성전 안뜰의 대부분을 차지하는 넓이이며, 현관은 좌우 기둥으로 된 중앙 통로 구조이다(겔 40:48). 성소 벽 두께는 6규빗(약 2.73m)이며, 동편 문간 옆에는 기둥이 장식되어 있다. 성소 구조는 모세 성막과 솔로몬 성전의 지성소에 해당하는 9m×9m 규모다. '삼면의 골방'은 지성소 동쪽에는 붙을 자리가 없기 때문에 세 면만 있다. 히브리어 '첼라'(갈빗대)처럼, 골방은 지성소를 범하지 않도록 동편을 제외한 주위에만 세워졌다.

3층 구조이며, 각 층마다 30개의 방이 있다. 방은 십일조 헌금 제물 보관과 제사 도구 저장 용도로 쓰였다. 골방 벽 두께는 1층이 5규빗(약 2.28m), 2층은 1규빗 줄어든다. 이는 2층의 바닥과 지지대를 만들기 위해서이다. 2층에서 3층으로 올라가면서도 1규빗이 더 넓어져, 3층은 1층보다 2규빗이 넓다(1규빗=약 45.6cm). 골방 앞 빈터는 약 2.28m의 통로였고, 성소 벽과 골방 사이에 설치돼 있다.

성전 내부는 널판에 그룹과 종려나무를 새겼다. '그룹'은 하늘, '종려나무'는 땅을 가리키며, 이는 성결과 승리의 조화를 상징한다. 하나님의 승리가 성결로 성립됨을 보여주며, 신약 교회의 영적 아름다움을 의미한다.

그룹 네 얼굴 중 사람의 얼굴은 이성과 지혜, 사자의 얼굴은 힘과 위엄을 뜻한다. 겔 43:14~17에 따르면, 제단은 아래에서 위로 무게를 받치는 구조로, 협력과 화합을 상징한다. 또 뿔 네 개는 권세 혹은 권능을 상징한다. 번제단 바닥의 장은 네모반듯하다. 이는 제단의 의미가 견고하고 안전하며 지속성을 띤 것임을 나타낸다. 그 위에 세 가지 성격은 모두 그리스도께서 이루실 속죄의 성격이 예언되어, 하나님과 사람이 화목하도록 돕는다. 죄인을 구원하는 권세와 권능의 효과가 안전하고 영구하다는 말이다.

요 6:53, “인자의 피를 마시지 아니하면 너희 속에 생명이 없다” — 이는 말씀의 때가 왔음을 뜻하며, 그리스도의 사역 기간이 ‘때’를 위해 준비되어 왔다는 상징이다. 이 죽음과 부활의 때와 그 사역의 절정이 시작되는 순간이 예시된다.

내전(지성소)과 외전(성전)의 문들, 그리고 기타 시설, 곧 휘장에 대한 언급이 전혀 없는 것은, 신약 시대 교회를 상징하는 성도들이 그리스도의 피로 말미암아 하나님께 직접 나아갈 수 있다는 뜻으로 본다.[138)]

두 증인의 사명

계 11:2, “성전 밖 마당은 척량하지 말라 거룩한 성을 마흔두 달 동안 짓밟으리라” — 이는 하나님의 일을 훼방하는 자, 단 8:10~11에서처럼 어리석은 자의 교만을 보인 안티오쿠스에게 혹독한 핍박을 당한 하나님의 백성, 곧 유대인을 가리킨다. 예루살렘 성전의 바깥 마당에는 이방인과 불신자가 모였던 것처럼, 요한도 지상 교회 공동체 안에 불성실한 자들이 많을 것이라 본 것이다. ‘마흔두 달’은 3년 반의 기근 기간, 곧 7년 환난 중 전 3년 반을 의미한다.

눅 21:24, “이방인의 때가 차기까지 밟히리라” — 이는 전쟁 위협과, 환난기에 이방이 예루살렘과 팔레스타인을 통치하리라는 견해의 근거이다. 예루살렘 성전은 이방에게 짓밟히고, 그리스도께서 지상 왕국을 성취하기 위해 재림하실 때까지 이방의 통치는 계속될 것이다.

“일어나 머리를 들라” — 무서운 환난으로 침체와 절망에 빠진 성도에게 재림 때 주를 맞이할 준비를 하라는 뜻이다. “일어나 깨어

---

138) (히 10:19-20) ‘새롭고 산 길’은 그리스도의 길을 나타낸다. 요 14:6, 히 4:14, 6:20, 7:24, 25과 비교하라.

있으라" — 마지막 날, 하늘에서 변화가 일어날 것이며, 말씀의 본질이 성취되리라는 뜻이다.

"의심치 말라" — 헬라어로 '분리'를 뜻하며, 마 24:34의 "이 세대는 …"의 맥락에서 예수께서는 예루살렘 멸망을 심판 날의 전형으로 말씀하셨다. 이는 마음이 양분되어 흔들리는 상태를 비유하며, 성도의 신앙생활에서 유혹은 피할 수 없음을 뜻한다.

계 11:3, 굵은 베옷을 입은 "두 증인" — 10절에서는 '두 선지자', 4절에서는 '이 땅의 두 감람나무와 두 촛대'라 불린다. 두 증인의 정체에 대한 견해는, 부활한 두 역사적 인물, 혹은 율법서와 예언서 같은 두 원리, 또는 두 집단 등 다양하다.[139)]

전 3년 반의 기간을 신약 시대 전체로 본다면, 두 증인은 구약 교회와 신약 교회로 해석하는 것이 더 자연스럽다. 두 증인은 예언을 마칠 때까지 권세를 행한다. 계 11:4~6, "주 앞에 두 감람나무와 두 촛대니" — 감람나무와 촛대는 슥 4:2의 등대를 상징하고, 이는 신약 교회를 뜻한다.

모세 성막의 등대는 빛을 유지하기 위해 두 감람나무에서 계속 기름을 공급받는 구조였다. 이는 민 15:17~21의 규례에서 유래했다. 롬 11:17의 감람나무는 하나님의 은혜를 상징하며, 구약에 자주 등장한다. 원래 감람나무는 유대인이고, 뿌리는 유다 조상의 믿음이다. 꺾인 가지는 불신한 유대인이며, 접붙인 돌감람나무 가지는 믿음에 들어온 이방인을 뜻한다. 이방인은 탈락한 유대인의 자리에서 복음을 통해 구원에 들어왔다.

'원가지'는 유대인을, '너'는 이방인 신자를 가리킨다. 가지를 유지하는 것은 뿌리이며, 자랑함으로 교만해져 버림받을 것을 경고한다. 이

---

139) (삼하 3:31, 단 9:3, 욘 3:8, 마 11:21) 다니엘의 훌륭한 기도의 본보기는 백성들의 속죄를 위하여 32회나 고백의 기도를 드렸던 스 9장, 느 9장을 보라.

방 신자들도 불신하면 유대인이 당했던 것과 같은 재앙이 올 수 있다.

겔 23:2, "두 여인이" — 사마리아(북왕국)와 예루살렘(남왕국)을 각각 '오홀라'와 '오홀리바'로 비유해 죄를 고발한다. 사마리아는 열 지파를, 예루살렘은 유다와 베냐민 두 지파를 대표하며, 한 어미 곧 사라의 자손이다. 오홀라는 하나님이 지정하신 장막이 아닌, 자기 뜻대로 신당을 세운 것을 뜻한다. 오홀리바는 '여호와의 장막이 그녀에게 있다'는 의미로, 예루살렘 성전이 있음을 가리킨다. 사마리아의 우상숭배의 죄가 패망의 선례가 되었음에도, 남유다는 오히려 더 범죄했다. 앗시리아, 바벨론, 애굽과 동맹을 맺으며 하나님을 저버렸다. 이렇게 두 여인은 모두 같은 죄악을 행했다.

잠 16:2 — 인간은 자신의 더러움을 알지 못하나 하나님은 아신다. 유다는 또다시 애굽을 의뢰했으며(렘 2:18, 37:7), 이는 과거 애굽의 우상숭배로 범죄하던 생활로 돌아간 것이다. 이는 두 여인의 사랑의 대상이었던 애굽과 앗시리아가 바벨론의 손에 넘어가는 결과를 낳았다. 오홀리바의 행동이 바벨론을 격동시켜, 유다 침략이 하나님의 심판이 되었다.

렘 5:14, "네 입에 불이 있어 그들을 사르리라" — 하나님은 예언자의 말을 '불'로, 대적하는 자를 '나무'로 비유하셨다. 마른 나무는 불 앞에서 소멸될 수밖에 없다. 죄로 인하여 악한 인간들은 하나님의 진노가 임하는 이유를 알지 못한다. 장차 임할 전화(戰火)의 원인을 깨닫지 못한다는 것이다. 이 부분은 모든 재앙을 받게 될 원인에 대하여 설명하고 있다.[140] 이 백성은 마음이 완고해 하나님을 배반했고, 부자와 재판관은 약자를 착취했으며, 선지자와 제사장은 하나님의 뜻을 거역했다. 영적 맹인이 되어 하나님이 보여주신 표적을 보

140) (렘 5:20:23-25, 26-28) 하나님께 불순종하고 악을 행하며 배반한 자들을 책망하며, 특히 남을 속여 부당하게 빼앗은 재물이 부자나 사법관의 집에 가득하다는 지적임.

지 못했고, 선지자의 경고를 듣지 않았다.

'어느 때까지리이까' — 회피와 회개하지 않음의 끝을 묻는 말이다. 하나님은 이사야에게 바벨론 포로가 될 때까지 계속 예언하라고 하셨다. 땅은 황폐하겠지만, 십 분의 일 '그루터기'는 남아 거룩한 씨가 될 것이다. 이는 예수 그리스도로 말미암아 택한 자가 구원받음을 뜻한다. '그루터기'로 남은 유다가 거룩한 씨가 되어 다시 열매 맺게 될 것을 예언하는 장면이다. 속히 이루어질 하나님의 계획 아래, 예언을 마칠 때까지 권세를 행한 두 증인은 계 11:7의 "저희가 그 증거를 마칠 때"에, 구원받을 자들이 모두 회개한 뒤 순교하게 된다.

두 증인의 '둘'이라는 수는 율법에서 증언의 유효성을 위해 요구된 숫자를 떠올리게 한다. 그들이 죽임당한 곳을 소돔(음란의 중심지), 애굽(우상숭배와 종교 타락의 중심지)으로 비유한다. 이는 무저갱에서 올라온 짐승, 눅 13:32의 헤롯왕의 교활함과도 연결된다. 여우는 무가치하고 하찮은 자를 비유하며, '오늘 내일 제삼일'은 하나님의 섭리 속 일정이다. 헤롯이 아무리 기만하고 교만해도, 예수의 죽음과 부활이라는 하나님의 사역을 막지는 못한다. 제삼일에는 그 일이 온전히 이루어질 것이며, '완전하여지리라'는 진행형으로 계속 성취됨을 뜻한다.

계 4:6의 생물과는 대조적으로, 계시록에서는 짐승이 네 번이나 언급된다.[141] 이 사탄의 전장은 계 11:8의 "큰 성" 곧 예루살렘을 가리킨다. 이 예언은 유다 민족 중 많은 사람이 바벨론에 사로잡혀 가고, 또 많은 사람이 칼에 죽으며, 남은 자들은 흩어져 국권을 상실하여, 다시는 유다가 다른 나라와 외교 정책을 할 수 없는 처지에 놓인 참담한 사건을 나타낸다.

---

141) (계 12:3, 13:1, 11) '큰 붉은 용은 머리가 일곱이요 뿔이 열이라.' 머리에 '일곱 면류관'이 있는 옛 뱀은 마귀, 사탄을 가리킴.

두 증인의 부활과 심판

계 11:9, "사흘 반 동안" — 소위 7년 대환난의 후반부로 해석된다. 계 11:2은 대환난 전반부, 계 11:9은 후반부로 이해하는 것이 일반적이다. 곧 3년 반이라는 두 시기가 상징인지, 실제 기간인지는 확실치 않다. 그러나 실제 기간을 포함하되, 숫자가 길이보다 '기간의 특징'을 나타내는 상징이라는 해석이, 요한이 다른 곳에서 숫자를 사용한 방식과 일치한다.

다니엘서의 '칠십 번째 주'의 이중 구분을 따른다면, 두 증인의 예언은 처음 절반(3년 반)에 해당하고, 다음 절반은 계 13~19장의 혹독한 시련 기간으로, 짐승이 절대 권력을 행사하는 재난기가 된다. 그러나 이 시기에 대한 언급은 분명치 않으므로, 그 어떤 설명도 임시적인 것이 될 수밖에 없다.

계 11:11 "삼 일 반 후에 하나님께로부터 생기가 저희 속에 들어가매 저희가 발로 일어서니 구경하는 자들이 크게 두려워하더라."

여기서 두 증인의 부활이 다시 언급된다. '생기'와 '생명'의 '바람'은 겔 37:10을 연상케 한다. 두 증인을 신 구약 교회로 본다면, 이 부활의 범위는 모든 참 성도를 포함한다. 이는 계 20:5의 "첫째 부활"과 비교해 볼 만하다.

계 11:12, "구름을 타고" — 헬라어 원문에는 '구름' 앞에 관사 '테'(τῇ)가 붙어 있어, 보통 구름이 아니라 특정한 구름을 가리킨다. '십분의 일'이나 '칠천'은 상징 숫자이므로 정확히 규정할 수는 없으나, '7'은 완전수, '1,000'은 많음을 상징한다. 피해 규모가 엄청남을 나타낸다.

계 11:14의 "셋째 화"는 일곱째 나팔이 가져올 재앙을 가리킨다. 일곱째 나팔 재앙은 24장로의 찬양과 연결되며, 결국 일곱 대접 재앙으로 이어진다. 그리스도의 나라를 선포하는 일곱째 나팔 소리는, 먼 장래에 누리게 될 메시아의 축복 예언이다.

레 25:9, "너는 나팔 소리를 내되" — 회년(희년)의 '요벨'은 숫양의 뿔을 뜻한다. 가나안 진입 이후, 제50년이 되는 해에 나팔을 불어 희년을 선포하였다. "일곱 안식년을 계수한 사십구 년이라" — 희년 법은 제50년을 거룩하게 하여, 모든 거주민에게 '드로르'(자유, 해방)를 선언케 하였다. 드로르가 선포되면, 빚으로 토지 가옥을 팔았던 이들은 재산을 되찾고, 노예 신분이 된 자들도 풀려난다. 약속의 땅은 대대로 물려줘야 할 하나님의 소유이므로, 영구 매매가 금지되고 언제든 되사야 했다.

희년은 7번째 안식년 후의 해(49년째)를 동양식 계산으로 50년째로 셈한다. 그 신앙적 근거는 출애굽 신앙, 곧 하나님께서 애굽에서 이스라엘을 해방하신 사건이다. 종들에게 자유를 주고, 토지를 돌려주는 규례는, 속죄일에 나팔을 불어 온 나라에 선포되었다. 이는 원문 해석에 논란이 있지만, 요벨(희년)의 진정한 자유 석방은 죄와 사망의 권세에서의 해방을 뜻한다. 이는 예언자들이 바라던, 예수 그리스도를 통한 구원이다.[142] 그러므로 토지 매매는 희년 반환 원칙에 따라 값이 책정되었다. 하나님은 6년째 해에 안식년과 희년에도 먹을 곡식을 넉넉히 주시겠다고 약속하셨다.

"삼 년 쓰기에 족하게 하리라" — 하나님의 뜻에 순종하여 토지의 안식년 규정을 지킬 때 주어지는 복이 약속되었다. 하나님은 자연현상을 주관하셔서 소출의 많고 적음을 조정하신다. 인간 산업에

142) (사 61:1, 렘 34:8, 겔 46:7, 사 40:1, 2) '기름을 부으사' 이는 하나님께서 메시아에게 성령을 무한히 부으셔서 그 직분을 감당하게 하심을 뜻함.

적극 관여하심은 성경 여러 곳에 기록되어 있다. 창 26장에서 이삭이 부자가 된 것도 하나님의 복이었다. 그러나 사람은 하나님과 달리, 땅에서는 나그네이며, 땅의 주인은 오직 하나님이시다. 주님의 땅에서 살 수 있는 것은 그의 나라에 속했기 때문이다.

계 11:19, "하늘이 열리니" — 이 절은 계 12~14장으로 이어지는 제3 중간 계시의 서론이다. 히 9:3의 '하늘 성전'은 지상 성전의 원형이다. 그러나 계 21:22에서는 성전이 필요 없어진다. 여기서 언약궤는 구원과 언약의 확증을 뜻하며, 출 38:21의 명칭처럼 하나님과 인간이 만나는 계약적인 영원한 만남의 상징이다. 하나님의 임재는 성막의 고유 기능에서 기원하며, 이를 침범하는 자는 죽임을 당한다. 이는 업무에 종사하는 자와 재무 담당자를 구별함을 뜻한다.

이와 같은 '번개, 우박'은 임박한 심판의 두려움을 상징한다. 파괴적인 광풍과 쏟아지는 우박, 창일하는 물과 같아서, 그날이 오면 행악자들은 모두 울게 된다.[143] 이는 바벨론 침략으로 인한 예루살렘 멸망이 선지자 말대로 확실했음을 의미한다. 마치 추수꾼 뒤에 남은 곡식단이 버려져도 돌아보는 자가 없는 것과 같다는 비유이다.

---

143) (히 9:2) 등대, (출 25:31, 17-25) 상과 진설병 금향로, (출 30:1-10, 37:25-28, 40:5, 26) 금으로 싼 언약궤 등은 솔로몬 성전에 전하였으나 (왕상 8:1-10) 갈대아 사람의 침략으로 상실되었고, (출 16:31-34) 만나를 담은 금항아리와 (민 17:1-30) 아론의 싹 난 지팡이는 (출 25:16, 신 10:1, 2) 언약의 비석들을 말함.

12장
태양을 입은 여자

계 12:1~14:20의 이 부분은 요한계시록의 제3 중간 계시이다. 7장의 제1 중간 계시는 환난 중의 위로에 대한 것이고, 계 10~11장의 제2 중간 계시는 교회의 증거 사역에 대한 내용이다. 제3 중간 계시인 계 12~13장은 교회의 수난을, 계 14장은 그 후 교회의 승리를 다룬다.

12장은 소위 7년 대환난 중 전 3년 반을, 13장은 그 후 3년 반의 환난을 가리킨다. 계 12~14장에 언급된 일곱 가지 표적 중 계 12:1~3과 15:1의 세 표적은 하늘에서, 계 13:13~14과 16:14, 19:20의 넷은 땅에서 일어난다. 계 21:1의 표적만 좋은 표적이고, 나머지는 악한 것이거나 하나님의 심판에 대한 징조이다. 계 15:1 이하의 일곱 대접 재앙에 앞선 이 중간 계시는 하나님의 백성에 대한 핍박, 즉 교회의 수난을 주 내용으로 한다.

계 12장은 여자와 그 자손들이 용과 싸우는 장면과 하나님의 백성이 당하는 핍박을, 13장은 용으로부터 권세를 받은 짐승들이 성도를 핍박하는 과정을 계속해서 보여준다. 마지막으로 계 14장에서는 짐승을 이긴 뒤 시온산에서 구속함을 받은 14만 4천 명의 장면

(계 14:1~5)과 짐승에게 경배한 자들의 최후 심판 장면(계 14:6~20)을 보여준다.

해를 입은 여자의 해산

계 12:1, "하늘에 한 여자가" — 여자의 정체에 대해 여러 견해가 있다. ① 일부 교부들은 여자를 마리아로, 아들을 예수 그리스도로 보고 탄생 사건의 역사를 의미한다고 해석했다. ② 여자를 유대 민족, 아들을 교회로 보며, 유대 민족에서 기독교가 발생한 사실을 의미한다고 본다. ③ 여자를 교회, 아들을 교인으로 본다. 대부분의 보수주의자들은 ②의 견해를 따른다. '해를 입은 여자'는 자신과 성도를 악인과 함께 멸망시키지 말아 달라고 간구하는 모습을 상징한다.

시 27:1, "여호와는 내 생명의 능력이니" — 빛은 공포와 위험을 몰아내고, 구원은 삶의 승리를, 능력은 모든 공격으로부터의 승리를 보장한다. 이 상징은 하나님의 기사를 표현하며, 교회의 탄생과 수난의 역사를 설명한다.

그 맥락은, 아내가 결혼 첫날 밤 이후 잠시 남편의 입실을 거절했으나 곧 후회하고 남편을 찾아 나서는 장면 같다. 왕은 자리를 떠나며 문에 몰약을 남겨 표시했지만, 신부는 야경꾼에게 범죄자로 오해받는다. 이처럼 성도들도 순간적 안일함에 빠져 주를 향한 신앙이 식을 때가 있다.

계 3:20, "내 머리에는 밤이슬이 가득하구나" — 주님은 성도를 오래 참고 기다리신다. 우리는 순간적 안일함으로 인해 영원한 사랑의 신뢰를 깨뜨려서는 안 된다. 사 66:7~9, "시온은 즉시 그 자민을 순산하였도다" — 여인이 남자를 낳는데, 출생이 너무도 돌연하다는 비유이다. 이는 신약 시대 하나님의 교회가 급성장하여, 하나님의 능력이 얼마나 크신가를 보여주는 것을 뜻한다. 교회를 남자로 비유한 것은 성령으로 거듭난 신자들이 하나님께 담대히 나아감을, 민족은 신자의 많은 수를 나타낸다.

"나는 해산케 하는 자라" — 하나님이 해산케 하는 분임을 뜻하며, 약속된 미래가 임박했음을 의미한다. 미래의 교회는 갓 태어난 아이 같고, 하나님은 시온(택한 백성)의 어머니이다. 이는 시온의 고통에 참여한 자들이 영광에도 참여하여 기뻐할 것을 뜻한다. 교회가 확장될 때 신자들이 누릴 복을 나열하며, 구약 교회가 외적 침입으로 파괴되어 슬펐으나, 신약 교회 복음을 보고 기뻐하게 될 위로와 만족, 그리고 평강을 설명한다.[144] '여호와의 손'이 항상 함께하여 풍성한 복을 주시며, '예루살렘'은 교회를 상징한다.

"하늘에 한 여자가" — 여자는 유대 민족, 아들은 교회와 그리스도를 뜻한다. 계 4:1의 "이후에 마땅히 될 일"과 계 22:6의 "결코 속히 될 일"의 진행 과정처럼, 이 환상도 미래 예언과 연관된다.

계 12:2, "아이를 배어 해산하기까지" — 임신한 여인(동정녀 마리아)이 이스라엘을 다시 모을 메시아를 낳을 때까지를 뜻한다. 사 7:14, "보라 처녀가 잉태하여…" — 아하스에게 주어진 하나님의 징조는 처녀의 징조였고, 이 예언은 성령으로 잉태된 예수 그리스도와 동정녀 마리아를 예표한다.

'임마누엘'은 "하나님이 우리와 함께 계시다"는 뜻으로, 메시아의 칭호이자 하나님의 백성을 가리킨다. 임마누엘의 하나님이 계신 유다는 결단코 멸망하지 않는다. 사 62:5, "마치 청년이 처녀와 결혼함 같이…" — 하나님과 교회의 관계를 부부 관계로 묘사하며, 하나님

---

144) (계 1:1, 19, 22:6, 4:1) 이 부분의 뜻은 보좌에 관한 환상으로 즉 '하나님의 계시'이다.

의 사랑이 얼마나 큰지를 보여준다. '그들'은 예루살렘 재건을 위해 밤낮 기도하는 경건한 자들을 뜻하며, 하나님께서 그들을 기억하시도록 부르짖는다.

'예루살렘을 세워' — 바벨론에 의해 훼파된 예루살렘 재건, 신약 교회 완성 시의 찬송을 의미한다. "네 곡식을 원수가 약탈하지 못하게 하겠다" — 신약 교회가 환난 중에도 해를 입지 않고, 믿는 자들이 기쁨과 평안을 누리게 됨을 뜻한다. 이는 그리스도의 복음이 구원 약속으로 끝날 때까지 지속됨을 의미한다.

"구원이 가까이 왔으니" — 율법을 지키며 경건을 유지하고, 하나님의 구원을 기다리며 진실하게 살아야 한다. 사 63:4, "내 원수 갚는 날" — 심판과 구속의 날, 원수에게는 징벌이지만, 백성에게는 구원의 날이다. 해산의 고통은 메시아 공동체가 새 시대를 낳기 위해 겪어야 할 필연이었다. 미 5:2~3, "에브라다야…" — 베들레헴을 지칭하며, 팔레스타인 내 다른 베들레헴과 혼동되지 않도록 두 이름을 썼다. 베들레헴은 '떡집', 에브라다는 '열매가 많음'을 뜻한다.

삼상 16:1의 다윗왕의 출생지, 그의 가장 탁월한 자손이신 예수 그리스도께서 베들레헴에서 출생하시기 이전, 태초부터 이미 계셨음을 의미하는 이 해석은 '상고'의 표현으로 그 뜻을 드러낸다. '옛날부터' 혹은 메시아의 영원 전 실존을 나타내는 '영원부터'라는 의미이다.

'해산하기까지'는 임신한 여인이 아이를 낳게 될 때까지를 가리킨다. '먹여서'는 미 5:4~15에서 메시아 왕국의 영광을 묘사하는 표현이다. 다윗보다 훨씬 뛰어난 왕이신 예수 그리스도께서 그의 백성을 먹이실 것이다. '땅끝까지'는 하나님께서 세우실 새 왕국을 가리키며, 복음을 위한 그리스도의 통치를 표상한다. 오실 왕('이 사람')은 영원한 평강이 되실 메시아를 뜻한다.

당시 앗수르는 이스라엘 원수들의 대표적인 나라로 묘사되었는데, 이는 다시 모인 이스라엘이 사자처럼 강하다는 뜻이다. 예수 그리스도로 말미암아 구원받은 백성들이 그분이 승리하신 것처럼 승리할 것을 보여준다. 유다에 임할 전쟁에 대해, 이사야 선지자는 애굽 군대를 파리에, 앗시리아 군대를 벌에 비유하였다(사 36~37장 참조). 유다 민족이 거듭 수난당할 것을 예언으로 보여주며, 70년간 포로생활로 황폐한 요단강 연안 수풀 속에서 사자와 범과 산다는 의미이기도 하다.

용과 교회

계 12:3, "크고 붉은 용" — 두 번째 표적이 된다. 이 용은 '옛 뱀', 곧 마귀라고도 하는 사탄을 뜻한다. 붉은색은 사탄의 사나운 권세와 잔인한 본성을 암시한다. 일곱 면류관과 계 1장의 열두 면류관은 대조된다. 계 1장의 면류관은 승리의 면류관이지만, 용의 면류관은 세력을 나타낼 뿐이다.

사탄의 욕망은 단 8:8~10의 현저한 뿔과 같다. B.C. 334~331년에 소아시아, 시리아, 애굽, 메소포타미아를 정복한 알렉산더 대왕을 가리킨다. 또 '작은 뿔'은 헬라에서 나온 안티오쿠스 에피파네스를 의미한다. 그는 B.C. 175년에 즉위해 예루살렘 성전을 약탈하고, 제단 위에서 돼지고기를 잡아 하나님의 성전을 더럽혔다. 영화로운 땅, 곧 팔레스타인과 하나님의 백성인 유대인들은 그에게 혹독한 핍박을 당했다.

계 12:4, "그 꼬리가 땅에…" — 이는 천사들에 대한 전쟁에서의 승리나 타락을 말하는 것이 아니라, 용의 권세를 비유한 것이다. '던져진 별들'은 일시적으로 사탄에 의해 박해받고 짓밟힌 하나님의 성도들을 가리킨다.[145)] 아이를 삼키려 한 사탄은 역사 속에서 하나님의 목적을 해하려 해왔다.

가장 큰 시도는 십자가의 수난 사건, 곧 아기 학살 사건이었다. 출 1:16, "조산할 때" — 개역한글 성경은 의역했으나, 정확히 번역하면 '그녀들이 이 기구 위에 있는 것을 볼 때'이다. 히브리 여인들은 분만을 쉽게 하기 위해 벽돌이나 돌 위에 엎드렸다. 여인들의 결혼은 애굽 문화에 동화될 수 있으므로, 여자는 살려두어도 무방했다. 그러나 유아 학살, 곧 마 2:16의 헤롯왕의 악행은 참혹했다.

계 12:5, "여자가 아들을 낳으니 장차 만국을 다스릴 남자" — '다스린다'는 것은 초자연적 의미를 내포하며, 지상의 왕 곧 메시아를 가리킨다. 메시아이신 아기가 땅에서 사명을 다하고 하늘 보좌에 앉아 계신 모습이다. 시 2:9, "저희를 철장으로 깨뜨리리라" — 메시아 재림 시 철장으로 악인을 다스릴 것이다.

메시아 즉위일에는 의로 세상을 다스리는 권세를 그에게 주시며, 하나님의 영을 부어 천하가 그에게 순종하게 하신다. 고후 12:2에서 바울은 낙원에 이끌려 가 말할 수 없는 말을 들은 경험을 말한다. '낙원'(헬라어 '파라데이소스' παράδεισος)은 본래 고대 페르시아어였고, 원래는 '공원' 또는 '정원'을 뜻하며, 후에 히브리어, 아람어, 헬라어에 유입되었다.[146)]

신약에서는 눅 23:43과 계 2:7에서 사용되었다. 바울은 '몸 안인지 밖인지 모르게' 낙원에서 주를 만났거나, 몸은 나타나지 않고 계시만 받았는지는 밝히지 않았다. 전자의 해석에 따르면, 죽은 의인들

---

145) (단 8:10, 24) 안티오쿠스 에피파네스는 배교한 유대인들의 도움으로 권세를 얻게 되지만 그들은 구약의 적그리스도였다.

146) (고후 12:4, 계 2:7) '낙원'에 해당하는 헬라어 '파라데이소스'(παράδεισος)는 신약에서 세 번 사용된다. 이 말은 '즐거운 동산'이란 의미로서 성도들이 죽은 후 그 영혼의 부활을 기다리는 곳을 묘사한다.

이 낙원에서 주와 함께 산다. '즐거운 동산'은 성도가 죽은 후 부활을 기다리는 곳을 묘사한다.

계 12:6, "그 여자가 광야로" — 여인(교회)이 광야(세상)로 도망해 1,260일간 양육받는 것은 후 3년 반 동안 세상에서 교회가 연단받는 것을 의미한다. 전반 3년 반의 비교적 온화한 선교 시기와 달리, 이 기간은 본격적 수난 시기이다. "저를 양육하기 위하여 예비하신 곳" — 하나님의 보좌에서 광야의 보호를 의미한다.

계 12:7, "하늘에 전쟁이 있으니" — 유 1:9과 연결된다. 모세의 시신을 두고 마귀와 천사장 미가엘이 다툰 전승에 따르면, 마귀는 그 육신이 인간 숭배 대상이 되도록 하려 했다.

계 12:9, "큰 용이 내어 쫓기니" — 하늘에서 떨어진 것은 사탄의 권세가 무너졌음을 뜻한다. 70인의 제자들이 귀신을 제압한 것이 그 증거이다.

사탄의 최후는 패배이다. 요 12:31 — 십자가는 그것을 거부하는 자에 대한 심판이며, 사탄을 이기는 궁극적 승리의 근거이다. '세상 임금'은 사탄을 뜻한다. '범죄하거든'에 해당하는 헬라어 '스칸달리조'(σκανδαλίζω)는 '거침돌을 놓다, 실족하게 하다'로 풀이된다.

예수께서는 범죄하지 않도록 교훈하시며, 하늘 전쟁에서 '그의 사자들이 용과 더불어 싸울 것'을 언급하셨다. 이는 육체 일부를 절단하라는 명령이 아니라, 악의 근본적인 치유의 필요성을 강조하신 비유이다. 하나님과의 바른 관계를 방해하는 것은 어떤 어려움이 있더라도 근절해야 한다.

요한은 교회의 지도자 디오드레베에 대해 언급한다. 그는 가이오에게 편지를 보내 전도자를 접대하라고 요청했으나, 디오드레베는 이를 거절했다. 그는 으뜸 되기를 좋아했고, 봉사에는 인색했다. 그는 세 영역에서 의롭지 못했다. ① 첫째 되기를 좋아했다. ② 요한에 대하여 악한 말로 폄론했다. ③ 다른 지방 전도인을 접대하지 않았고, 접대한 사람은 교회에서 내쫓았다. '폄론'은 어리석은 말을 하며 다른 사람을 깎아내리는 헐뜯음을 뜻한다. 디오드레베는 전도자를 접대한 자를 공식적으로 출교하거나 회중에서 쫓아내는 악행을 서슴지 않은 자였다.

살후 2:6 — 불법의 사람이 나타나 활동하는 때를 막는 것과 불법의 사람이 활동하지 못하도록 제어하는 것을 뜻한다. 헬라어 '토 카테콘'(τὸ κατέκον)은 막는 행동을, '호 카테콘'(ὁ κατέκων)은 막는 자를 의미한다. 무엇이 막는지에 대해서는 여러 견해가 있다. 혹자는 이것을 로마 제국의 확산이 복음 전파를 도왔고, 로마의 법률이 불법의 사람을 막았다고 해석한다. 어떤 사람은 이것을 하나님의 경륜으로 이해한다. 즉 하나님의 경륜 속에서 불법의 사람의 활동이 제한되었다가, 하나님의 경륜에 따라 때가 차면 활동하게 된다는 것이다.

'불법의 비밀'은 불법이 노골화되지 않고 은밀하게 진행되는 상태를 의미한다. 불법의 사람이 나타나면, 이러한 상태가 표면화되어 세력을 회복하게 된다. 사탄의 역사는 배후에서 불법의 사람을 조종하는 것으로, 사탄은 악의 최고 권세자이자 책임자이다.

그는 '모든 능력'과 '표적', '거짓 기적'을 행하는데, 이 세 단어는 행 2:22에서 하나님의 역사를 표현하는 단어와 일치한다. 사탄도 그의 대리자를 통해 이 같은 행위를 하게 한다. 그러므로 하나님의 역사와 사탄의 역사는 '그 결과가 참인가 거짓인가'에서 판별할 수 있다.

사실 세상의 심판은, 예언된 사탄의 패배를 가리킨다. 창 3:14 — 인간의 타락으로 모든 피조물이 무거운 형벌을 받게 되었는데, 특히 뱀은 영원한 저주를 받아 '흙을 먹는 것'이 큰 수치가 되었다.

전쟁과 사탄의 분노

계 12:10의 "우리 형제들을 참소하던 자가 쫓겨났다"에서 '우리'라는 대명사의 주체에 대해 ① 하나님 자신, ② 천사들, ③ 24장로, ④ 계 6:9의 순교자들 등 여러 학설이 있다. 이 중 가장 유력한 것은 ④ 순교자들이다. 그들은 죽기까지 하나님께 충성하며, 자신의 생명을 아끼지 않았다. 이것이 곧 예언된 하나님의 승리와 구원의 약속이다.

창 1:17의 갈대아 사람들은 B.C. 7~6세기에 바벨론 제국에 살았다. 한때 제국을 지배했던 갈대아인과는 달리, 본래는 유목민족으로 약탈을 일삼았다. 그들의 핍박 대상이 여인이었던 이유가 계 12:13~14에 나온다. "용이 여자를 핍박하니" — 예수 그리스도의 십자가 승리 이후 하늘에서 쫓겨난 사탄은, 하늘에 있는 아이(메시아)나 성도(메시아적 공동체)를 더 이상 참소할 수 없게 되자, 광야에 있는 여인을 핍박했다. 그러나 여자는 '큰 독수리의 두 날개'를 받아 피신하게 된다. 이는 하나님의 백성이 사탄이 득세하는 세상에서 지금까지도 기적적으로 보존되고 있음을 의미한다.[147)]

요 8:44 — 그들이 그리스도를 영접하지 못한 원인은 마귀와 관련되었기 때문이다. 비슷한 엄한 정죄가 마 23:15에도 나온다. '욕심'에 해당하는 헬라어 '에피튀미아'(ἐπιτυμία)는 욕망, 갈망, 정욕을 의미한다. 마귀의 정욕은 인간의 정욕과 비슷하나, 훨씬 강하다.

그들은 영적 힘에 선동되었고, 마귀의 속성인 '허위성'을 가진 적대자들은 그리스도의 진리를 거절한다. "책잡겠느냐" — 본인에게

---

147) (신 28:43-68, 32:11, 욥 39:27, 사 40:3) 이 부분은 회개하라고 외치는 소리로서 '광야에서 여호와를 예비하라'는 것은 백성들이 바벨론에서 팔레스타인까지 144km를 여행할 때 그들 앞에 가실 것에 대한 예언이다.

잘못이 없다는 증거를 찾으려 한다.

사탄이 마음속에 들어간 자는 사탄에게 지배받아, 사탄이 하는 일을 행한다. 그들은 왕 노릇 하며 적그리스도가 되어 성도를 괴롭힌다. 이러한 환난 사건들이 요 8:44에서 말한 7년 기간 중 '마지막 3년 반'이라는 시기에 절정에 달할 것이며, 그 기간이 끝날 때까지 대환난은 계속된다.

이방인들이 주인 노릇 하는 것도 하나님의 진노의 표이다. 하나님의 저주와 재앙은 그들이 회개하기 전에는 끝나지 않는다. "모든 저주가 너와 네 자손에게…" — 비록 이스라엘만이 율법 불순종의 대가로 빈곤과 적으로부터 침입을 당할 것처럼 표준화되어 있지만, 빈곤과 자멸, 적의 침입과 포위 참변은 다른 민족에게도 임할 수 있다.

사 5:26~30은 앗시리아의 침입을, 렘 5:15은 바벨론의 침범을 묘사한다. 신 28:52~57은 바벨론이 예루살렘을 포위 공격한 일을 상세히 기록한다. 애 4장의 예언은 A.D. 70년 로마 공격 때 성취되었다. "네 모든 성읍을 에워싸고" — 높은 성벽을 신뢰하는 것은 헛되다. 그 성벽은 병기에 무너지거나, 오랜 포위로 굶주림과 절망 속에 항복하게 된다.

부모가 자식을 잡아먹는 참극이 왕하 6:24~30, 애 4:10에서 성취되었다. 율법에 불순종한 자는 멸망과 흩어짐에 처한다. 그들은 질병과 사망, 복지 상실, 세계 각국으로의 흩어짐, 학대와 고통을 겪을 것이다. 이 저주는 A.D. 70년 예루살렘 멸망 때 현실이 되었고, 변절한 교회의 모형은 '영적 가난'이다.

"지켜 행하지 아니하고" — 이는 면밀히 주의를 기울여 행하라는 의미이다. 그들은 율법을 지키는 데 전력을 다하지 않고 소홀함으로 인해 재앙이 준비되었다. 그 결과 남은 자가 적을 것이라는 경고가 따른다.

아브라함의 후손이 하늘의 별같이 많으리란 약속과 달리, 적은 수로 줄어드는 것은 하나님의 진노의 징조이다. 그들의 타락으로 인해, 하나님은 악인을 멸하심을 기뻐하신다(은유적 표현). 유대인들은 수차례 강제로 땅에서 쫓겨나 여러 민족 사이에서 멸시와 천대를 받았다.

예루살렘 함락 후에도 죄의 결과는 계속 성취되었다. 이러한 저주의 약속은 하나님을 떠난 이스라엘에 그대로 실현되었다. 현재도 많은 유대인이 각국에 흩어져 살고 있다. 그들을 애굽으로 되돌린다는 것은, 하나님의 구속의 은혜를 무효화하는 것과 같다. 따라서 사탄이 여자를 핍박하는 원인은, 계 12:17의 "용이 여자에게 분노하여"에서 여자의 남은 자손이 '하나님의 계명'을 지키며 '그리스도의 증거'를 가진 모든 신자, 또는 유대인 중 그리스도인을 가리키기 때문이다.[148)]

용이 바다 위에 서 있다는 것은, 교회 박해에 실패한 사탄이 방법을 바꾸어 열국 중 기독고를 강력히 반대하는 국가를 세워 성도를 핍박할 것을 뜻한다. 이는 대환난과 관련된 주님의 예언과도 일치한다.

마 24:24, "일어나 미혹하리라" — '표적'과 '기사'는 성경에서 기적을 뜻하는 일반어로, 표적은 외형적 증거를, 기사는 내적 신비적 요소를 가리킨다. 거짓 선지자들도 마귀의 도움으로 이런 이적을 행할 수 있다.

행 8:9의 마술은 1세기에 널리 퍼져 있었고, 기독교가 처음 직면한 미신은 우상숭배였다. 모세도 가나안의 우상숭배를 강력히 경고했다. 어리석은 자는 세상 말에 속아 마귀의 꾐과 미신에 빠지지만,

---

148) (계 1:2, 6:8, 12:11) 이 설명은 '말씀'을 읽는 자와 지키는 자에게 약속된 복을 가리킨다.

슬기로운 자는 하나님만 믿고 말씀에 따라 행동을 제한한다.[149] 그러나 적그리스도가 나타나 성도를 괴롭히는 사탄의 분노는, 재림 시 그가 완전히 멸망할 것을 예고하는 경고의 메시지이다.

149) (요 4:47, 행 2:22) 이 부분은 '죽음의 회상'과 다윗의 시로 예언된 '주의 부활'이 성취됨으로써 예수가 바로 메시아라는 것을 증언하는 것이다.

13장

바다에서 나온 짐승과 일곱 머리와 열 뿔을 가진 짐승

계 13:1~10은 바다의 짐승, 11~18은 땅의 짐승이 환상으로 구분된다. 두 짐승은 용이 부리는 짐승으로, 용이 교회를 핍박하는 두 가지 양상을 보여준다. 바다의 짐승은 외부에서 교회를 억압하는 세상 권력의 상징이고, 땅의 짐승은 내부에서 진리를 왜곡하고 말살하는 거짓 선지자의 상징이다. 이 환상은 단 7장과 계 17:9~13을 배경으로 이해해야 한다.[150)]

계 13:1, "바다에서" — 바다는 열방을 총칭한다. 역사적 해석에 따르면, '바다에서 나온 짐승'을 로마로 보아 왔으나, 마 24:15의 '멸망의 가증한 것', 즉 종말론적 적그리스도로 보는 것이 타당하다. '뿔이 열, 머리가 일곱, 열 면류관' — 머리나 뿔들을 역사 속 특정 인물이나 나라에 일대일 대응시키는 것은 삼가야 한다. 요한은 뿔과 머리에 부분적으로 특정 의미를 부여하기보다, 전체적인 인상의 상징적인 의미를 나타내려 했다. 이는 무시무시한 힘을 지닌 악이 충만

150) (계 12:15, 17:15) 세상 무리와 (사 8:7) '흉용하고 창일한 큰 하수'는 앗시리아의 유프라테스강, 곧 앗시리아의 왕과 그 세력을 가리킨다.

한 모습이다.[151)]

“참람된 이름들” — 단 7:3의 “보았는데”는 ‘보는 중에 있었는데’로 번역될 수 있다. 다니엘은 계속된 이상을 보는 행동을 묘사하고 있다. ‘하늘의 네 바람’은 뒤에 나오는 큰 짐승 넷과 함께 네 나라의 기원을 보여주며, ‘큰 짐승 넷’은 느부갓네살왕의 꿈에 나타난 네 제국의 통치자를 가리킨다.

계 13:2, “내가 본 짐승은” — 사탄의 권세를 나타낸다. 인류 타락 이후 세상은 마귀의 지배하에 있다. 마귀는 세상의 권세를 누구에게든 줄 수 있다고 주장한다(눅 4:6). 그러나 그 권세는 하나님께 받은 것이 아니므로 영원하지 않다.

그날에 하나님의 검은 날랜 뱀 리워야단을 치실 것이다. 이는 티그리스강 유역의 앗시리아 도성 니느웨를, 꼬불꼬불한 뱀 리워야단은 유브라데강 중심의 바벨론을 상징한다. ‘바다의 용을 죽이시리라’ — 애굽의 뱀과 용은 모두 택한 백성을 대적하는 마귀를 의미한다. 넷째 짐승은 모든 짐승 중 가장 가공스러우며, 철로 된 큰 이는 단 2장의 느부갓네살 신상의 ‘철 종아리’와 연결된다. 열 뿔은 신상의 열 발가락에 상응하며, 이는 로마 제국의 궁극적 표현이다.

“작은 뿔” — 나머지 세 뿔을 뽑고 새로 나온 작은 뿔은 살후 2:3~8의 ‘불법의 사람’이다. 계 13:3, “그의 머리…” — 짐승의 치명상(致命傷)이 기적적으로 나으니, 전 세계가 그를 인정하고 숭배하게 된다. 이는 사탄이 그리스도의 부활을 모방한 것으로 볼 수 있다. 이들은 용과 짐승을 경배하는 자들이다.

단 11:36~45의 왕과 계 13:4~10의 짐승, 곧 적그리스도는 반역을

---

151) (시 74:13, 14, 사 27:1, 51:9, 10, 단 7:7, 8:10) ‘일곱 머리와 열 뿔을 가진 짐승들’은 뱀과 용으로 모두 택한 백성을 대적하는 마귀를 의미한다.

꾀하는 자이다.[152] 렘 50:21~32의 '무라다임'은 바벨론을, '브곳'은 엘람 근처 아람족 '부구드'를 가리킨다.

'온 세계의 방망이' — 바벨론은 많은 민족을 징계하는 하나님의 도구였지만, 교만으로 여호와를 대적했고, 이스라엘 백성을 지나치게 압제했다. '그 황소들을 다 죽이라' — 황소는 바벨론의 지도자를 뜻한다.

페르시아가 땅을 침범할 때 지도자들이 먼저 화를 당하게 된다. 나라를 다스리는 자가 직무를 성실히 수행하지 않으면, 벌 받을 때를 예비하신 하나님의 뜻을 깨닫지 못한다. 하나님의 보수(報讎)는 바벨론의 불의를 징계하는 전쟁을 통해 이루어진다.

성도들과 싸우는 짐승

계 13:7, "성도들과 싸워" — 이는 군사적 전쟁이 아니라, 짐승이 모든 수단과 방법을 동원하여 하나님의 백성을 대적하고 멸하는 것을 말한다.[153] "이기게 되고" — 믿음을 빼앗는 것이 아니라, 육신의 생명을 빼앗는 것을 뜻한다.[154] '이 뿔들이 성도들과 싸워 이기더니' — 적그리스도의 세력이 성도를 괴롭힐 때, 하나님이 허락하신 한도 내에서 잠시 승리하나, 최후 승리는 성도의 것이다.

'또 하나가 일어나리니' — 작은 뿔은 그리스도 재림 직전에 나타

---

152) (단 7:24, 25) '그 후에 일어나리니' 열 뿔, 작은 뿔로 언급된 이 뿔은 그리스도의 재림 직전 나타날 적그리스도를 가리킨다(Keil, Young, Leupold). 기타 학자들의 주장과 이것은 25절의 작은 뿔이 하는 일로서 적그리스도가 일어나 성도들을 괴롭히는 환난의 기간을 설명한다.

153) (계 2:16, 11:7, 12:7, 17, 16:14, 17:14, 20:8, 고후 10:4) '성도의 영적 무장'과 '최후의 승리'를 의미하는 말이다.

154) (마 10:28) '지옥을 멸하는 자를 두려워하라' 그런즉 하나님께서 (눅 12:20) '영혼의 불멸성'에 대해 즉 청지기의 직분을 평가하는 지적이다.

날 적그리스도를 가리킨다(Keil, Young, Leupold 등 학자). 단 7:25의 작은 뿔의 활동처럼, 이 수난은 창세전부터 말세에 이르기까지 세 번째 예고된 예언이다. 그들은 바다와 육지를 두루 다니다가 마 23:15처럼 개종자를 배나 더 지옥 자식이 되게 만든다. 이는 유대교로 개종한 기독교인을 의미한다.

시 83:5~8 — 세상 사람들은 서로 원수 같다가도 하나님을 대적할 때는 연합한다. 예를 들어, 예수님을 심문할 때 원수처럼 지내던 헤롯과 빌라도가 눅 23:12에서 친구가 되었다. 이방인의 음모는 '일곱 머리'였다. 그들이 맺은 악한 동맹은 하나님을 두려워하지 않고 죄를 합리화하며 거짓을 일삼았다. 유대 사회는 종교 규례와 도덕의식이 부패했고, 환난은 인간의 힘으로 피할 수 없는 재앙이었다.

사 1:5~6, "너희 머리는 병들었고" — 이는 영혼의 병, 곧 도덕적 영적 부패를 의미하며, 이미 충분히 징계받았음에도 회개하지 않음을 뜻한다(Calvin). 머리는 지성, 마음은 도덕적 본성을 나타내며, 결국 지·정·의가 타락했음을 뜻한다.

미 1:8, '들개'(탄님) — 여우와 늑대(jackal)로, 울음이 흉하다. 미가는 민족의 슬픔을 들개의 울부짖음에 비유했다. 타조의 울음도 슬프며, 이는 애곡의 상징이었다. 하나님은 거룩한 보좌에 앉아 때를 기다리시며 살피신다. 앗시리아의 패망은 사람의 힘이 아닌 하나님의 능력으로 이루어졌다. '과하'는 여름을 지나감을, '과동'은 겨울을 지나감을 뜻한다.[155]

'형제를 치면 나라를 칠 것이라' — 애굽의 내전은 멸망의 징조이다. 나일강과 풍부한 물산도 징벌로 파괴된다. 애굽의 기둥이 부서지고 지도층이 멸망한다. 민 13:22의 '소인의 방백'은 애굽의 타니스

155) (시 78:12, 사 19:13) 바벨론의 느부갓네살을 통하여 애굽을 파멸시킬 참상에 대한 언급이다.

(산)로, 나일강 위 도시였으나 지금은 폐허이다. 애굽과 앗시리아 간 투쟁 시 이 도시는 강력했다. '바로'는 큰집을 뜻하며 나중에는 '왕'의 칭호가 되었다. 그러나 악인은 마음이 쇠잔해 '영'이 파괴된다. 사 33:1의 '너'는 왕 산헤립을 가리킨다. 여호와의 승리는 왕하 18:13~17의 사건에서 나타난다.

계 13:11, "다른 짐승이…말하더라" — 바다에서 올라온 첫째 짐승과 대조를 이룬다. 땅의 짐승 출현으로 바다의 용, 바다 짐승, 땅 짐승으로 이어지는 악의 삼두정치가 완성된다. 땅의 짐승은 바다 짐승에 아첨하며 헌신적으로 떠받든다.

"땅에서 올라오니" — 첫째 짐승과 상호 연관성이 있음을 암시하며, 짐승들의 음모를 강조한다. 새끼양 같으나 용의 말을 하는 모습은 표리부동한 악의 속성을 잘 보여준다.[156]

단 8:3, '두 뿔 가진 숫양' — 히브리어 원문에는 '두 뿔 가진 한 숫양'으로, 메대와 바사가 연합해 페르시아 제국이 된 것을 뜻한다. 긴 뿔은 고레스를 대표하는 페르시아를 가리킨다. 다른 뿔은 메대를 가리키며, 이 모두 땅에서 나온 짐승들이다. 여기서부터 매우 상세한 예언이 시작된다. 처음은 페르시아에 대한 것이고, 다음은 알렉산더 대왕, 그리고 프톨레미, 셀루쿠스에 관한 부분과 안티오쿠스 에피파네스에 관한 부분으로 이어진다. 이 예언들은 세세한 것까지 모두 정확히 성취되었다.

다니엘은 적그리스도에 관한 예언을 하였으나, 아직 성취되지 않았다. 세 왕은 캄비세스(B.C. 529~522), 스멜디스(B.C. 522~521), 다리오(대제, B.C. 521~486, 스 5~6장 참조)를 말한다. 그다음은 에스더서의 아하수에로(Ahasuerus)로 알려진 크세르크세스(Xerxes, B.C. 486~485)이다. '한

156) (마 7:15) '거짓 선지자를 삼가라' 이 말은 작은 이리와 여우들에게 유혹당하지 말라는 뜻임.

능력의' 알렉산더 대왕 이후 "그 나라가 갈라져" 헬라는 프톨레미, 셀루쿠스 1세, 카산더, 루시마쿠스 네 장군에 의해 나누어졌다. 그로 인해 남쪽 왕과 북쪽 왕 사이에 여러 전쟁이 벌어졌다. 남쪽 왕은 애굽을 통치한 프톨레미 1세를 말하며, 그 군대 중 하나는 팔레스타인에서 인도까지 왕국을 확장한 셀루쿠스 1세 니카토르이다.

"서로 맹약하리니…버림을 당하리라" — 프톨레미 2세는 딸을 셀루쿠스 왕조의 안티오쿠스 1세와 결혼시켰다. 그러나 안티오쿠스는 그녀를 버린 후 살해했다. 이후 공주의 친족 중 난 자가 일어나 B.C. 246년 프톨레미 3세가 북방 시리아를 침공하게 될 것을 예언했고, 이는 그대로 역사에서 성취되었다.

"애굽으로 가져갈 것이요" — 프톨레미 3세 유에르게테스(Euergetes)는 북방 시리아를 쳐서 승리하고 4,000달란트(약 13,600kg) 금과 2,500개의 우상을 빼앗아 왔다. 이후 북방 왕 셀루쿠스가 육지와 해상으로 애굽을 침공했으나 실패했고, 그의 아들들이 전쟁을 준비했다.

셀루쿠스 콜리니코스(Seleucus Callinicus)의 아들 셀루쿠스와 안티오쿠스가 남방 애굽을 침략했다. "남방 왕은 싸울 것이라" — 애굽 왕 프톨레미 필로파토르(Ptolemy Philopator)는 라피아(Raphia) 전투에서 북방군을 격퇴했고, 이 사실은 폴리비우스(Polybius)의 저서에 기록되어 있다. 그러나 프톨레미 필로파토르는 승리 후 교만해져 예루살렘 성전에 들어가 율법을 멸시하는 악행을 저질렀다. 이로 인해 세력이 약해져 북방 왕과의 전쟁이 계속됐다.

"대군은 전보다 더 많이" — 북방 수리아 왕은 다시 남방 애굽을 침략하기 위해 큰 전쟁을 준비했다. 이 예언은 안티오쿠스 3세(Antiochus III)가 시돈에서 애굽을 격파하며 성취됐다. 그는 프톨레미 5세와 계약을 맺고 자기 딸 클레오파트라(Cleopatra)를 주어 나라를 장악하려 했다. 그러나 클레오파트라는 남편과 결탁해 아버지를 배척했다.

"얼굴을 섬들로 돌이켜" — 이는 안티오쿠스 3세가 지중해 연안 국가를 침략하려 한 것을 의미한다. "한 대장" — 로마 장군 루키우스 스키피오(Lucius Scipio)로, 그는 마그네시아 전투에서 안티오쿠스 3세를 패배시켰다.

그 뒤 왕위는 셀루쿠스 필로파토르(Seleucus Philopator)가 이었는데, 그는 헬리오도루스(Heliodorus)를 세금 징수자로 보내 예루살렘 성전 보물을 탈취하게 했다가, 헬리오도루스에게 피살되었다. 그 후 왕위는 그의 동생 안티오쿠스 에피파네스(Antiochus Epiphanes)가 차지했다. 안티오쿠스 에피파네스는 탈취한 재물을 대중에게 나누어주어 지지를 얻었고, 애굽 침공 시 모략을 사용했다. 그는 왕위를 알렉산드리아와 멤피스 두 곳으로 나누어 애굽을 약화시켰다. 애굽 왕 프톨레미 6세는 측근들에게 배신당하고, 두 왕은 거짓 동맹을 맺었으나 무용지물이 되었다. 이후 에피파네스는 구브로(Cyprus)를 점령하고 알렉산드리아까지 진격했으나, 로마의 간섭으로 퇴각했다.

"그를 칠 것이라" — 로마가 안티오쿠스 에피파네스를 제압할 것을 의미한다. 이들은 거룩한 언약을 배반한 헬라화 유대인들을 중히 여겼고, 성소를 더럽혔다. 안티오쿠스 에피파네스는 성소에 제우스(Jupiter) 신상을 세우고, 군대를 주둔시켜 가증한 일을 저질렀다. 소수 유대인이 항거했으나 순교했고, 맛다디아(Mathathias)와 유다 마카비(Judas Maccabeus)가 이끈 군대가 잠시 보호했으나, 끝내 혹독한 핍박을 받았다. 그러나 하나님을 아는 자들은 양심을 더럽히지 않고 담대했으며, 전도자들은 백성을 위로하고 정해진 기간이 끝날 때까지 말씀을 지켰다.

열조의 신들은 적그리스도의 군사력과 활동을 뜻한다. 안티오쿠스는 라시아스(Lasias)를 보내 해안지방에 이방인을 정착시키고, 제비를 뽑아 땅을 나눴다. 그 후 유다를 치려다가 하나님의 벌을 받고 죽었다.

"동북에서부터" — 파르티아(Parthia)와 아르메니아(Armenia)에서 반란 소식이 들리자, 이를 진압하려다 죽게 될 것을 예언한다. 이로써 페르시아, 헬라 남방·북방 나라에 대한 예언은 헬라 시대에 성취되었다. 안티오쿠스 에피파네스는 구약 시대 말기에 나타난 적그리스도였다.

거짓 선지자들

계 13:13, "큰 이적을" — 땅의 짐승이 사탄의 시험과 술수를 통해 우상을 제작하게 했다. 왕상 18:38, "여호와의 불" — 초자연적으로 불이 내려, 번제물뿐 아니라 돌과 흙까지 태우고, 도랑의 물까지 증발시켰다. 왕하 1:10에서 엘리야는 하늘에서 불이 내려오도록 기도했고, 그대로 이루어졌다. 이는 성도들이 하나님과 함께 최후 심판을 집행함을 암시한다.

계 13:16, "오른손이나 이마에 표" — 표는 짐승의 이름과 그 수를 의미하며, 매매를 통제하는 소유권 낙인을 뜻한다.[157] 이는 유대인들이 '데필린'(기도 두루마리)을 착용하지 못하게 하는 조치에서 기인한 듯하다.

계 13:18, "육백육십육" — '666'은 고대 히브리의 숫자풀이 암호라기보다, 부정한 악을 의미하는 상징 수이다. '6'은 완전수 '7'에서 '1'이 모자란 불완전 수이고, 이를 세 번 반복한 '666'은 '악의 충만'을 뜻

157) (계 13:17, 14:11, 15:2, 16:2, 19:20) 그 짐승의 이름과 (13:17, 15:20) 그 이름의 수를 가리킴.

한다. 요한은 계시록에서 숫자를 계산의 수단보다는 상징으로 사용했다(일곱 교회, 일곱 인, 일곱 나팔, 일곱 대접, 24장로, 14만 4천 인, 새 예루살렘 성곽 144규빗 등).

마 7:15 "거짓 선지자들을 삼가라 양의 옷을 입고 너희에게 나아오나 속에는 노략질하는 이리라"

그런즉 거짓 선지자들을 삼가야 한다는 내용이다.[158] 그들은 옛날이나 지금이나 여전히 존재한다. 당시 마태가 복음서를 기록할 때, 유대주의적이고 영지주의적인 경향을 가진 지도자가 상당수 많았다. 그들의 특징은 '양의 옷'을 입고 접근한다는 것이다. 그 모습은 순전하고 온화하여 외적으로는 손색이 없는 지도자처럼 보인다. 그러나 그 속에는 탐욕과 폭력이 도사리고 있으며, 겉모양은 멀쩡하나 속에는 악마의 발톱을 숨기고 있어, 하나님의 양들의 영혼을 사냥하고 겁탈할 준비를 하는 자들이다. 사탄의 술수는 우상을 제작하여 죄의 흔적을 드러내고, 그것을 숭배하게 만들려 한다.

엡 6:12 — 믿는 자들이 대적해야 하는 상대는 혈과 육, 곧 인간적인 요소가 아니다. 육에 속한 대적은 눈에 보이는 것이므로 구체적으로 대응할 수 있다. 그러나 정사와 권세, 어두움의 세상 주관자들, 하늘에 있는 악한 영들의 세력은 영적인 실체이므로 눈에 보이는 대적들보다 훨씬 강하다. 영적인 대적을 물리치기 위해서는 인간의 능력으로는 불가능하므로, 오직 하나님의 능력을 의지함으로써 싸워야 한다. 그러기 위해 성도는 '하나님의 전신 갑주'를 입어야 한다.

'구원의 투구' — 성도의 영광스러운 구원은 내세에서 완성된다.

---

158) (골 2:8, 딤전 6:20-21, 요일 4:1) 현세에도 유교 사상과 영지주의 및 이교도 경향을 가진 자들이 이 사회에 많이 있음을 지적하고 있음.

참된 성도는 항상 구원을 열망하며 마귀와의 싸움에 임한다. 하나님의 구원에 대한 확실한 소망은 지속적인 마귀의 공격에도 지치지 않는 힘을 제공한다. 그런즉 하나님의 말씀은 마귀와의 싸움에서 성도가 가질 수 있는 유일한 공격 무기, 곧 '성령의 검'이다. 성령의 검은 '하나님의 말씀', 곧 성령을 통하여 역사하신다는 의미이다.

예수께서도 마귀의 유혹을 하나님의 말씀으로 대항하여 이기셨다.[159] 성도는 마귀와의 싸움을 위해 하나님의 전신 갑주로 무장함과 동시에, 기도와 간구를 해야 한다. 기도는 '무시(無時)로', 곧 끊임없이 해야 하며, 성령 안에서 이루어져야 한다. 성령 안에서의 기도란 성령과 연합하여 성령의 능력 안에서만 의미 있는 결과를 낳는 것이다.

"감찰하시는 분" — 삼상 16:7의 "사람을…보느니라"는 말씀에서 신적 관점과 인간적 관점을 대조한다. 사람의 외모란 겉모습뿐 아니라 지위, 재산, 학식, 재능, 미모 등 외부에 나타나는 모든 것을 포함한다. 사람들은 흔히 겉모양으로 다른 사람의 가치를 판단하지만, 하나님께서는 사람의 중심, 즉 신앙과 믿음을 보신다. 하나님은 그들의 내적 신뢰를 통해 사람을 선택하신다.

---

159) (마 4:4, 7, 10) '하나님의 입으로 나온 말씀'으로 예수께서는 '참된 양식' 즉 "하나님의 말씀"을 언급하시며 마귀의 시험을 물리치셨다.

14장
바벨론의 멸망

계 12~13장은 종말이 가까이 오면서 그리스도인들에게 닥치는 환난과 성도들이 양처럼 희생될 수 있다는 것을 보여준다. 그러나 계 14장은 그들의 희생이 결코 무의미하지 않음을 말해준다. 또 잠시 7장으로 돌아가 보면, 단순히 인침 받은 자로 표현되었던 14만 4천이 여기서는 이미 구원받은 자로 나타난다. 14장은 두 가지 절실한 질문에 대한 해답을 제시한다. ① 계 14:1~5 — 짐승의 표 받기를 거절하고 죽임당한 사람들은 어떻게 되는가? ② 계 14:6~20 — 짐승과 그의 종들에게는 어떤 일이 벌어지는가?

계 14:1, "어린양이 시온산에 섰고" — 메시아 그리스도께서 최고의 주권을 가지신 왕으로서 세상을 다스릴 것이며, '이마에 어린양의 이름과 아버지의 이름을 쓴' 자들이 승리의 노래를 부른다.[160] "세상의 군왕들이 대적하여" — 이는 그리스도의 핍박과 십자가 사건과 연관된다. 그들의 시도는 실패할 수밖에 없다. 그리스도를 통한 구원의 성취와 악한 세력의 방해는 이미 시편에 예언되었다. "어찌하

160) (시 18:20, 21, 계 2:27, 19:15, 시 2:2, 144편) 과거의 승리와 현재의 구원에 대한 탄원과 미래의 복에 대한 묘사로 구성되어 있는 점을 주목하라.

여" — 히브리어 '림마'는 시편 첫머리에 나오는 말로, 하나님의 경륜에 대항하는 인간의 행위가 얼마나 부당한지를 강조한다.

"기름 부음 받은 자" — 히브리어로 '메시아'(מָשִׁיחַ), 헬라어로 '그리스도'(Χριστός)를 뜻한다. 메시아가 다시 오실 때, 그는 철장으로 악인의 세력을 다스릴 것이다. 열방과 족속, 곧 군왕들과 관원들은 유대 민족과 이방 국가들을 가리키며, 그 속에는 헤롯왕이나 로마 총독 빌라도도 포함된다. 훗날 그리스도를 대항하는 모든 세력을 의미한다.

14만 4천과 세 천사

계 14:3, "구속함을 얻은 14만 4천 인밖에는" — 하늘의 찬송이자, 이 노래를 배울 자가 따로 없음을 말한다. 하나님께서는 기름 부으신 왕을 대적하는 세상 지배자들의 음모를 무너뜨리시고, 그 왕을 시온산에 앉히신다. 그의 왕권, 곧 예수 그리스도의 통치는 확고하며, 즉위의 날에 의로써 세상 권세를 그에게 주시고, 모든 천하가 그에게 순종하도록 하나님의 영을 부어 가르치신다.

요 3:36 — '믿음으로 순종치 아니하는'은 헬라어 현재분사로, 계속되는 믿음과 지속적인 불순종의 상태를 뜻한다. '순종치 아니하는 자'의 헬라어 '아페이톤'은 불신앙자를 말하고, '페이토마이'는 성도를 위한 약속을 의미한다. 사람은 자신을 설득시켜 생명을 얻든지, 하나님의 말씀을 고의적으로 무시하여 멸망에 이르든지, 둘 중 하나를 선택해야 한다. 이는 유대 당국자들을 죄인으로 규정한 것이었으며, 그들을 격노케 했다. 인간 최대의 죄는 불신앙이다. "이 세상 임금이 심판을 받았음이라" — 그리스도는 십자가에서 사탄을 이기시고, 불신자에게 다가올 심판을 예고하셨다.

렘 30:7, “야곱의 환난 때” — 야곱의 후손, 곧 이스라엘 백성이 여호와로부터 징벌을 받을 때를 뜻한다. ‘야곱’은 모든 이스라엘 백성을 대표하는 명칭이다. ‘때’란 죄를 벌하시는 하나님의 위엄이 드러나는 때로, 종말론적 심판 시기와 연관된다. 여호와의 소리는 항상 심판과 관련된다. 마 16:16의 “주”라는 말은 헬라어 원문에서 대명사 ‘쉬’(Σύ)로 쓰였으며, 교회를 성전의 모형으로 볼 때, 그리스도는 ‘모퉁잇돌’, 사도와 선지자들은 ‘터’, 그리스도인들은 건물을 이루는 ‘돌’이다.

계 14:4, “이 사람들은 정절이 있는 자라” — 어린양을 따르는, 첫 열매로 구속된 자들이다. 이는 독신을 뜻하거나 성관계를 죄악시하는 의미가 아니라, 신앙의 절개를 뜻하는 상징적인 표현이다.[161] 약 1:18, “첫 열매가 말씀으로 낳으셨으니” — 말씀을 듣고 행하는 중생의 교훈을 가리킨다. “네 씨로 준행하였고” — ‘천하 만민이 복을 받으리라’는 해석으로, 그리스도를 통한 영육 간의 복을 의미한다.

이 상징적 표현은 그리스도의 신부 된 첫 열매로서, 교회의 절개를 부각시킨다. 그 결과가 곧 영원한 복음을 가진 세 천사의 선언(계 14:6~13)이다. ① 첫째 천사 — 영원한 복음을 선포하며, 하나님만 두려워하고 하나님께만 영광을 돌리라고 명한다. ② 둘째 천사 — 바벨론의 멸망을 선언한다. 계 16:19의 일곱째 대접 심판으로 실현될 멸망의 예고이다. 바벨론은 하나님을 대적하는 세계 체제, 곧 짐승과 그 표 받은 자들의 상징이다. ③ 셋째 천사 — 짐승 숭배자들에 대한 심판을 선언한다. 하나님의 진노의 잔은 시 75:8, 렘 25:15의 포도주와 같다. 사 30:33, 34:8~10의 ‘불과 유황’은 종말 심판의 비유이다. 짐승을 숭배한 자들에게는 하나님의 최후 심판이 임한다.

161) (고후 11:13, 요일 2:16) 시험의 근원은 육욕과 ‘이생의 자랑’의 허세는 헛된 영화와 자기의 소유를 자랑한 것임.

계 14:7, "그가 이르렀음이니" — 이는 영원한 복음을 가진 첫째 천사의 선포이다. '마음을 찢으며'는 죄인에게 요구되는 하나님의 기본적 조건, 즉 상한 마음과 회개하는 심령을 뜻한다. 욜 2:15, "시온에서 나팔을 불며" — 경고와 회개 촉구의 나팔이다. 느 9:6 — 우주의 창조자는 여호와이시며, 에스라의 기도는 하나님의 위엄을 인정하는 것으로 시작된다. 그 기도는 아브라함 언약, 출애굽, 광야 방황, 가나안 정복과 실패, 몰락까지 언급하며,[162] 회개와 율법 준수의 약속으로 끝맺는다. 이는 이스라엘 역사의 선언이며, 과학적 진술도 그 속에 담겨 있다.

신 7:6, "너는 네 하나님 여호와의 성민이라" — 이는 선민사상을 담은 간절한 고백이다. 인간이 하나님을 택하기 전에, 먼저 하나님이 그의 백성을 택하셨다. 구약 이스라엘로 시작된 계시는 그리스도로 절정에 이르렀고, 신약에는 모든 성도가 영적 이스라엘로 하나님의 아들이 된다. 이스라엘이 노예 생활에서 해방되어 가나안에 이르는 여정은, 성도가 그리스도를 통해 회개하고 성화 과정을 거쳐 하늘나라에 들어가는 것의 모형이다.

계 14:8, "무너졌도다, 큰 성 바벨론이여, 진노의 포도주" — 바벨론은 '금잔'이라 불릴 정도로 외형은 화려하지만[163] 그 안은 우상으로 가득했다. 이 비유는 계 17:16에도 나온다. 그 행위의 심판은 렘 25:15의 '여호와의 진노의 잔'과 같다. 이 잔은 유다뿐 아니라 주변 여러 나라가 마셔야 했으며, 왜 이방 여러 나라가 그런 심판을 받는지는 본문 뒷부분에서 암시된다.

---

162) (창 12:2, 15:17) 하나님의 언약은 아브라함과 맺은 '구원의 약속'과 '땅의 모든 족속이 너를 인하여 복을 얻을 것'과 그의 가계에 의해서 모두 실현된다는 뜻을 부연함.
163) (렘 51:7-40) 악한 자의 형벌에 의한 것은 '하나님의 보수' 즉 '진노의 잔'을 의미함.

바벨론의 멸망과 심판

바벨론과 애굽 정복은 하나의 우연한 사건이 아니었다. 이것이 하나님의 징벌임을 알게 하는 몇 가지의 예를 보여준다. 많은 사람이 일시에 죽게 될 것인데, 그것은 교만을 폐하는 것이다. 교만을 꺾게 하는 재앙은 결코 우연이 아니며, 하나님의 진노의 표현이다. 즉 회개하지 않는 특별한 짐승들은 필경 죽게 될 것이라는 예언이다.

"졸지에 창상이" — 해당 히브리어 '피드옴'은 예상치 못한 일이 발생했을 때 쓰이는 말이다. 위세를 떨치던 바벨론이 갑자기 멸망하는 것은 인간으로서는 예측할 수 없는 일이었다. 하나님께서 이미 선지자들을 통해 장차 일어날 일을 소상히 알려주셨다.

멸망이 예언된 악의 세력은 영적 간음으로 온 세계를 취하게 하는 금잔이며, 분노의 술잔을 마시게 될 것이다. '큰 성'이라 부르는 것은 단 4:29의 느부갓네살이 자랑한 바벨론 궁을 가리킨다. 그는 아마 궁전 지붕에 있는 유명한 '현수정원'(Hanging Gardens)을 거닐며 위엄을 자랑했을 것이다.

"네 위엄의 영광" — 그는 다니엘의 충언을 듣지 않았다. 끝까지 교만하여 바벨론의 국운이 자신의 힘으로 이루어졌다고 고집하다가 스스로 화를 재촉했다. 이것은 일곱째 대접 심판으로 완성될 멸망의 예고이다. 즉 바벨론은 하나님을 대적하는 짐승과 그의 추종자, 그리고 짐승의 표를 받은 자들로 이루어진 전 세계적 체제의 상징이다. 둘째 천사는 이를 선언하고, 셋째 천사는 짐승 숭배자들에게 임할 심판을 선포한다. 멸망이 예언된 악의 세력, 곧 '하나님의 진노의 잔'은 섞이지 않은 포도주이며,[164] 불과 유황[165] 같은 종말 심판의 구

---

164) (시 75:8, 렘 25:15) 바벨론의 재앙은 '거품 나는 술잔'을 가리킨다.
165) (사 30:33, 계 14:10) 지옥의 유황불 구덩이는 '꺼지지 않는 불'로 죄의 결과를 심판

약적 비유가 사용된다.

그들은 하나님의 진리를 배척하고 육신의 생명을 보존하려고 짐승을 숭배한 자들이다. 고전 10:21, "너희가 주의 잔과 귀신의 잔을 겸하여 마시지 못한다" — 제사에 참여한다는 것은 곧 그 대상과 교제하는 것을 의미한다. 주의 만찬이든, 이스라엘의 제사든, 이방인의 제사든 마찬가지다. 이방인의 제사에 참여하는 것은 곧 귀신 앞에 자신을 내어놓는 일이다.

하나님을 믿는 자들이 이방인의 제사를 멀리해야 하는 이유는, 우상 제물 문제에 대한 모든 성경적 결론이 여기에 있기 때문이다. 사탄은 배후에서 불법의 사람을 조종한다. 사탄은 '모든 능력과 표적과 거짓 기적'을 행하며, 이 세 낱말은 행 2:22에 나오는 하나님의 역사 표현과 동일하다. 사탄도 대리자를 통해 이 일을 행하게 한다.

이는 하나님의 진리를 버리고 그 보호에서 벗어난 사람을, 적그리스도를 통해 거짓으로 미혹하는 것이다. 그 흔적은 구약의 개념을 반영하고 있다. [166] 슥 12:2, "내가 그 사면으로 혼취케 하리니" — 하나님이 예루살렘을 초자연적으로 보호하시어, 이방 나라들이 두려움에 떨게 될 것을 의미한다. 이 예언은 신약 교회가 박해 가운데서도 복음으로 승리할 것을 비유적으로 나타낸다.

여호와는 '그 열국을 치시되' — 여호와의 날은 그리스도의 재림과 함께 시작된다. 그 전에 유대 민족에게 큰 재난이 닥쳐, 침략자들이 유다의 재물을 탈취하여 나누게 될 것이며, 그 적대 행위가 마지막 단계로 묘사된다. 종말에 그리스도는 원수를 진멸하기 위해 직접 재림하신다. 예수께서 재림하실 때 대혼란은 낮과 밤의 상태에 그

하는 장소임.

166) (출 4:21, 수 11:20, 왕상 22:19-23, 대상 23:1, 대하 24:1) 하나님의 섭리를 주목하라.

영향이 크게 미칠 것이란 의미도 포함된다.[167)]

마 24:36, "그 날과 그 때는 오직 아버지만 아신다" — 미래의 일, 특히 재림의 날은 인간이나 천사, 아들도 알지 못한다. 그러므로 성도는 항상 깨어 대비해야 한다. 만유의 왕이신 여호와께서 천하의 왕이 되시리니, 그의 이름이 홀로 하나이심을 기억해야 한다. 이스라엘이 하나님의 왕권을 배척한 것은 삼상 8:7에서 사람을 왕으로 세우면서부터였다. 그 후 이스라엘은 하나님 대신 우상을 숭배하거나, 이방 열국(앗시리아, 애굽 바벨론)을 의지했다.

"분노의 잔에 깰지어다" — 단 7:18에서 천사는 다섯째 나라, 곧 인자의 나라가 땅의 네 나라와는 전혀 다름을 말한다. 이 나라는 새 언약의 백성이 영원히 사는 거룩한 나라이다. 재림 전, 성도는 잠시 적그리스도의 세력으로 고난을 겪지만,[168)] 그들은 멸망이 예언된 악의 세력들이다. 마귀 숭배자들은 영적 간음자이며, 이는 미래의 형벌을 뜻한다.

자연적 재앙은 하나님이 인류 모두에게 경고하시는 표적이다. 그 재앙은 흉년과 가뭄, 병충해, 전쟁과 염병으로 이어지며, 성읍이 무너지고 멸망한다. 슥 3:2, "불에 그슬린 나무" — 이스라엘은 포로 생활에서 구원받았다. 단 7:9, "그 보좌는 불꽃이요 그 바퀴는 붙는 불이라" — 요한이 밧모섬에서 본 심판의 환상과 같다. 마지막 짐승들은 보좌에서 나오는 불에 던져져 멸망당한다.

---

167) (마 24:29, 행 2:19, 20) 이 전체적인 해석은 주의 큰 날의 재림 때 일어날 사건들을 강조함.

168) (단 7:25, 마 22:23) 사두개인의 종교적 신앙에 대한 일반적인 설명은 (행 23:8) 이 책을 해석하라.

최후 심판과 추수

계 14:14~20 — 하나님의 심판은 추수의 장면으로 계속된다. 여기에는 두 가지 추수가 있다. 구원받을 곡식은 예수 그리스도께서 거두시고, 멸망받을 포도는 중보자가 아닌 다른 천사가 가차 없이 거둔다. 포도는 진노의 틀에 넣어져 피가 나도록 짜여, 그 피가 말 굴레까지 차오른다.[169)]

"일천육백 스다디온(약 184m)" — '4'(땅의 수)의 제곱에 '10'(완전수)의 제곱으로, 완전한 파괴를 상징한다. 그리스도는 모든 악의 열매를 거둔 자들을 진멸하시고, 백성의 구원을 완성하신다. 마지막 심판은 더 이상 이방 나라를 도구로 사용하지 않고 여호와께서 직접 집행하신다.

"내 원수 갚는 날" — 하나님이 심판하시기로 정하신 날은 원수에게는 무서운 징벌의 날, 그 백성에게는 구속의 은총의 날이다. "이제부터 저희 수고를 그치고" — 성도를 보호하신다는 뜻이 담겨 있다. 하나님의 진노의 잔은 렘 49:12~13의 패망의 쓴 잔이다.

"이 잔을 마시리라" — 회개치 않는 자가 에돔과 같이 멸망하는 것은 당연하다. '보스라'라는 성, 비록 견고하다 해도, 하나님의 심판으로 침략군이 멸절시킬 것이다. 하나님은 스스로 분쟁하는 나라마다 황폐하게 하신다. 앗시리아를 패배시키는 초자연적 사건은 시 18:7~15과 같다. 이는 이스라엘이 갖고 있던 이미지를 사용해, 하나님의 장엄한 구원 행위를 묘사한 것이다.

하나님은 형상이 없으나, 인간과 교제하시기 위해 때때로 형상으로 나타나신다. 신약의 완전한 계시 시대에는 진리의 말씀으로 삶을

---

169) (히 13:11) 육체는 영문 밖에서, (레 4:21, 16:27) 고운 밀가루 10분의 1에바 즉 속죄로서 율법을 좇아 피로써 정결게 됨을 (히 9:22) 반영함.

교훈하고 양육하신다. 사 34:16, “여호와의 책” — 여호와께서 주신 심판 선언에 관한 예언을 ‘자세히 읽어 보라’는 뜻이다. “하나도 빠진 것이 없이” — 기록된 동물 예언이 하나도 빠짐없이 그대로 성취될 것을 강조하신다. 이는 이사야의 예언 내용이 반드시 성취된다는 뜻이다. 그런즉 ‘여호와의 입이 이를 명하셨고’ — 하나님께서 위에 예언된 짐승들에게 명하여, 장차 황폐해진 에돔 땅에서 살게 하시겠다는 의미이다.

창 8:22 — 노아 홍수 이후에도 땅이 있는 동안, 즉 세상 끝날까지 자연법칙을 정상적으로 운영하실 것을 하나님께서 약속하셨다. 히 1:14 — ‘천사’는 하나님을 대신하여 권위를 가지고 대행하는 자로서, 하나님께서 ‘부리는 영’이라 하셨다. ‘천사’라는 말은 헬라어 ‘앙겔로스’(ἄγγελος)에서 왔는데, 히브리어로는 ‘사자’ 곧 ‘메신저’(messenger)를 뜻한다.

성경에는 아브라함에게 나타난 마므레 상수리나무의 사건부터, 밧모섬의 사도 요한의 계시에 이르기까지, 천사의 조직과 역할이 다양하게 묘사되어 있다. 천사들의 출현은 구약의 마지막 부분까지 산재하며, 신약에서도 마지막 부분까지 계속 나타난다.

히 2:4, “하나님의 표적과 기사와 여러 가지 능력” — 모든 믿는 자에게 성령을 나누어 주신 것과 같이, 각 은사는 성령의 활동이다. 주를 위해 역사하시는 분은 성부이시다. 고전 12:11 — 은사를 주신 것은 신약성경의 기적적인 현상을 묘사하며, 여기 사용된 세 단어는 다음과 같다. ① 표적(sign) — 이적 가운데 나타난 신적 교통(divine communication)을 의미한다. ② 기사(wonder) — 이적의 증거를 의미한다. ③ 능력(power) — 이적을 일으키는 놀라운 힘을 강조할 때 쓰인다.

장차 올 세상은 그리스도의 재림으로 완성되는 영광의 세계, 곧 그리스도로 구속받은 자들이 다스리는 나라이다. 하나님께서 주신 메시지를 미리 선포하는 능력이 예언이며, 이는 성령의 영감으로 주어져 모든 사람에게 유익하다. 계 19:10 — 오늘날에도 성령의 지혜와 능력으로 복음을 전파하는 사람은 '예언의 은사'를 가진 자이다.

엡 2:20, 4:11 — 예언의 은사를 받은 사람은 '선지자'라 불리며, 사도직 다음가는 직분으로 교회에서 중요한 역할을 한다. 고전 14:14 — 고린도 교회의 방언은 초자연적 해석의 능력 없이는 의미를 알 수 없었다. 방언은 말하는 사람 자신에게도 해석이 필요하다. 은사는 그것이 성령께로부터 온 것인지, 사탄에게서 온 것인지, 혹은 단순히 육에서 기인한 것인지 '영을 분별함'이 필요하다. 시편 사본에서 '사람'(히, '에노쉬' אֱנוֹשׁ)은 인간의 연약함을, '인자'(히, 아담)는 흙으로 빚어진 인간을 뜻한다.

'천사'의 원어는 히브리어 '엘로힘'으로, '하나님'이라고 번역하는 것이 더 적합하다. 고전 6:3과 히 2:7에서, 인간은 타락 전에는 천사보다 더 귀한 존재였음을 시사한다. "주의 손으로 만드신 것 위에" — 하나님은 모든 만물을 인간의 발아래 두어 주권을 행사하게 하셨다. 그러나 타락한 인간은 이 본질을 깨닫지 못해 그 권위를 향유하지 못했다.

애 1:15 — 그 결과는 인간의 생각과 다른 하나님의 섭리와 심판을 보여준다. '성회'(히, '모에드' מוֹעֵד)는 정한 때를 의미하며, 유다 백성에게 닥칠 참사가 하나님의 때에 이루어진다는 뜻이다. 욜 3:13, "이제 낫을 쓰라, 포도주 틀이 가득 찼고, 독이 넘친다" — 이는 열국의 악이 극에 달했음을 상징한다.

본문의 배경은 최후 심판이다. '술 틀에 밟는다'는 것은 포도를 틀에 넣고 밟는 행위를 의미하며, 악을 행한 자들이 당할 고난을 뜻한다. "주께서 반포하신 날에" — 그리스도의 보혈도 '성문 밖에서' 흘리셨다. 구약의 속죄일 제도는 예수의 대속 사역의 예표이다. 요

19:17 — 예수의 십자가 처형은 성 밖에서 피로 이루어졌다. 오늘 이스라엘을 비웃었던 바벨론도 징계받는 날이 있을 것이며, 렘 50~51장에 그 멸망 예언이 기록되어 있다. 이 역설은 오늘날 온 인류에게도 여전히 해당된다.[170]

170) (렘 50:29-30, 단 5:1-1) 특히 바벨론의 죄악은 교만이다. 하나님은 개인이나 국가를 막론하고 교만한 자를 징계하심.

15장

마지막 일곱째 환난

계 15장과 16장은 밀접하게 연결된다. 이 두 장은 모두 하나님의 진노의 마지막 일곱 재앙을 다룬다. 15장이 예비적이고 해석적이라면, 16장은 서술적이다. 15장은 대체로 출애굽 사건을 중요시하는 구약성경의 경향을 따르고 있다. 본 장에는 두 가지 중요한 환상이 나온다. 또한 계 15:2~4에서는 대환난에서 승리한 자들의 모습이 보인다. 이어 5~8절에서는 흰옷에 금띠를 띤 일곱 천사가 마지막 재앙인 '일곱 대접'을 가진 환상이 나온다.

일곱 재앙의 서두

계 15:1, "이상한 다른 이적" — 여기서 '이상한'(헬라어 '다우마스톤' θαυμαστόν)은 놀라움, 경이로움을 뜻하며, 하나님의 능력으로 될 것을 상기시킨다.[171] 구약성경에서 예언된 구원의 다른 이름이 없다는 것은, 배타적인 기독교 신앙의 본질을 드러낸다. 하나님의 심판은 일

171) (마 21:42) '모퉁이 머릿돌'은 행 4:11, 엡 2:20, 벧전 2:7, 시 118:22, 23을 참고하라.

곱 천사와 일곱 재앙이 최종적이며 무시무시하다는 점을 암시하고, 요한계시록의 종말 심판이 점진적으로 고조되고 있음을 시사한다.

종말론적 심판의 최초 언급은 계 6:17의 "그들의 진노의 큰 날"에서 발견된다. 영적 해로부터 성도를 보호하기 위해 하나님의 인을 치는 중간 계시 이후, 계 8:1 이하에서 일곱 나팔 심판이 시작된다. 계 9:18의 여섯째 나팔 이후 세 가지 재앙이 내려 인류의 삼 분의 일이 죽고, 그 뒤 천사를 통해 세 가지 화가 예언된다. 계 11:14의 셋째 화에서는 마지막 재앙인 일곱 대접 심판이 암시된다. 이는 모든 역사적 파노라마의 절정을 이루는 하나님의 심판이다.

레 26:21, "거스려" — 히브리어 '게리'(קְרִי)는 반역자들이란 뜻이다. 70인역에는 '완고하게'로 번역되어 있으며, 이는 그들의 의도가 하나님과 힘겨루기함에 있었다는 것을 시사한다. 이방이 주인 노릇하는 것도 하나님의 진노에 대한 명백한 죄이다.

사 4:1, "그날에 일곱 여자가" — 전쟁으로 남자가 많이 죽고, 포로로 잡혀간 여인들이 아기 없는 수치를 면하려고 아내로 삼아 달라 애원하는 장면이다. 유대 사회에서 자식 없음은 큰 수치였다.

"부르짖음이었도다" — 히브리어 '제아카'(זְעָקָה)는 억울함을 토로하는 애절한 호소를 의미한다. 하나님은 의를 기대하셨지만, 불의가 만연하여 억울한 자가 많았다. 이사야는 백성의 죄악성에 대해 여섯 가지 '화'를 선포했다. ① 토지 강탈자에게 내리는 화(왕상 21:3, 18) — 그들의 땅은 볼모가 된다. ② 술에 취한 자에게 내리는 화 — 방탕은 일시적 징벌, 영원한 징벌을 초래한다.[172] ③ 불경한 자에게 내리는 화. ④ 도덕적 기준을 곡해하는 자에게 내리는 화. ⑤ 자만하는 자에게 내리는 화. ⑥ 술 취한 재판관에게 내리는 화 — 가난한 자

172) (사 5:11-17, 5:22) '화'의 원인은 '무지'에서 온다. '여호와의 행하심에 관심치 아니하는 자'를 가리킴.

를 착취하는 완악한 자이다.

"정녕" — 히브리어 '임로'로, '나의 삶으로 맹세하노니'라는 뜻이다. 불의에 타협하지 않겠다는 하나님의 선언이다. 재물을 탐하고 불법으로 모으는 자는 필경 벌을 받게 된다. 두 번째 화는 음악과 술에 빠져 여호와를 잊은 자에 대한 것이다.

"수금, 비파, 소고, 저" — 원래 하나님 예배에 쓰였던 악기이지만, 그들은 자신의 흥분과 쾌락을 위해 사용했다. 또한 ① 선과 악, 빛과 어둠, 쓴 것과 단 것의 구분을 왜곡하는 자는 하나님의 진노를 피하기 어렵다. ② 스스로 지혜롭다 여기는 자도 화를 당한다. ③ 포도주와 뇌물로 불의한 재판을 하는 자도 화를 당한다. 곧 의인의 권리를 빼앗고 허물을 뒤집어씌우는 자들이다.

"뿌리가 썩었다" — 이는 완전한 부패를 뜻한다. 이 경고는 개인 차원일 뿐 아니라 민족에도 적용된다. 렘 17:9 — 인간의 본성은 심히 부패했고 극도로 악하다. 그러므로 일곱 재앙은 마지막 재앙으로, 하나님의 진노가 크게 미칠 것을 뜻한다.[173)]출 3:14, "나는 스스로 있는 자" — '야웨'라는 히브리어 이름의 뜻은 하나님이 시작과 끝이 없고, 모든 존재의 근원이심을 나타낸다.

하나님은 구원자로 계약하시는 인격적인 분이시다. 성경 전체는 '하나님의 이름'에 대한 주석서라 할 수 있다.[174)] 출 20:6~7, "내 계명을 지키는 자에게는 천 대까지 은혜를 베푸느니라" — 히브리어 '헤세드'(חֶסֶד)는 하나님의 확고한 언약적 사랑을 뜻한다.

"그 이름을 망령되이" — 히브리어 '라솨웨'(לַשָּׁוְא)는 '헛되이'라는

---

173) (미 6:11, 12) 즉 '악의 범람'은 도덕적 부패에 관한 ① 불의한 제물과 ② 모자라는 말(沫)과 ③ 부정한 저울과 ④ 표준에 미달하는 저울추 등을 말함.

174) (출 3:6, 창 28:13, 막 12:26) 이 표현의 중요한 의미는 하나님의 뜻으로 출애굽 했고, 예수께서 마 22:32의 현재와 미래를 포괄한 후에 역사 및 우주의 구원이 이루어질 사상을 나타낸 출 3:6의 인용이다.

뜻으로, 믿음 없는 형식적 기도, 자기 과시 설교, 형식적 예배를 모두 포함한다. ‘야웨’(יהוה)라는 이름은 ‘아도나이’(אֲדֹנָי, 주님)로 바꾸어 읽었는데, 이는 그분이 절대 변하지 않으신다는 뜻이다.

모든 인간은 죽음이라는 길을 간다. 그러나 성경은 죽음을 존재의 소멸이 아니라, 신자에겐 더 나은 본향으로 들어가는 관문이라 말한다(히 11:16). 수 1:7~9, “너는 힘써 대장부가 되고” — 율법을 지키는 데 강하고 담대하라는 뜻으로, 신앙생활이 하나님의 은혜로 시작되어 강해짐을 뜻한다.

출 25:37, “등잔 일곱을 그 위에” — 등대는 장막 안을 비추며, 가지가 여섯, 가운데 기둥 하나로 일곱을 상징한다. 하나님은 창조 때 빛을 먼저 지으셨고, 이스라엘을 빛으로 나타내셨다. 신약에서 그 빛은 곧 예수께서 말씀하신 진리의 길이며, 이는 미래지향적인 상징이다.[175] 그리고 여기서 ‘잔’은 기름을 담는 오목한 그릇이고, ‘줄기’는 가지들이 붙어 있는 지주를 뜻하며, ‘밑판’은 등대 안에 있는 밑판을 가리킨다.

레 24:2, “등잔불은 영원한 규례라” — 순결한 기름을 백성이 준비하여, 대제사장이 밤낮 끊임없이 등불을 밝히는 등잔불은 성령의 역사를 상징한다. 오늘날 성도들도 주님의 불이 꺼지지 않도록 준비해야 한다는 의미로 해석할 수 있다.

‘진설병’은 성소 북편의 순결한 상 위에 놓이며, ‘얼굴의 떡’이라고도 한다. 하나님의 목전(目前)에 항상 진설된 12개의 떡은 이스라엘 12지파를 뜻하며, 이는 12지파가 모두 하나님의 감독 아래 있다는 의미이다. 이 떡은 예수 그리스도의 완전한 품격을 상징하는데, 고운 밀가루로 누룩 없이 만들고, 매주 안식일마다 교체하며, 교체된

175) (요 1:9, 8:12, 9:5, 12:4) ‘나는 세상의 빛이니’ 인류의 세상 안의 해결자, 계시자의 빛은 그리스도를 의미한다.

떡은 제사장들이 먹어야 했다.[176] 하나님의 신성불가침은 절대적으로 지켜져야 했으며, 침범자는 극형에 처했다.

이 법은 이스라엘 민족 존립의 기초이며, 독실한 신자에 대한 형벌은 엄중하다. 신성 모독자는 무리 가운데 있던 잡족(雜族) 중 하나였으며, 회중은 그의 머리에 손을 얹어 하나님의 진노를 그에게 전가시켰다. 죄는 개인이 감당해야 했다. '등잔'을 '등대' 앞으로 비추게 한 이유는, 성막에는 창문이 없어 외부 빛이 들어오지 않았기 때문이다. 성막 안의 어둠은 죄로 어두워진 세상을 상징한다. 이 속의 유일한 빛은 '하나님의 말씀' 곧 '진리의 빛'이며, 성막의 등대는 구원의 참 빛이신 하나님을 상징한다.

승리자의 찬송

계 15:2, "그의 이름의 수를 이기고" — 승리자들과 어린양의 찬송은 최후의 승리를 가리키며, 주께 돌려야 할 영광이다. 그들의 찬송은 애굽 생활과 대비해 하나님만이 자신들의 찬송임을 선포한다. 이는 모세의 노래 내용과 출애굽 배경, 그리고 이후 백성의 타락으로 인한 멸망, 하나님의 절대 주권으로 인한 회복 등을 찬양하는 장엄한 노래이다. 하늘과 땅은 완고한 이스라엘 백성을 고발하는 증인이 된다. 교훈은 '비'에 비유되고, 말씀은 '이슬'에 비유된다. 이는 백성이 준비된 흙처럼 되어 풍성한 열매를 맺기를 바라신다는 뜻이다.

그러나 '태초에 열국은' — 야곱이 선택된 출애굽의 구원 역사를 배경으로, 하나님의 진노는 '불'로 비유된다. 이 비유는 성경에 자주 나타나며, '불'은 심판을, '스올'은 음부를 가리킨다. 당시에는 지옥과

---

176) (삼상 21:4-6, 마 12:3, 4, 26, 눅 6:3, 4) 진설병과 열두 개의 떡은 제사장과 연관된 기물들임.

천국의 개념이 명확히 계시되지 않았기에, 스올은 주로 죽은 자의 영이 거하는 지하 세계를 지칭한다.

삼상 2:6, "여호와는 죽이기도 하시고 살리기도 하신다" — 이는 생사에 대한 하나님의 주권과 능력을 나타낸다. 성경은 하나님의 섭리가 인류의 생사에도 미친다는 것을 증언한다. '스올'[177]은 신약의 '하데스'와 같은 개념으로, 죽은 자들이 부활과 백보좌 심판을 기다리는 장소이다. 구약의 스올은 단순히 무덤(민 16:30, 33, 시 16:10)을 의미했고, 신약에서는 예수님의 가르침에 의해 '지옥'(헬라어 '게헨나') 개념이 형벌의 장소로 정립되었다. 묵시문학에서는 '무저갱'으로 확장되었다.

나 3:4, "미혹" — 니느웨는 강력한 군사력과 무역으로 얻은 재물로 열방을 미혹하여 지배했다. 그들은 마술과 악마적 수단으로 열방을 속였다. 요나 시대에 용서받았으나, 100년 후 완전히 멸망했다.

사 47:9, "무수한 사술과 많은 진언을 베풀지라도" — 바벨론은 강력한 성벽과 국력을 자랑했으나, 하나님은 교만한 바벨론을 홀연히 멸망시키셨다. 사술과 점술, 주문은 결국 아무 소용이 없었다. 월신(月神) '신'(Sin)에게 지혜를 구하기도 했지만, 미신과 폭력이 바벨론 멸망의 원인이었다.

하나님을 모르는 자들은 죄악을 무기로 삼지만, 성도는 말씀을 삶의 지표로 삼아야 한다. '네 지혜와 네 지식이 너를 유혹했다' — 바벨론의 정책, 술책, 마법, 미신이 그들을 타락시켰다. "나뿐이라, 나 외에 다른 이가 없다" — 바벨론의 교만을 드러내는 말이다. 하나님께서 하시는 일을 인간이 막을 수 없음을 강조한다. 바벨론의 우상은 결코 그들을 환난에서 구원하지 못할 것이다. '그들은 초개 같다' — 환난에 맞설 힘이 없음을 상징한다. '네 목의 힘줄이 무쇠'

---

177) (왕상 17:20, 행 17:28, 신 32:29) 혼과 몸은 이원적인 헬라 사상적인 영혼 불멸을 의미, 즉 '혼'으로 번역한 히브리어 '네페쉬'의 '목숨'은 곧 몸의 생명력을 뜻함.

는 하나님 앞에서 완고함을 '네 이마는 놋'은 말씀에 감수성이 없음을 뜻한다.

오직 하나님만이 예언하시고 성취하신다. 말 3:5 — 심판자 하나님은 율법을 어긴 죄를 열거하시고,[178] 이를 범한 자는 영원한 형벌을 받는다. 무당의 사술, 성적 타락, 우상숭배는 하나님의 진리와의 교제를 가로막는 죄이다. 고아와 과부, 나그네를 억울하게 하는 자는 주의 큰 날에 반드시 처벌받는다.

딤전 1:10, "음행" — 전반적 성적 부도덕을 뜻하며, '남색 여색'은 동성 간 성행위를 포함한다. 하나님께서 소돔과 고모라를 멸망시킨 이유 중 하나가 이것이다. 고전 6:9 — 바울은 근친, 동성, 비정상 성행위를 경고하며, 교회가 이들과 혼합되지 말 것을 권한다. 문란한 성적 범죄를 회개하지 않는 자는 하나님의 심판을 피할 수 없다. 바울은 헬라어 원어를 인용해 '바른 교훈'의 필요성을 강조하며, 이는 최후 심판을 연상케 하는 엄숙한 경고이다.

동성애, 남성 또는 여성끼리의 성관계를 가리키는 이 행위는 악의 큰 열매를 거둔다고 바울은 지적하였다. 레 18:22, "가증한 일이니라" — 동성애에 관한 성경의 언급은 레 20:13과 롬 1:26 등에도 나온다. 성경은 이를 철저히 금한다.

이 죄의 대표적인 예는 창 19:5에 나오는 소돔의 경우이다. 그러므로 하나님께서 소돔과 고모라를 멸망시키신 주요 동기로서, 이 교훈은 헬라어 원어로 밝히 가르침을 주며, 곧 선동자의 술책에 유혹되지 말라는 하나님의 뜻이었다.

막 10:2, "시험하여 묻되" — 예수님 당시 이혼·재혼 문제로 힐렐(Hillel) 학파와 샴마이(Shammai) 학파 사이에 큰 논쟁이 있었다. 힐렐

---

178) (출 22:18, 20:14, 레 19:12, 출 22:22-24, 신 24:17, 삼상 28:9) 무당이나 짐승과 행음하는 자는 '영원한 형벌'에 처해짐.

은 남자가 어떤 이유로든 이혼할 수 있다고 주장한 반면, 샴마이는 간통이나 음행의 연고가 있어야만 이혼할 수 있다고 했다. 유대인 사회에서 이혼할 권리는 곧 재혼할 권리를 뜻했으며, 이 권리에 대해 문제를 제기하지 않았다. 바리새인들은 예수님의 의견이 어느 쪽에 가까운지 알고 싶어 했다.

예수께서는 모세가 율법에 이혼 규정을 둔 것은 하나님의 원뜻이 아니며, 그들의 강퍅한 마음 때문이라고 말씀하셨다. 창 2:21~25 — 이는 일부일처제를 전제로 한 명령이다. "그 둘이 한몸이 될지니라" — 단순한 육체적 결합만이 아니라, 한 인격으로 형성됨을 뜻한다. 그러므로 부부의 연합은 하나님이 지으신 창조 질서이며, 사람이 깨뜨릴 수 없다. 신앙이 있는 곳에는 이혼이 있을 수 없다.

딤후 1:12, 4:3, 딛 1:9, 2:1, 3:2 — 바울의 서신은 중요한 문제를 처리함에 있어 편벽되지 않게 판단할 것을 권고하며, 믿음과 일치하는 행동을 유발하는 선한 교훈을 남겼다.

계 15:4, "만국이 주께 경배하리라" — 여호와께서 정하실 새 이름은 무너진 규례와 성읍들을 재건한 후 불리게 될 이름들이다. 이는 신약 시대 이방인의 구원과 개종을 의미한다.

'헵시바'는 히브리어 '헵치바'에서 온 말로 '나의 기쁨이 그에게 있다'는 뜻이다. 하나님께서 교회를 헵시바라 부르신 것은 구원이 하나님의 기뻐하시는 뜻에 따른 것이며, 사람의 공로나 의로움에서 난 것이 아님을 뜻한다. '쁄라'는 '결혼한 여자'라는 뜻으로, 신약 교회는 하나님께서 독생자를 주시고 세우신 신부로 비유된다.

계 15:5, "이 일 후에 성전이 열리니" — '증거막'(증거 장막)이라는 명칭은 출애굽의 성막을 가리키며, 하나님과 인간이 만나는 장소로서 계약적인 영원한 만남을 상징한다. 성막은 하나님의 임재를 증거하는 곳이며, 또 다른 이름은 '회막'이다.

기(期)와 행진 — 각 종족을 상징하는[179] 기의 색깔은 대제사장의 흉패에 달린 열두 보석 색과 같다. 민 2:2 — "이스라엘 자손은 각각 그 기와 기호에 따라 회막 사면에 진을 치라."

동쪽(해 돋는 쪽)은 유다 지파의 진으로, 186,400명의 군대가 제1대대로 출발해 인도했다. 남쪽은 르우벤 진(151,450명)으로 제2대대였다. 서쪽은 에브라임 진(108,100명)으로 제3대대였다. 북쪽은 납달리 진(157,600명)으로 후위였다. 이 행진은 성막을 중심으로 십자가형 대열을 이루었고, 여호와의 명령대로 이스라엘은 질서 있게 전진했다. 레위 지파는 회막 봉사에 전념하며, 12지파 계수에서 제외되어 13번째 지파로 불렸다. '톨레돌'(히브리어)은 족보를 뜻하며, 아론과 그의 아들들은 회막 관리자로 구별되었다.

출 39:1 — 제사장의 옷은 정교하고 아름답게 제작되어, 여호와의 거룩함을 표시했다.[180] '거룩'(히, 코데스)은 성결함과 신성을 뜻하며, 이는 하나님과의 관련성에서 비롯된다. '키보드'는 하나님의 영광과 무게를, '홀'은 불경함을 뜻한다. 이 구체적인 부분들의 구약 개념이 하나님의 심판과 불가분의 관계였다.[181]

사 6:13, "거룩한 씨" — 출 19:6의 '제사장 나라', 민 16:3의 '거룩한 회중'은 이스라엘 자체가 아니라, 거룩하신 하나님의 백성이라는 개념이다. 출 39:2, "에봇" — 대제사장의 겉옷으로, 두 조각을 이어 허리까지 드리운 형태이다. 양 어깨의 '호마노' 보석 두 개에는 12지파 이름이 새겨졌다. 이는 대제사장이 이스라엘에 대한 책임을 지고 하나님 앞에 선다는 뜻이다. 레 8:7 — '흉패'(히, 코쉔)는 아랍어 '하쉬

179) (출 28:21) 이스라엘의 이름과 12지파는 개별적인 이스라엘 아들들을 말함.

180) (출 28:1, 10:1, 2) 나답과 아비후와 엘르아살과 이다말은 아론의 아들로서 모세에 의해 제사장으로 임명받아 직분을 잘못 수행한즉 '하나님의 진노'로 목숨을 잃었음.

181) (삼상 21:5, 겔 22:26, 42:22, 44:23) 제사장들의 죄악 즉 거짓 선지자들의 사악한 행위를 정당화하여 성물을 더럽힌 것을 지적함.

나'(아름답다)에서 유래했다. 흉패의 보석 12개에는 12지파 이름이 새겨졌고, 출 28:30의 '우림'(빛)과 '둠밈'(완전)은 하나님의 뜻을 묻는 도구였다. 이는 예수 그리스도의 빛 되심과 완전하심을 상징한다.

출 39:18~21 — 흉패가 에봇에서 떨어지지 않게 부착되었음을 다섯 번 강조한다. 이는 순종과 하나님의 사랑을 상징한다. 성막 기구와 제사장 옷은 하나님이 지시하신 대로 제작되었고, 백성이 순종했음을 보여준다. 하나님께서 백성의 순종함을 무엇보다 크게 기뻐하셨다.[182)]

출 40:1-16, "정월 초일일" — 출애굽 사건 이후 해의 1월(아빕월) 1일 새해 첫날에 성막 시설을 완성한 것은 하나님의 뜻에 합당한 일이었다. 히스기야왕 때에도 정월 초하룻날은 성전을 거룩하게 하였고, 이스라엘 민족도 일시 머물고 있었던 광야 생활 중이었으나 하나님을 섬기는 일만은 열심히 모든 것을 구비하여 하나님의 지시를 받았다.[183)] 이로써 회막은 성막의 다른 이름으로 히브리어로 '오헬오엔'이라 하며 구약에서 125회나 언급되었다. 여호와께서 모세와 이스라엘 백성들을 만나신 곳으로 서로 간의 교통이 이루어지고 계시가 전달된 장소이다. 특히 회막은 실질적으로 계시의 장막과 같은 곳이므로, 곧 하나님께서 이스라엘을 위해 자신의 뜻을 나타내신 곳이다. 오늘날의 이스라엘 역사는 출 40:34:-38의 "여호와의 승인"의 복이 회막에 구름이 덮이고 영광이 성막에 충만한 것은 곧 하나님의 임재였다.

182) (삼상 15:22, 23) 순종이 제사보다 낫고, 악인의 제사는 여호와께서 미워하심.
183) (대하 29:16, 17) '여호와의 전을 깨끗케 하여라' 함은 종교개혁 운동 즉 교회를 말함.

하나님께서 이스라엘을 선택하신 이유에 대해 열두 가지를 알아본다. ① 신 32:8, 행 17:26 — 모든 민족을 위한 하나님의 계획, ② 창 12:1~3 — 아브라함의 자손으로 큰 민족을 이루시겠다는 여호와의 언약과 약속의 성취, ③ 창 15:18~21, 17:8 — 가나안 땅을 아브라함의 자손에게 주시겠다는 언약과 약속의 성취, ④ 창 6:4 — 하나님의 백성의 거룩성을 파괴하려고 사탄이 세운 제단을 멸절시키기 위함, ⑤ 신 7:1~24, 9:5 — 사악한 가나안 족속을 멸절시키기 위함, ⑥ 창 3:15, 롬 9:3~5 — 메시아 강림을 위해 하나님의 백성의 거룩함을 보존하기 위함, ⑦ 롬 3:2, 9:3~5 — 이스라엘로부터 세상 사람을 위한 하나님의 계시(성경의 약속)가 나옴, ⑧ 신 15:16, 28:13 — 이스라엘을 영원히 모든 민족의 머리가 되게 하기 위함, ⑨ 창 12:1~3, 사 2:1~4, 52:7, 66:19~21, 슥 8:23, 14:16~21 — 모든 민족 복음화를 위해, ⑩ 출 19:6 — 참된 예배로 하나님을 대변하는 제사장 나라를 세우기 위해, ⑪ 하나님의 은혜의 복을 확장하여 하나님의 특별한 백성, 거룩한 나라를 이루기 위해, ⑫ 출 20:1~6, 32:21~25, 34:15~17 — 모든 민족에게 우상숭배의 무익성과 죄의 심각성을 알리기 위해.

성막의 헌당으로 출애굽기는 끝났으나, 출애굽의 역사는 종결되지 않았다.[184] 계속되는 레위기, 민수기, 신명기 등의 율법서는 출애굽기의 맥락과 같다. 모든 성도는 출애굽의 여정을, 죄악을 벗고 하늘나라로 향하는 여정의 예표로 이해한다.

---

184) (신 7:1-6, 13:1-18, 18:9-14) 헷 족속은 힛타이트족으로 철기 문화를 사용하여 B.C 2000-1000년경 중앙 아나톨리아 동부에 강력한 왕국을 세우고 발전하다가 B.C. 1200년경 멸망했다. 이 족속은 이스라엘 백성을 쫓아낸 백성들 가운데 종종 나타나는 가나안 족속을 말함.

하나님께서는 출애굽의 여정에 적극 개입하셔서 영광을 나타내신 것처럼, 성도의 인생 여정에도 간섭하신다. 하나님은 불순종한 이스라엘을 징계하셨으나 버리지 않으시고 가나안으로 인도하셨다. 성도들도 반드시 선을 이루시고 악을 꺾으시는 하나님의 역설을 주목해야 한다.

출 7:44, "증거의 장막" — 출 27:21, 신 31:14에 등장하며, 하나님이 그들 가운데 임재하신 증거이다. '타국인'(히, 겔)은 나그네라는 뜻으로, 단순한 여행자가 아니라 공동체에 동화된 자를 말한다. 모세는 살아생전 마지막으로 하나님과 대화하며, 후계자 여호수아와 함께했다.

회막은 광야 시절뿐 아니라 가나안 정착 이후 솔로몬 성전이 세워지기 전까지 중앙 성소로 사용되었다. 이름은 다음과 같다. ① 회막(Tabernacle of Congregation, 출 33:7, 39:32) ② 여호와의 전(House of the Lord, 출 23:19) ③ 성막(Holy Tent, 출 26:9, 39:33) ④ 법막(Tent of Testimony, 대상 24:6)

회막은 모세에서 여호수아를 거쳐 다윗에 이르기까지 계승되었다. 구약 시대에는 성경이 완전히 구비되지 않았으므로, 하나님은 외형적 표징을 통해 뜻을 알리셨다. 그러나 이스라엘 백성은 모세 이후에도 순종하지 않고 불순종의 길로 갔다. 하나님의 성민으로 택함받은 이스라엘의 타락은 인간 죄성의 심각성을 드러낸다.

단의 '관'과 '유'는 하나님을 섬기는 기구로, 모두 기름을 발라 거룩하게 해야 한다. 기름은 성령을 상징하며, 사람뿐 아니라 기구도 거룩해야 함을 뜻한다. 제사장과 왕, 선지자의 직분을 임명할 때 기름을 부었고, 예수께서도 제사장, 왕, 선지자의 직분을 모두 지니셨다. 세례 때 성령이 임하신 것은 그분이 율법과 선지자를 폐하지 않고 완성하심을 뜻한다.

마 5:17 "내가 율법이나 선지자나 폐하러 온 줄로 생각지 말라… 완전케 하려 함이로라."

마 20:28, "많은 사람의 대속물로" — 그리스도께서 섬기기 위해 오셨음을 말씀하셨다. 계 15:6, "일곱 재앙 가진 일곱 천사" — 금 대접을 손에 든 일곱 천사는 하나님의 공의를 실행한다. 이는 인간의 노력으로 막을 수 없는 하나님의 권능이다. 시 2:12, "여호와를 의지하는 자" — 메시아 왕권은 시편에서 다윗이 선포하였듯, 시온산에 세우신 왕 앞에 모든 천하가 순종해야 한다.[185] '순종하지 아니하는'(헬라어 '아페이톤')은 '자신을 설득시키다'의 의미를 가진 '페이토마이'의 반대말이다. 사람은 자신을 설득시켜 생명을 얻거나, 말씀을 고의로 무시하여 멸망하는 길을 택하게 된다.

출 6:3 — '엘샤다이'는 강한 능력과 자족하심을 가진 전능하신 하나님을 뜻한다. '샤다이'는 산에서 파생된 단어로, 하나님의 높고 위엄 있는 모습을 연상시킨다. "내 앞에서 행하라" — 비겁하게 뒤에 숨지 말고, 하나님의 동의 아래 당당히 행동하라는 뜻이다. 창 13:4 — 하나님은 언약을 변함없이 성취하시는 영원불변의 분이시다. 이스라엘의 구원자이신 하나님 '야웨'는 아브라함의 후손들에게 가나안 땅을 영원한 기업으로 주겠다는 약속을 이루신다. 주님의 영광은 구름, 불, 연기로 나타나며, 공포를 몰아내고 승리를 보장한다.

학 2:10 — 성전 재건 시작 3개월째, 곡식 파종기에 해당하는 시기였다. 학 2:1 — 장막절 제7일, 당시 수확량은 적었다. 제사 의식은 거룩하나, 사람의 그릇된 손에 의해 더러워질 수 있다. 시체를 만진 손으로 행하는 모든 것도 더러워진다. "추억하여 보라" — 이스라엘이

185) (시 18, 20, 21, 45, 72, 89, 101, 132편) 이는 왕권의 시로서 세상 지배자들의 음모를 폭로한다.

성전 건축을 게을리했을 때, 하나님은 흉년으로 징계하셨다. 그날부터 과거를 돌아보면 하나님께서 복을 거두셨음을 인정하게 된다.

계 5:8 — '여호와의 위엄'은 하나님의 임재의 가시적 상징이다. 예배하는 자가 구름, 연기, 불과 같은 표징을 보며, 그 존재를 실제로 느끼는 것은 물리적 현상만이 아니라 영적 교통을 뜻한다. 앞으로 불순종하는 백성에게 나타날 심판의 징조 역시 이런 표징들로 나타날 것이다.[186] 예배자가 예배 가운데 하나님을 만날 때, 그 자리에 머무는 '하나님의 영광'은 그가 실제로 구름이나 연기나 불처럼 느끼는 물리적 현상만을 뜻하는 것이 결코 아니다. 보이지는 않지만 분명히 불어오는 바람처럼, 그것 역시 체험되는 차원에서 이해해야 한다. 그리고 그러한 체험의 원인은 오늘날, 곧 앞으로 물의 산소와 수소의 결합이 드러나는 현상과 같이, 불순종하는 백성들에게 임하는 히브리적 심판의 징조가 나타날 것임을 예고하는 암시이기도 하다.

186) (민 10:11-12, 34, 신 4:11, 5:22, 33:13, 왕상 8:11) 구약 14권의 외경들 중의 하나인 책에서 '므낫세의 기도' 중 왕위는 회복되었으나 그가 지은 죄의 결과는 민족의 멸망을 초래한 것에 주목하라.

16장
진노의 일곱 대접

본 장은 일곱 대접의 심판을 보여준다. 심판들은 계 16:5~7에서 셋째 천사와의 짧은 대화를 제외하고는 연속적으로, 그리고 매우 급히 진행된다. 대접 재앙과 나팔 재앙(계 8:2~9:21)의 순서는 세부 내용에 있어 일정하지는 않지만, 매우 유사하여 일부 학자들은 대접 재앙이 나팔 재앙의 반복에 불과하다고 주장한다. 그러나 이러한 유사성은 문학적 양식의 공통성일 뿐, 내용과 적용은 다르다. 대접 재앙은 우주 전체에 영향을 미치며, 강도가 급증하여 전 우주를 파멸로 이끈다. 본문은 천사들이 진노의 일곱 대접을 땅에 쏟는 장면이다.

첫째 대접의 재앙

계 16:1~2, "진노의 일곱 대접" — 첫 나팔이 땅의 1/3을 불태운 재앙이었다면, 첫째 대접은 직접적으로 인간의 육체에 내리는 재앙이다. 이는 이스라엘 북방 족속이 앗시리아에 포로로 잡혀간 사건과 배경을 같이하며, 당시 예루살렘에서 있었던 충격적 상황을 묘사한다. 북쪽 앗시리아에 포로로 잡힌 유다 백성은 양의 목자 되시고 포도원의 농부 되신 하나님께 부르짖었다. "소산님에듯" — '증거의 백합화곡'이라는 뜻으로, 왕하 17:10과 연결된다.

성경은 두 가지 형태의 우상숭배를 금했다. 첫째는 출 20:3(첫째 계명)에 언급된, 이스라엘의 하나님 외에 다른 신을 섬기는 것이고, 둘째는 출 20:4(둘째 계명)에 프함된, 예배 대상을 어떤 상징이나 물체로 형상화하는 것이다. 특히 우상숭배는 중대한 범죄 행위였다. 히브리인은 어떤 형태의 우상숭배도 하지 말라는 경고를 받아왔다.

살인과 관련해서도 율법은 단순 결과만이 아니라, 살인에 이르는 모든 원인을 금지했다. 또한 우발적 살인과 계획적 살인을 구별했으며, 출 21:15~17, 29에 따르면, 계획적 살인은 사형에 처하도록 했다. 이는 생명과 죽음의 권한이 오직 하나님의 손에 있음을 깨닫게 한다. 이 계명을 지키는 것은 곧 하나님의 진리를 지키는 것이다. 하나님의 정의는 그분의 피조물인 인간을 평등하게 대하신다.

선지자는 하나님의 말씀을 사람들에게 대언하는 자이며, 선견자는 '보는 자'로서, 환상을 보고 장래 일을 예견해 하나님의 뜻을 알린다. 그러나 죄에 매인 복술은 표적을 보고 점치는 행위이며, 사술은 마법과 주문을 통해 영향을 미치려는 것이다. 인간이 만든 신상과 제물은 대부분 우상을 뜻한다.

하나님의 징벌은 출 9:9~11의 예처럼 "독종"의 재앙을 내린다. 사람과 짐승에게 부스럼이 나서 심히 가려우며 진물과 고름이 흐르게 하는 심한 피부병이었다. 이는 단순한 전염병이 아니라, 고통과 고립을 가져오는 질병이었다.

레 13:18에서는 오래된 환부가 나았다가 다시 나병 증상을 보이면 진찰해야 한다고 기록한다. '나병'은 라틴어 '레프라'(Lepra), 즉 한센병(Hansen's disease)으로 피부, 점막, 말초신경, 내장에 병변을 일으킨다. 나균은 잠복기가 수년에서 20~30년에 이르며, 증상에 따라 반문형, 신경형, 결절형 등으로 분류된다. 과거 불치병으로 여겨졌으나, D.D.S. 등 약물 치료로 치유가 가능해졌다. 기독교 국가에서는 선교를 통해 하나님의 능력으로 환자들을 치료, 회복시켰다.[187]

한센병 규례는 단순히 의학적 명령이 아니라, 죄의 속성과 닮았다는 점에서 영적 교훈으로 주어졌다. 질병 초기에는 증상이 뚜렷하지 않아 판별이 어려우나, 시간이 지나면 확정된다. 레 13:45 — 환자는 옷을 찢고 윗입술을 가리며 "부정하다" 외쳐야 했고, 공동체에서 격리되었다. 죄도 이와 같이 영혼과 육신을 썩게 하며,[188] 감염된 자는 의인의 회중에 들어갈 수 없다.

아담과 하와가 범죄한 후 그늘에 숨은 것은 범죄가 불러온 불안과 공포 때문이었다. 아담의 죄가 모든 후손에게 전가되어 범죄가 전염성을 지니게 된 사실 역시 이와 같다. 질병은 쉽게 고쳐지지 않고, 환자는 온전한 사람들과 함께 살 수 없어 영문 밖으로 쫓겨난다. 죄 또한 이와 같이 감염된 자에게는 치유가 어려워, 죄인은 의인의 회중에 들어갈 수 없다. 그러므로 성경에 길게 서술된 한센병은 인간의 죄성과 여러 면에서 유사하며, 그것과 관련된 규례는 죄의 문제 역시 깊이 주목해야 함을 지적한다. 더욱이 하나님을 두려워하지 않고 혀로 범하는 죄는 구약 시대뿐 아니라 신약 시대를 포함한 모든 시대에 걸쳐 꾸준히 비판의 대상이 되어 왔다.

---

187) (레 14:2, 사 6:5, 욥 40:4, 42:6, 사 51:5, 눅 5:8) 성경에서 본 한센병은 죄에 대한 모형으로 인간의 본래적 죄의 모습을 표현함.

188) (사 1:5-6) 이 부정적 질병은 육신과 영혼을 썩게 하는 공포의 대상인즉, 신체의 가장 중요한 부분인 머리는 지성을 가리키고, 마음이 도덕적인 본성을 의미한다면, 결국 지, 정, 의가 모두 다 타락하여 조금도 소망이 없다는 것을 강조한다.

둘째 대접의 재앙

계 16:3의 이 재앙은 인류 생명을 근본적으로 유지하는 바다에 직접 임한다. 둘째 나팔 재앙은 바다의 1/3만 피해를 입혔으나, 둘째 대접 재앙은 전 바다를 덮는다. 생명의 상징인 피가 심판의 표적이 되었음을 주목해야 한다. 출 7:17, "여호와인 줄 알리라" — 하나님께서 애굽에 행하신 이적과 기사는 성경적 신앙의 확증이었다. 그 의미는 율법서에도 기록되어 있고, 예언서 등에도 기록되어 있다.[189]

이는 단순히 석양 햇빛이 강물에 반사되어 붉게 보인 현상이 아니라, 초자연적인 심판으로 강물이 실제 피로 변한 사건이다. 나일강이 맛, 냄새, 성분까지 완전히 피로 변하자, 애굽의 신들과 백성들은 생명줄을 잃고 참을 수 없는 고통을 받았다. 여기서 우리는 생명을 주관하시는 하나님의 능력을 알 수 있다. 나일강뿐 아니라, 나일강의 모든 지류도 피로 변했다. 당시 애굽에서 행해진 열 가지 재앙 가운데 먼저 나일강을 피로 변하게 하신 확실한 하나님의 이적으로부터, 이 재앙의 근원이 자연의 창조주 외에는 불가능하다는 사실을 확인할 수 있다. 또한 지배자였던 애굽의 신들이 역사의 주인이 아니라, 노예 민족의 신이었던(물론 애굽의 신과 여호와를 비교할 수는 없지만, 당시 애굽인의 관점에서 볼 때) 여호와가 진정한 역사의 주인임이 입증되었다.

이는 10회에 걸쳐 재앙을 거두시고 회개의 기회를 다시 주신 하나님의 자비를 깨닫게 하려는 뜻이기도 하다. 사실 바벨론의 역사관은 세상적인 세력에 의존하는 교만을 숭배하는 타락 속에 있었다. 그들은 '우구누'라는 강을 끼고 살았으며, 본문에는 '두로'를 침략

---

189) (신 7:18-19) 율법서와 (렘 32:20) 예언서와 시편 78:42-52, 105:26-36에도 기록된 생명을 주관하시는 하나님의 능력을 알 수 있다는 뜻임.

할 바벨론 군대의 위용이 서술된다. 겔 27장의 화려한 두로도 돌이킬 수 없는 멸망의 참상을 맞았다. 하나님께서는 에스겔에게 두로의 멸망을 애가(哀歌)로 읊게 명령하셨다.

'베니게'의 유명한 항구는 시돈에서 약 40km 남쪽, 레바논과 이스라엘 국경에서 약 24km 북쪽에 있었다. 페니키아(Phoenicia)라 불린 이 나라는 국제 무역으로 번성했으나 토산물은 많지 않아, 외국산 물품과 공업품을 수입해 가공 후 수출했다. 다시스는 스페인, 두발과 메섹은 흑해와 카스피해 사이에 사는 민족, 도갈마는 아르메니아 민족을 뜻한다. 아라비아는 사막 지역 유목민, 게달은 북부 아라비아의 유명한 유목민족이었다. 아람은 보석 산지였고, 암몬의 도시는 밀을 특산물로 생산했다. 여기서 '앗수르'는 잘 알려진 앗시리아가 아니라, 유프라테스 강가의 옛수리예(Essurieh)를 가리킨다.

이스라엘 땅을 경유해 두로로 운반된 곡식은, 겔 27장에서 "큰물에 이르매 동풍이 바다 중심에서 너를 파하였다"고 표현된다. 이는 두로의 항해가 바다 중심에서 파산된 광경을 묘사한다. 제아무리 강한 국가라도 죄악을 쌓으면 하나님의 심판으로 패망할 수밖에 없다. 예언은, 두로가 의지하던 대상(무역 대상국과 상인)들이 모두 바다 중심에 빠질 것을 경고한다. "열국의 상고가 너를 비웃음이여" — 두로가 망하니 슬퍼하는 자도 있었지만, 그 범죄를 기억하며 비웃는 자도 있었다.

두로 왕(이타발 2세, Ittobal II)은 난공불락의 신처럼 자처했으나, 교만한 마음으로 인해 하나님께 벌을 받게 된다. 그에 대한 벌은 외국 군대를 통해 시행되었고, 부와 영화는 파멸되었으며, 이 수치는 계 13:1의 바다 짐승 비유와 유사하다. 겔 28:8, "너를 구덩이에 빠뜨려 바다 가운데서 살육당한 자의 죽음같이" — 인간의 교만에는 반드시 하나님의 심판이 따른다.

셋째 대접의 재앙

계 16:4의 이 재앙은 "강과 물 근원에" 임한다. 나일강은 애굽의 재산이자 생명줄이었다. 모세가 이 강물을 피로 만들 권능을 받은 것은, 그가 바로와 모든 애굽 신들을 꺾을 권세를 받았음을 뜻한다. 나일강은 길이가 약 5,500km로, 세계에서 두 번째로 긴 강이다. 애굽의 산물과 교통은 전적으로 이 강에 의존했다. 고대 역사학자 헤로도토스(Herodotus)는 "애굽은 나일강의 선물"이라고 표현했다.

나일강은 매년 6~10월 범람하여 상류의 비옥한 흙을 충적시켜, 애굽과 주변 국가에 풍성한 농산물을 제공했다. 그러므로 나일강은 애굽의 생명을 상징했다. 그러나 셋째 대접의 재앙은 이 강이 피로 변하게 하심으로, 그 무능과 하나님의 절대 권능을 동시에 드러냈다.[190)]

창 8:20, "노아가 여호와를 위해 단을 쌓고" — 노아가 자기와 가족을 구원하신 하나님께 쌓은 이 제단은 역사상 처음 언급된 제단이다. '번제' — 히브리어 '올라'(עֹלָה)에서 유래했으며, '올라간다'는 뜻을 가진다. 이는 제물 자체가 올라가는 것이 아니라, 제물의 연기가 하나님께 올라감을 의미한다. 하나님은 땅이 있는 동안(세상 끝 날까지) 자연 법칙을 지속 운영하실 것을 약속하셨다. 그러나 현대의 일부 사람들은 과학 만능주의라는 미신에 사로잡혀 있다. 과학은 그 자체로 한계가 있으며, 인간의 이성도 무한한 능력을 갖춘 것이 아니라 대상을 인식하는 도구에 불과하다. 따라서 과학은 그 한계를 깨닫고 올바르게 적용할 때만 유용하며, 믿음과 대립되는 것이 아니라,

---

190) (출 31:18, 신 9:10, 시 8:3, 마 12:28, 눅 11:20) 하나님께서 약속에 대한 성취를 이루실 때 (출 8:18-19) 여호와 하나님의 말씀이 관련된 여호와라는 이름을 쓰시고, 계약을 체결하실 때 하나님의 이름, 즉 여호와(스스로 있는 자)의 이름을 쓰신다는 것임.

믿음을 포용하고 초월하는 방향으로 나아가야 한다. 곧 피조물인 인간은 언젠가는 창조주 하나님을 인정할 수밖에 없다. 출 15:10~11, "흉용한 물" — 여기서 '흉용함'이란 말은 히브리어 '아따림'(אדירים)으로, '장엄'이라는 뜻이다.

이 물결은 하나님으로부터 일어난 것임을 암시하며, 본질적으로 주와 같은 자가 누구냐는 질문 속에는 강한 긍정과 확인이 담겨 있다. 이는 말씀과 관련하여 '여호와'라는 이름을 쓰신 것과 같으며, 출 4:21의 약속을 지키시는 분, 즉 계약을 체결하시고 이를 굳게 지키시는 하나님이 '여호와'(스스로 계시는 자)이심을 밝히신다.

사 10:1~2, "불의한 법령을 발포하여 약탈하는 자는 화 있을진저" — 모든 부정에 대한 관료들의 형벌을 지적한 말씀이다. 하나님께서는 공동체의 결속을 경제적 측면에서도 고려하시지만, 그것이 연약한 자들을 해치는 수단이 되면 결국 하나님의 진노를 받을 수밖에 없다.[191] 겔 22:12, "네가 변전과 이식을 취하여 이웃을 토색하므로 나를 잊어버렸도다. 나 주 여호와의 말이니라." — 여기서 세 가지 죄악이 지적된다. ① 뇌물을 받고 살인하는 것 — 공의를 저버리고 불의를 행하는 죄, ② 변전을 받아 동족에게 돈을 빌려주고 이식(이자)이나 변리를 취하는 것 — 율법에서 금지됨, ③ 관직자가 권력을 이용하여 백성의 재물을 착취하는 것. 이 모든 것은 하나님을 두려워하지 않기 때문에 발생하는 죄이며, 성경에서 말하는 '일만 악의 근본'이다.

하나님께서는 특히 불의를 행하여 피를 흘리는 일을 대표적인 진노의 대상으로 언급하셨다. 이러한 불로소득을 위해 불의를 저지른 자들의 최후는, 마치 살이 찐 가축이 도살당하듯 무자비하게 성도

---

191) (겔 22:12, 출 22:25, 레 25:37, 신 23:19, 시 15:5) 죄의 근본 원인으로 고리대금업자 등을 가리킨다.

들을 살육한 자로 풍자된다.

계 16:6, "성도들과 선지자들의 피를 흘린 자" — 이는 사도들이[192] 공회 앞에 섰을 때를 연상케 한다. 당시 대제사장들은 예수 그리스도의 이름을 기뻐하지 않았고, '예수' 대신 '이 이름'이라 표현하며, "이 사람의 피를 우리에게로 돌리고자 함"이라고 조롱했다. 그들의 입술은 사도들이 말씀을 전한 이유조차 알지 못하는 무지함을 드러냈다. 그들은 예수님을 죽이는 데 주동적이었으면서도, 자신들과 무관한 양 발뺌했다. 그러나 그 징벌은 멸망뿐이다. 겔 3:18 — 죄의 값은 '죽음'이며, 회개하여 하나님께 용서받지 않는 한 죄인은 이 값을 피할 수 없다.

창 2:17 — 죽음은 원죄에 대한 징벌이었다. 하나님의 규정은 말씀에 순종하면 영원히 살리라는 약속을 동시에 내포한다.[193] 최초의 범죄 이후, 하나님과 인간의 친밀한 교제는 깨어졌으며, 죄의 결과는 의심과 공포의 분열이었다. 이것이 에스겔이 악한 자들에게 회개를 촉구하여 은혜의 상태에 들어가게 한 이유였으며, 그렇지 않을 경우 죽음에 이를 것이라는 경고였다.

넷째 대접의 재앙

계 16:8~9의 태양은 지구 위 인류에게 빛과 열에너지의 근원이다. 태양이 반사하는 빛의 에너지와 인체의 구조는 신비로운 조화를 이룬다. 넷째 나팔 재앙도 해를 대상으로 했으나 어둠을 가져왔던 반

---

192) (사 49:26, 눅 11:49, 50) 하나님의 백성을 대적하는 자, (마 23:35) 하나님의 사자를 박해한 자에 대한 형벌임.

193) (롬 1:29-32, 8:12, 13, 갈 4:19-21) '영'은 인격의 본질이나, '몸'의 행실에서 분리되면 땅에 있는 지체가 살아난다. 골 3:5을 참조하라.

면, 넷째 대접 재앙은 열을 이용한 재앙이다. 이는 단순한 공해로 인한 자연현상이 아니며, 열을 이용한 현대 무기의 재앙으로 볼 수도 있다.

엡 2:2, "그때 너희가 세상 풍속을 좇아 불순종의 아들들 가운데서 역사하는 영" — '불순종의… 역사하는 영'은 사탄을 지칭한다. '불순종의 아들들'은 히브리식 표현으로, 불순종하는 백성을 뜻한다. 이들은 하나님의 이름을 훼방하고, 회개할 줄 모르는 자들이다. 하나님께서는 이런 자들에게 공포로 경외심을 일깨우기도 하신다.

창 19:24 — 불은 유황(sulphur)과 역청(asphalt, 탄화수소 화합물 총칭) 잔해가 발견되는 지역에서 내렸으며, 번개의 의미로도 사용된다.[194] '비같이' 불이 내렸다는 표현에 대해, 지진이나 화산 폭발로 방출된 가스가 번개로 점화되었다는 견해도 있다. 이 같은 심판의 유보는, 하나님께서 오래 참으신 사랑의 표현이다. 벧후 3:7, "하늘과 땅은 말씀으로 간수하신 바 되어, 심판과 멸망의 날까지 보존되었다" — 노아의 홍수가 말씀대로 이루어진 것처럼, 마지막 날 심판과 멸망도 말씀대로 될 것이다.

베드로는 거짓 교사들의 잘못된 가르침에 맞서, 주의 날이 갑자기 임할 것을 초대 교회에 상기시켰다.[195] 그는 거짓 스승들을 '점' 또는 '흠'이라 부르며, 그리스도인들이 ① 그들의 활동을 미리 알고, ② 그들의 부도덕함에 경고하며, ③ 선지자의 메시지를 기억하고, ④ 옛 예언자의 가르침을 상기하며, ⑤ 마지막 심판을 경고하는 메시지를 마음에 새길 것을 권했다. 이는 경건한 성도들이 환난을 이겨내

194) (왕상 18:38, 레 9:24, 대상 21:26) '여호와의 불'은 초자연적인 불로 자연계의 불이 아닌 하나님의 능력의 불임은 나무뿐 아니라 돌과 흙도 태우는 사실에 근거함.

195) (살전 5:2) '주의 날'은 미래의 형벌에 대한 그리스도의 재림의 날을 가리키며, 밤에 도적같이 홀연히 오신다는 뜻임.

고 여호와의 의의 나라에 참여하게 하려는 교훈이다. 벧후 3:16, "성경을 왜곡하지 말라" — 다른 성경과 같이 바울 서신도 억지로 교만하게 풀다가 멸망에 이른다는 경고이다.

"네 하나님을 예비하라" — 하나님께서 심판하실 날을 준비하라는 의미이다. 그러나 많은 이들이 회개의 길을 왜곡하여 이미 너무 늦어 버렸다. 그날에는 체질(세상을 구성하는 기본 물질)과 하늘의 별들이 불에 타 없어질 것이며, '점도 없고 흠도 없는' 새 하늘과 새 땅에서는 완전한 의가 실현된다. 그곳에 거할 성도는 그리스도를 닮아, 도덕적으로나 영적으로 순결을 잃지 말아야 함을 다시 강조한다.

다섯째 대접의 재앙

계 16:10~11에서 나타나는 재앙은 회개하지 않는 적그리스도와 그의 부하들에게 직접적으로 임하는 재앙이다. 다섯째 나팔의 재앙이 사탄의 무리에게 5개월 동안 날뛰게 하여 사람들을 괴롭힌 것이라면, 이번 대접 재앙은 그 사탄의 무리에 내림으로써 세상은 더욱 절망의 심연에 빠지게 된다. 이 부분은 장차 닥쳐올 여호와 하나님의 심판을 직시하는 슬픈 정경을 묘사하며, 앞으로 올 심판에 대한 예언을 가리킨다. 곧 교회의 원수들이 하나님의 진노를 받아 심판받게 될 것을 말한다.

단 12:1의 "그때"는 유대인 핍박 시대를 가리킨다. 그 의미는 주의 큰 날, 즉 바벨론을 지칭하는 말로, 이 환난의 때는 야곱의 후손인 모든 이스라엘 백성이 여호와 하나님으로부터 징벌을 받는 때이다.[196] '야곱'이라는 명칭은 모든 이스라엘 백성을 가리키는 대표적

196) (창 11:1-10, 사 13, 14장, 렘 50, 51장, 계 14:8, 16, 19, 17:5, 18:21, 슥 5:11) 본거지인 바벨론의 교만이 해석된 '혼잡'은 히브리어 명칭으로 '발랄'이 '바벨'로 되어 표현함.

표현이다. 여기서 언급된 '때'는 죄를 벌하시는 하나님의 위엄이 나타나는 때이며, 종말론적 심판의 '때'와도 연관하여 생각할 수 있다.

'시날 땅' — 에바 속에 있는 여인이 곧 그 죄가 시날 땅으로 옮겨지는 것과 같다. 이는 죄악의 본거지인 바벨론의 교만을 상기시키는 표현이다. 시날은 바벨론의 옛 이름이며, 성경 전체에서 바벨론은 하나님께 불경건하고 반역하는 세력으로 등장한다.

창 10:25, "그때 세상이 나뉘었음이라" — 이 시기에 바벨탑 사건과 민족의 분산이 있었다. 창 10장의 고대 민족 이름 중 일부는 오늘날의 명칭과도 깊은 관련이 있다. 예를 들어, 구스는 에티오피아, 야완은 그리스, 고멜은 독일을 가리킨다. 특히 중요한 이름은 아브라함의 직계였던 에벨(Eber)로, 히브리(Hebrew) 민족 명칭의 기원으로 보인다. 이때 이스라엘은 주변 이방 국가들의 어둠과 가증한 우상숭배로부터 자신을 지켜야 했다.

신 7:5, "아세라상" — 아세라는 구약에 약 40회 언급된 이방 여신으로, 우가릿에서는 바다의 여신이며 엘(El)의 배우자로 되어 있다. 그녀는 바알을 포함한 70여 신의 어머니로 묘사되었다. 므낫세 왕조차도 아세라를 예루살렘 성전에 들였다. 이는 왕에 대한 규정을 기록하고 자격과 의무를 다루는 내용으로, 구약에서 '왕'을 나타내는 히브리어 명사 '멜렉'(melek)을 사용했다. 이 칭호는 지상의 군주뿐 아니라 여호와께도 적용되었다. 왕정 이전의 이스라엘은 민족을 포용할 군사적 조직이 없었으나, 민족을 결합시킨 끈은 신앙이었다. 그들은 여호와와 언약을 맺고, 신 33:5에서 여호와를 이스라엘의 왕으로 여겼다. 왕권 제도는 유목민의 정착과 문명 수용 속에서 발전했다.

근동 지역에서 B.C. 2천 년대 중엽부터 솔로몬 시대까지 전쟁, 여행, 사냥에서 말이 중요한 역할을 했다. 이스라엘도 말을 좋아했으나, 모세와 사무엘은 이방인의 사치와 물리력의 상징으로 보고 반대했다. 왕들이 이방인처럼 쾌락과 전쟁을 위해 말을 늘리려 했기 때문이다. 교만과 겸손 — 반역적 교만은 하나님께 돌릴 영광을 자신에게 돌리는 죄의 근본이다. 악인의 고통은 치명적이며, 암 6:3의 "흉한 날"도 '여호와의 날'을 뜻한다. 이스라엘 지도자들은 심판 날이 멀리 있는 것처럼 생각하고 불의에 빠져, 환난이 다가옴을 예상하지 못했다.

사 10:9, "갈로" — 시날(바벨론 땅)에 있는 도시, 사마리아(이스라엘 수도), 다메섹(시리아 수도) 등을 예로 들며, 앗시리아는 이 강한 도시들을 자신들의 힘으로 정복할 수 있다며 교만했다. 10절, "내 손이 이미 신상을 섬기는 나라에" — 앗시리아가 유다를 벌하는 하나님의 도구였으나, 그들은 이를 알지 못하고 자만에 도취되었다. 그 '신상'은 예루살렘과 사마리아, 단과 벧엘에 세운 황금 송아지였으며, 유다는 모든 산과 푸른 나무 아래에 목상과 아세라상을 세워 벨티스, 그모스, 몰록 등을 섬기고, 회개하지 않았다.

아모스는 이스라엘의 악이 안일주의 속에서 사치와 향락을 즐기는 것임을 책망했다. 전쟁에서 살아남은 자도 전쟁 후 질병(전염병)으로 대부분 죽게 될 것이었다. 오늘날에도 이스라엘의 도덕적 타락은, 말을 바위 위에서 달리게 하거나 소로 바위를 갈게 하는 것만큼 어리석고 부패한 행동으로 지적된다. 백성은 허무한 것을 기뻐하며, 하나님을 잊고 교만에 빠져 있었다. 그들은 말하기를 "우리의 뿔은 우리의 힘으로"라고 했다. 그러나 이스라엘의 세력은 하나님이 주신 것이었으며, 이는 현세의 기독교인들도 철저한 신앙 위에 선 올바른 영적 삶의 태도를 보여야 할 것을 교훈한다.

여섯째 대접의 재앙

계 16:12~16의 여섯째 재앙은 각국의 왕들이 하나님을 대적하기 위해 모여드는 장면이다. 여기서 유브라데 강물이 말랐다는 것은 상징적 표현으로, 유브라데는 사탄의 보좌가 있던 바벨론이 위치한 곳을 의미할 뿐 아니라, 이스라엘 역사 속에서 원수들이 대부분 이 강 쪽에서 침입해 왔음을 가리킨다. 유브라데강은 큰 장애물이 없어서 군대가 집결하기 쉬운 곳이었다. 레 11:10~41에서 '개구리'는 부정한 동물로 여겨졌고, 페르시아에서도 악과 재앙의 대리자로 간주되었다.

'아마겟돈'을 원어로 번역하면 '할 므깃도', 곧 '므깃도산'을 가리킨다. 이는 인류 최후의 결전장을 상징적으로 나타낸 명칭이다. 계 16장을 보면, 아직 결전은 벌어지지 않았고 집결만 끝난 상태이다. 여섯째 천사가 대접을 쏟음으로 동방에서 오는 왕들의 길이 예비된다. 애굽 바다는 혀 모양의 홍해를 가리킨다. 사 46:9~11, "내가 종말을 처음부터 고하며" — 여기서 '동방에서 부르는 독수리'는 전쟁을 잘하는 왕을 비유하며, B.C. 558~529년에 활동한 페르시아 왕 고레스를 가리킨다.

"이룰 것이요" — 고레스를 동방에서 일으켜 바벨론 포로 생활 중인 유다 사람들을 해방시킬 것을 약속하신 예언은 반드시 성취될 것이다. 여호와만이 참 하나님이신 증거는 미래를 예언하시고 그대로 이루신다는 점에 있다.[197] "보라 내가 새 일을 행하리니" — 이는 유대인들이 바벨론 포로에서 해방될 것과, 장차 세계적으로 그리스도의 복음을 믿는 자들이 구원받게 될 것을 가리킨다.

"나 여호와는 정직을 고하느니라" — 하나님께서는 약속하실 때

---

197) (사 43:19, 44:17, 45:19) "내가 그를 부르며 그 길이 형통하리라" 하나님의 뜻을 이루시기 위해 고레스를 부르심에 주목하라.

반드시 그 목적과 계획, 규칙과 그 이익이 이루어지기를 원하신다. 또한 하나님은 변함없는 사랑으로 약속을 성취하신다. 고레스는 그리스도의 예표로, 하나님께서 자기 백성을 죄에서 해방하기 위해 그리스도를 예비하셨음을 나타낸다. "그가 그들을 쫓아서" — 고레스는 많은 왕을 정복할 때 아시아 서쪽 끝까지 추격하며 원정을 감행했고, 애굽과 홍해까지 큰 영향을 미쳤다. 그는 애굽 왕, 루디아 왕, 갑바도기아 왕을 복속시켰다. "섬들이 보고 두려워하며" — 고레스가 메대를 정복할 때 열방이 정복당할 것을 두려워했다.

바벨론의 나보니더스, 애굽의 아마시스, 루디아의 크로이소스 등은 위기에 처해 상호방위 동맹을 체결했으나, 결국 쉽게 정복되었다. 고레스를 대적한 나라들은 우상에 의지하며, 우상 전각을 다시 수리하고 장식했다.

여기서 '나의 종'은 이스라엘 민족을 가리키며,[198] 다른 구절에서는 예수 그리스도를 뜻한다.[199] 당시 유다는 미약하여 바벨론으로부터 유다를 건지려는 고레스를 반대하는 나라를 크게 두려워했다. 전쟁의 위협은 레 26:25의 '칼' 곧 이는 이스라엘을 괴롭힌 열방의 무서운 칼이다. 하나님은 선지자들을 통해 앗시리아인과 갈대아인을 이스라엘의 원수를 치는 도구로 쓰셨다. 앗시리아인은 하나님의 분노를 휘두르는 도끼와 막더기였고(사 10:15), 느부갓네살은 하나님의 용병이라 불렸다.

사 7:18~20 — 하나님께서 애굽인들을 휘파람으로 부르시고, 갈

---

198) (사 43:1-10, 44:1-8, 21, 45:4, 48:20) 여기 포로 된 이스라엘을 석방하는 대가로 페르시아는 고레스의 아들 캄비세스(Cambyses)의 통치 아래서 애굽과 구스(에티오피아)의 일부와 스바(남서 아라비아)를 가리킴.

199) (사 42:1-12, 49장, 50:4-6, 52:13-53, 61:1, 행 8:28-35) 죄악에 얽매인 삶에서 영적인 해방의 삶(구원)으로 이끄신 그리스도의 사역은 간(刊)에서 옥(獄)을 비유한 말씀으로 이해된다.

대아인을 나팔 소리로 불러내신다. 성 안으로 도망친 백성에게도 염병이 돌게 하셨다. 배역한 자는 하나님을 피할 수 없다. 죄악이 극에 달했을 때 이루어진 예루살렘 포위는 하나님의 재앙의 마지막 단계였다. 살아남은 백성은 부정한 음식을 나눠 먹을 만큼 궁핍했다.

"내 마음이 너희를 싫어할 것이며" — 이는 구체적 저주보다 더 무서운 말씀이다. 하나님의 도움으로 어려움에서 구출될 수 있지만, 영원한 진노의 결과로 임한 곤경에는 희망이 없다. "너희의 향을 흠향치 아니하고" — 회개할 기회가 지나 심판이 확정되면 기도는 응답되지 않는다(시 32:2). "땅이 쉬어" — 아담도 타락 전 노동을 했지만, 죄로 인해 땅이 저주받아 인간은 수고해야만 생활할 수 있게 되었다(창 3:17). 땅은 타락한 인간과 함께 신음하며, 합법적 안식을 빼앗겼다. 하나님은 땅에도 안식년을 명하셨고, 이는 토양 회복에 효과적임이 입증됐다. 기근과 칼로 경고하신 하나님은, 살아남은 자도 서서히 죽게 될 것이라고 하셨다. 주의 큰 날의 전쟁은 범죄자의 치욕이다.

"내가 땅끝에서부터 너를 붙들어" — 바벨론 포로 생활 중에도 하나님은 이스라엘을 잊지 않으시고, 버리지 않겠다고 하신다. "네 하나님이 됨이니라" — 택한 백성을 향한 놀라운 은총이다. 이웃 국가들을 두려워하는 유대인에게, 여호와께서 '하나님의 의로운 오른손'으로 구원하실 것을 약속하셨다. '의'는 하나님의 구원 성취 방법이며, 이스라엘의 구원이 된다(K. Marti). 억압받는 자를 도우시는 것이 하나님의 의이다.

출 8:6 — 수많은 개구리가 사람을 무서워하지 않고 사람과 가옥에 함께 몰려다니는 것은 초자연적 현상이다. 나일강 범람 후 형성된 비옥한 토양과 함께 애굽인들은 개구리를 풍요의 신으로 여겼다. 이는 자연을 만든 창조주를 잊고, 자연 자체를 신으로 여기는 유치한 종교 현상이었다. 이런 형태의 종교는 토테미즘, 애니미즘과 유사하며 전 세계에 분포한다. 자연물의 창조성을 깨닫고 창조주 하나님을 믿는 히브리 신앙은 여호와의 능동적 계시를 중시하며, 유일신 사상의 위대함을 드러낸다.

사 40:24, "그들은 겨우 심기웠고, 겨우 뿌리웠고, 그 줄기가 겨우 뿌리내렸을 때 곧 말라…" — 하나님은 세상의 통치자이시다. 하나님은 세상의 통치자들을 주관하신다. 이사야는 B.C. 700년에 이미 지구가 둥글다는 것을 알았다. 이는 하나님의 영감으로 주어진 통찰력이다. 하나님은 자연과 인간을 초월하신 분으로, 비교할 대상이 없다(딤전 1:17).[200] "누가 이 모든 것을" — 창조성과 위대함을 살펴보고 하나님을 경외하라는 의미이다. "하나도 빠짐이 없느니라" — 하나님의 창조는 완전하다. "땅끝까지 창조하신 자" — 온 천하 만물은 하나님이 창조하셨다.

암 3:7, "주 여호와께서는 자기의 비밀을 그 종 선지자들에게 보이지 아니하시고는 결코 행하심이 없다" — 거짓 선지자는 하나님의 비밀을 깨닫지 못한다. "여호와의 노가 악인의 머리를 칠 것이라" — 바벨론 침략으로 인한 전쟁의 화가 유다의 죄에 대한 하나님의 분노였다. 그러나 거짓 선지자는 "이 재앙은 없다"고 속이며 백성을 안심시켰다. 결국 하나님은 수습할 수 없는 재앙을 임하게 하셨고, 이는 '폭풍과 회오리바람처럼' 유다와 이방인의 죄를 심판하는 재앙이었다. 렘 23:20, "여호와의 노는 너희가 말일에 깨달으리라" — 그러나 죄로 무뎌진 백성은 참 선지자를 조롱하며, 평화를 외치는 거짓 선지자를 따랐다.

이로써 하나님께서는 바벨론을 사용하여 유다 백성을 심판하시

200) (사 40:26-31, 41:4) '여호와는 땅끝까지 창조하신 자, 태초에도 나요, 나중 있을 자에게도 내가 곧 그이니라' 하신 즈를 보라.

게 되었으나, 그들은 하나님의 징계의 의미를 끝까지 깨닫지 못한 채 악을 행하였다. 그러나 예언이 종료될 때쯤, 모두가 깨닫게 될 것이라는 뜻이다. 이 같은 악인의 상태를 지적하시며, 완고한 자들을 위해 사 30:8~9에서 "이제 서판에 기록하라, 책에 써서 후세에"라고 말씀하신다. 이것은 하나님의 신실하심을 영원한 교훈으로 남기라는 뜻이다. 서판은 보관 기간이 짧지만, 책은 길고 두꺼우므로, 두 곳에 모두 기록하게 하신 것이다.

그들은 '패역한 백성'이요, 여호와의 법을 싫어하는 자들이다. 겉으로는 입술로 하나님을 말하지만, 속으로는 거짓을 품고, 말씀 듣기를 거절하는 패역함을 드러냈으니, 이를 후세에까지 불순종의 본질로 지적하신 것이다.

시 33:10 "여호와께서 열방의 도모를 폐하시며 민족들의 사상을 무효케 하시도다."

그들은 하나님의 교훈을 완전히 저버렸다. 시 33:11, "여호와의 도는 영영히 서고, 그 심사는 대대에 이르리라" — 하나님은 자신의 뜻을 밝히 알리신다. 이방인의 불신앙이 일시적으로 형통해 보일지라도, 때가 되면 반드시 하나님의 공의로운 심판으로 형벌을 받는다.

이는 그들의 거짓 행위를 깊이 살피시고, 온 우주를 주관하시며, 모든 민족에게 위엄을 보이시기 위함이다. 계 16:14, "큰 날에" — 끝까지 회개하지 않은 자들이 아마겟돈 전쟁에 집결할 것이다. "저희는 귀신의 영" — 이는 배교, 위선, 금욕주의에 대한 예언으로, 딤전 4:1의 "마지막 때의 이단"을 경고한다. 참된 성도는 그리스도의 가르침을 본받아 선한 행위를 낳는 긍정적인 삶을 살아야 한다. 하나님의 유일성은 기독교 신앙의 기본 교리이며, 선한 열매를 맺지 못하는 믿음은 귀신들도 아는 '단일신론'보다 못하다. 비생산적인 믿음은 참된 믿음이 아니며, 구원에 이를 수 없다.

시 4:4, "너희는 떨며 범죄치 말라" — '떨며'는 히브리어 '리게주'(רִגְזוּ)로, '분을 내어'로 번역되기도 한다. 70인역(LXX)은 "분내어 범죄치 말라"로 옮겼는데, 다시는 어리석은 범죄를 되풀이하지 말라는 뜻이다.

계 16:15, "보라 내가 도적같이 오리니" — 알지 못하는 때 임하는 하나님의 날은 범죄자에게 치욕의 날이며, 전쟁 집결 후 벌어질 마지막 영적 전쟁 '아마겟돈'을 의미한다. 마지막 날, 여호와께서는 악령들에게 최후의 심판을 내리시고, 악의 세력은 "큰 성이 세 갈래로 갈라지고, 만국의 성들이 무너지며" 종말을 맞을 것이다. 바벨론의 유수는 B.C. 586년 성전 파괴를 배경으로 한 예고이다.

일곱째 대접의 재앙

계 16:17~21의 일곱째 대접이 공기 중에 쏟아진다. 공기는 마귀의 상징적 처소였다. "다 되었다" — 요 19:30의 예수님의 최후 말씀을 연상케 하며, 이 '세 갈래'는 악한 세력의 완전한 멸망을 뜻한다. 한 달란트 곧 약 62~70kg 무게의 큰 우박이 공중에서 떨어지는 것을 폭탄 투하에 비유하기도 한다. 지구 종말이 지진으로 초래될 것임을 암시하며, 이는 인간의 모든 운명이 하나님의 심판과 진노 앞에 완전히 무너질 것을 나타낸다.[201]

"네 민족을 호위하는 대군 미가엘이 개국 이래로" — 미가엘은

---

201) (단 12:1, 욜 2:2, 마 24:21) 초자연적인 어둠은 '여호와의 날'을 의미하는 뜻으로, 요세푸스는 지구상의 어느 국가가 겪었던 비운보다 유대인들이 겪은 비극이 더 크다는 당시의 사건을 회상하였음.

하나님의 백성을 호위하는 천사로, 이는 유대인 핍박 시대를 가리킨다. 마귀와 사탄은 하나님께 반역하며 타락한 천사들을 이끌었고, 그중 일부는 감금되었으나 많은 수가 지금도 세상에서 활동하며 헛된 가르침을 전파한다. 이 어둠의 영들은 질병을 퍼뜨리고, 사람과 짐승의 몸에 들어와 해를 끼칠 수 있다.[202] 귀신은 물 없는 황폐한 곳을 돌아다니며 기회를 찾는다.

귀신에 관한 성경의 교훈을 살펴보자. ① 귀신은 더러운 영으로, 사탄과 함께 타락해 추방된 천사들이다. ② 이들은 '어두움의 영'으로, 심판 때 음부에 던져진다. ③ 일부는 사람을 사로잡거나 육체적·정신적 고통을 유발한다. ④ 사탄은 하나님과 함께할 수 없으며, 하나님의 자녀를 유혹하여 영혼을 병들게 한다.

"지옥"(스올, 하데스, 게헨나) — 히브리어 '스올'(שְׁאוֹל)은 구약에서 약 65회 쓰이며, 죽은 자의 무덤 또는 영혼의 거처를 뜻한다. KJV 구약에서는 '지옥'이 31회 사용되며, 신약에서는 '하데스'(ᾅδης)가 10회, '게헨나'(γέφεννα)가 11회 사용된다. '게헨나'는 불경건한 자들의 형벌 장소로, 오늘날 말하는 지옥에 해당한다. 벧후 2:4의 '타르타로스'(Tartarus)는 1회 사용되었다.

사 65:4, "무덤 사이에 앉아" — 이는 이방인의 강신술 풍습을 말한다. 또한 '돼지'(레 11:7)는 부정한 동물로,[203] 고대 이교도들의 제물로 쓰였으며 이스라엘은 이를 경계했다. 부정한 짐승은 근본적으로 불결하거나 감염되기 쉬운 종류들이다.

레 28:59 — 율법 불순종자들은 멸망과 흩어짐, 질병으로 사망할

---

202) (벧후 2:4, 마 12:43-45, 엡 6:11, 12, 마 9:33, 4:24, 막 5:13) 이 '책'은 수리아의 귀신 들린 자의 각색 병을 지적하는 내용과 (민 16:30, 33, 시 16:10의) '음부'에 관한 해석임.

203) (마 7:6, 사 66:17) '돼지고기와 쥐를 먹는 자가 다 함께 망하리라 여호와의 말씀이니라' 징벌의 선언이다.

것을 경고한다. A.D. 70년 예루살렘 멸망 때 이 저주가 실현되었다. 아브라함의 후손이 하늘의 별같이 많으리라는 약속과 달리, 그 수가 줄어든 것은 하나님의 진노의 징조였다(느 9:23, 창 15:5).

하나님은 유대인의 부정을 아시고 그 행위대로 갚겠다고 하셨다. 열방과 열족은 패역자를 벌하기 위해 동원될 것이며, A.D. 70년 로마의 예루살렘 침공도 이에 포함된다. "내가 그들에게 징조를 세우리라" — 성도들은 전쟁의 화를 피해 도망할 수 있도록 하나님께서 피난처를 예비하신다.

사 66:23, "매 월삭과 매 안식일에 모든 혈육이 이르러 내 앞에 경배하리라" — '모든 혈육'은 유대인과 이방인을 포함한다. 신약 시대 여호와의 교회는 온 세계에 복음이 전파되어 모든 민족이 차별 없이 하나님께 돌아올 것을 예언한다. 그러나 끝까지 회개하지 않는 악한 세력은 주 예수께서 예고하신 대환난의 심판을 받아, "그 벌레가 죽지 아니하고 꺼지지 않는 불지옥"에 들어가 심히 큰 재앙을 영원히 당하게 될 것이다.[204]

204) (막 9:47-49) 악은 심판 날에 영원히 불구덩이 속에 있어야 할 것을 선언한 그리스도의 말씀을 참고하라.

17장
물 위에 있는 큰 음녀

계 17:1~18:24의 이 부분은 제4 중간 계시이며, 17장은 음녀의 심판, 18장은 바벨론의 심판을 묘사한다. 여기서 음녀와 바벨론은 둘 다 세상을 상징하는 말로, 17장과 18장은 같은 사건을 서로 다른 각도에서 다룬 것이다. 계 17:1~2의 음녀가 "물 위에 앉은 것"은 물이 백성을 가리키므로, 음녀의 영향력이 매우 크다는 것을 암시한다. "음행하였고" — 하나님을 떠난 죄를 음행으로 표현했는데, 땅의 임금들도 무신론과 향락에 취하여 하나님의 정의와 사랑을 무시하게 될 것을 뜻한다.

나 3:4, "마술의 주인 된 아리따운 기생이 음행으로 열국을 미혹하고" — 니느웨는 강한 군사력과 무역으로 벌어들인 풍요를 이용해 악마적 수단과 마술로 열방을 미혹했다. 사 1:21, "신실하던 성읍이 어찌하여 창기가 되었는고" — 하나님의 백성이 하나님을 떠나 우상을 섬긴 것을 남편을 버린 창기에 비유했다.

렘 2:20, "네 멍에를 꺾고 네 결박을 끊으며" — 당시 유다인들이 하나님의 말씀을 따르지 않은 것을 지적한 말이다. "산 아래서 행음" — 유다인들은 나무 아래에서 우상을 숭배했고, 그 과정에서 성적 문란이 뒤따르기도 했다.

창 3:1, "뱀" — 저주받기 전에는 아름다운 피조물이었지만, 사탄이 유혹의 도구로 사용했다. "간교하더라" — 총명하다는 의미로, 여기서는 부정적인 뜻이 아님을 나타낸다. 하나님께서 단 한 그루만 금하셨음을 알면서도, 사탄은 죄의 범위를 의도적으로 확장시켰다.[205] 결국 인간 최초의 범죄는 절정에 이르고, 하와는 뱀의 유혹에 넘어가고, 아담 역시 알면서도 선악과를 먹었다. 이는 하나님의 뜻보다 인간 자신의 생각을 앞세운 결과였다. 그 결과 모든 피조물은 고통과 탄식 가운데 놓이게 되었다. "여자가 그 나무를 본즉" — 불순한 눈은 정욕의 독소에 오염되어 있었고, 하와는 열매를 따서 남편에게도 주었다. 죄는 전염병처럼 번졌으며, 의심과 공포가 뒤따랐다. 이로써 하나님과 인간의 친밀한 교제는 깨졌다.

음녀와 붉은 짐승

계 17:3~6 — 음녀의 묘사이다. "여자가 붉은빛 짐승을 탔다." — 그 여자는 성도들의 피, 곧 증인들의 피에 취한 자였다. 이는 계 13:1의 짐승이다. 헬라어 '코키논'(κόκκινον, 붉은색)은 계 12:3의 붉은색 '푸뤄스'(πυρρός)와 의미가 다르다. 전자는 멸망의 색이고, 후자는 사치의 색이다. 붉은색은 파괴와 욕망, 또는 사치와 번영의 상징으로 자주 쓰이며, 그 참람한 이름들과 일곱 머리와 열 뿔로 인해 만국이 무너졌다. 땅의 왕들이 그녀와 음행하였고, 땅의 상인들도 그 사치의 세력으로 치부했다.

---

205) (딤전 2:14, 벧전 3:7) 여기 번역된 헬라어 '티멘'은 보통 보석의 가치를 묘사할 때 쓰이는 용어로서, 남편은 아내와 함께 '생명의 은혜'를 다 같이 받을 자임을 기억해야 할 것을 언급함.

음녀의 더러움이 가득 차서, 도덕적 불의와 악이 세상에 만연했다. 계 17:5, "그 이마에 이름이…땅의 음녀들과 가증한 것들의 어미라" — 이 음녀와 짐승의 비밀은 살후 2:7의 적그리스도의 유혹처럼 은밀히 역사하며, 악의 세력을 확장시키는 배도의 상징이다.

겔 16:15~22에서는 이스라엘의 패역상을 묘사하며, 아름다움의 영광이 몰락함을 보여준다. 이스라엘이 의지한 것은 하나님의 은혜가 아니라 세속과 음행이었다. ① 화려함과 명성을 믿고 음행한 이스라엘 백성 — 하나님의 은혜로 얻은 복을 세속 쾌락과 우상숭배에 쏟았다. ② 유다는 하나님을 섬기지 않고, 금은 장식품, 옷, 기름과 향, 곡물과 꿀로 우상을 섬겼다. ③ 자녀를 불살라 우상에게 바쳤다 — '네 자녀'는 하나님의 구원 계약에 참여할 자녀였음을 망각했다. 이스라엘의 아내는 우상을 섬기고, 이방과 동맹을 맺으며 신실함을 잃었다. 우상숭배는 가증스러웠고,[206] 가나안 족속들처럼 사람을 제물로 바치는 끔찍한 행위로까지 이어졌다. 예루살렘 함락 때까지 계속된 참담한 일이었다.[207]

신 6:7, "말씀을 강론하라" — 부모는 하나님의 말씀으로 자녀를 부지런히 가르쳐야 한다. 신앙 교육의 사명은 부모에게 주신 가장 중요한 책임이며, 그의 사명은 세상 그 어떤 도전보다 크다. 하나님을 대적하고 배반하는 반란은 없어야 한다. 불법의 세력은 환난의 날 동안 역사할 멸망의 아들, 곧 말세의 적그리스도를 가리킨다. 말세에 주의 재림이 가까울수록 부패와 율법 파괴로 인한 고통이 커질 것이다.

---

206) (호 2:5-13) '나는 나를 따르리니' 고멜이 정부(政府)를 좇아간 것같이 이스라엘도 바알과 가나안 신들을 좇아 숭배함으로 어리석었음을 지적한 말임.

207) (삿 11:39, 왕하 16:3, 21:6) 아하스는 실제로 자기 첫아들을 몰렉에게 제물로 바쳤다. 이는 고대 종교에서 흔히 있었던 일이다.

인류는 아담의 타락 이후 이미 종교적 타락으로 부패했으며, 은혜가 거둬지는 순간 부패성은 더욱 심해진다. "치우쳐" — 하나님을 떠나 다른 신을 섬기는 배반을 뜻한다. 시 106:39 — 영적 배교는 모세 시대부터 포로 시대까지, 그리고 지금도 계속된다. 사 24:4, "땅이 슬퍼하고 쇠잔하리니" — 인간의 죄로 인해 땅이 필요한 것을 내어주지 않는다. 사회 도덕도 메마르고, 자연 혜택도 줄어드는 것은 하나님의 언약을 어긴 벌이다.

왕하 17:30 — 인간 제물의 종교의식은 바벨론에서 기원했고, 단과 '숙곳브놋' 등 신상 숭배로 이어졌다. '숙곳'을 '삭굿'으로 읽으면 토성이며, 토성은 정의의 신으로 숭배되었다. 델리취는 '숙곳브놋'을 암탉 형상의 우상이라고 하였다. '네르갈'은 지하의 신이며, 화성(火星)에 해당한다. B.C. 729년 디글랏 빌레셀은 바벨론의 위대한 신에게 제사를 드렸고, 그 신들 가운데 '네르갈'도 있었다. '아사마'는 하맛 사람들의 여신으로, '아후' 신의 둘째 아내로 숭배받았다.

"닙하스와 다르닥" — 닙하스는 개 형상, 다르닥은 나귀 형상의 우상으로 전해진다. '아드람멜렉'과 '아남멜렉'의 '멜렉'은 왕을 뜻한다. 이들도 공작의 형상과 꿩의 형상을 한 우상으로, 아드람멜렉은 바람과 비의 신이요, 아남멜렉은 하늘의 신이라고 한다. 창 10:2~10의 죄의 부패로 물든 우상숭배로 하나님을 저버린 자들은 곧 야벳의 후손들이었다. 결국 히브리어로 '확장'이라는 뜻의 이름에서 알 수 있듯이, 창 9:27의 노아의 축복대로 야벳의 아들들이 널리 퍼져 있다. 그들은 흑해와 카스피해로부터 스페인에 이르는 유라시아(Eurasia) 지역에 흩어져 살고 있으며, 함의 자손들은 아프리카로 가서 지중해 연안을 따라 서쪽에 거주하였다.[208)]

---

208) (창 10:6-20) 여기에 니므롯의 소유 지역을 말한 그 이름이 기재된 것도 바벨론을 지칭한 말이다.

또한 구스의 원정착지는 나일강 상류로 보이며, 그곳에서 아라비아, 바벨론, 인도까지 퍼져 나갔다. 구스인들은 피부가 검고 건장한 체구를 가졌다. 이들은 미스라임, 가나안(히브리어 '캐나안')으로, 함의 넷째 아들이 차지한 지역의 범위는 창 10:15~19에 언급되어 있다.

다음으로 스바는 에티오피아 북쪽에 있다. 이는 하윌라라는 아프리카 부족인데, 아라비아와 관계되었고 아라비아 페릭스(Felix)에 있는 카우란(The Cowran) 지역에 거주하였다. 또한 시날은 '니므롯'의 소유 지역인데, 이 외의 많은 이름이 기록된 것은 바벨론을 가리킨다. 한편 단의 거주 지역은, ① 구스는 에티오피아, ② 붓은 리비아, ③ 룻은 소아시아 리비아, ④ 메섹과 두발은 튀르키예 동남쪽 소아시아, ⑤ 고멜은 튀르키예, ⑥ 도갈마는 시리아로 확인된다.

'시날 땅에' 한 여인이 앉아 있는 환상은 죄와 악을 의인화한 것이다. 에바 안에 있는 여인의 환상은 죄가 궁극적으로 이스라엘 땅에서 사라지고, 시날 땅(바벨론)으로 옮겨질 것을 의미한다. 둥근 납 한 조각이 에바의 뚜껑이며, 죄와 악(여인으로 상징됨)이 밖으로 나오지 못하도록 덮힌 것이다. 유대인의 죄악이 이방인에게 옮겨지는 모습, 그리고 바벨론의 죄악의 본거지이자 교만한 죄를 상징하는 시날로 그 죄가 회귀하는 그림이다.[209)]

막 7:34, "하늘을 우러러 탄식하시니" — '에바다'는 '열려라'라는 뜻의 아람어이다. 예수 그리스도의 심령이 탄식하신 것은 연민과 아픔이었으며, 주님은 굴욕과 슬픔에 싸여 땅에 엎드리셨다. 이는 복종의 자세였고, 영혼의 거센 풍랑 속에서 예수께서는 기도 외에는 다른 방도가 없으셨다. 히 5:7, "그는 육체에 계실 때…능히 구원하

---

209) (창 11:1-10, 사 13-14장, 렘 50, 51장, 계 14:8, 16:19, 17:5, 1:2, 10, 21) '바벨론 멸망'에 대한 예언은, 당시 바벨론이 열국의 패권을 가져 국세가 극히 왕성하였지만 결국 인간 바벨론의 멸망이 예상된 것을 가리킨다.

실 이에게" — 겟세마네 동산에서 예수께서 심한 통곡과 눈물로 간구하신 장면이다(마 26:39~44). 죄 없으신 하나님의 아들이 인류의 모든 죄를 짊어지고 고난을 당하신 상징적 장면이다.

짐승의 비밀

계 17:7~18 — 여자와 짐승의 비밀이 본격적으로 드러난다. 음녀를 태운 짐승이 주권을 가지고 음녀를 조종한다. 이 그림은 바벨론의 유수(B.C. 586년 성전 파괴)를 배경으로, 도움을 구하는 민족들의 부르짖음과 황폐한 성전 모습이 그들의 희망과 담대함을 드러낸다. 이 짐승의 비밀은 계 17:8, "무저갱이 열리니" — 왕들의 흥망에 관한 예언이다. 일곱 머리와 열 뿔 가진 짐승 중 하나가 상하여 죽더니, 다시 살아남으로 온 땅이 그를 부활한 신처럼 따르게 된다.[210)]

바벨론의 비밀은 이대의 적그리스도의 출현과 밀접하게 관련되어 있다. 딤전 1:20의 후메내오의 거짓된 가르침과 딤후 2:17~18의 사례처럼, 사탄에 의해 교회에서 출교당하는 사건으로 드러난다. 이는 악의 세력과 어린양의 싸움을 예고하며, 회개 없는 자는 참된 신앙에 들어설 수 없음을 경고한다.

"여자가 앉은 일곱 산이라" — 눅 11:14 "자유를 주시는 예수께서" — 드디어 귀신이 쫓겨난 장면이다. 사탄은 원수, 거짓의 아비, 권세 잡은 자, 옛 뱀 등 다양한 이름을 가진 인격적·영적 존재이다.

일부 학자는 악령의 존재를 상징적 표현으로만 해석하지만, 성경은 하나님의 허락 아래 실제 활동하는 존재로 제시한다. 예수께서 광야에서 사탄의 시험을 이기셨을 때, 사탄의 패배는 이미 확정되었

210) (계 13:3) 음녀와 짐승의 비밀은 동시에 본격적인 주권을 가지고 음녀를 조종하는 장면을 가리킨다.

고, 십자가에서 완전히 드러났다. 최후 심판 때 사탄은 완전히 멸망할 것이다. 겔 32:7, "내가 너를 불 끄듯 하리라" — 바벨론의 문화는 이전에 모든 민족 중 하나의 불빛과 같았으나, 교만으로 인해 하나님께서 그 불을 끄시겠다는 말씀이다.

계 17:16, "불로 아주 사르리라" — 악의 특징 중 하나는, 세상이 자기가 섬기던 사탄에게 미움을 받아 멸망한다는 점이다. 계 17:17, "말씀이 응하기까지" — 불의에 대한 심판이 또 다른 불의를 통해 이루어지는 하나님의 주권적 섭리를 드러낸다.

사 51:6, "하늘은 연기같이 사라지고" — 그리스도께서 인류를 심판하실 때, 하늘과 땅은 새로워지고, 악인은 멸망하며, 구원은 영원히 지속될 것이다.[211] 세상 만물은 한계가 있지만, 하나님의 의는 영원하다. 요일 2:18, "마지막 때라…적그리스도" — 헬라어 '안티크리스토스'는 일반적 배교자를 뜻한다. 그들은 교회를 배반하고 예수 그리스도를 부인한 자들이다.

"미혹하는 자" — 예수께서 육체로 임하셨음을 부인하는 자로, 이는 현재분사 형태로 과거 성육신과 부활, 현재와 미래의 임재까지 포함한다. 요일 4:2의 완료분사 형태는 성육신 자체를 강조한다.

슥 3:8, "내가 내 종 순을 나게 하리라" — 메시아를 가리키는 히브리어 '마크'(싹)로, 예수는 다윗의 자손으로 세상에 빛으로 오신다.[212] 출 32:30~35 — 모세가 이스라엘을 위해 자기 생명을 속전으로 드리려 했으나, 하나님은 이를 열납하지 않으셨다. 그러나 독생자 예수 그리스도의 속전은 온 인류를 위한 구속으로 열납되었다.

---

211) (계 21:1, 벧후 3:10-13) 주의 날이 갑자기 임하게 되리라는 초대 교회의 가르침의 재확인과 (계 19:11-21) 영원한 구원의 예언이 (벧후 3:13, 마 24:35, 요일 1:2, 16, 17) 기록된 것을 참조하라.

212) (렘 23:5, 53:15, 슥 3:8) '의로운 가지'는 축어적인 의미로 '묘목'을 표현하나, '싹'은 '새 생명'을 가리킨다.

겔 16:37 — 이스라엘이 지은 죄가 소돔과 사마리아보다 더 악했음을 지적한다. '정든 자와 사랑하던 자'는 애굽, 바벨론, 앗시리아, '미워했던 자'는 암몬, 모압을 가리킨다. 하나님을 의뢰하지 않고 열국을 의지하며 음행하고 우상을 섬긴 죄 때문에 멸망의 경고가 주어진다. "네가 어렸을 때를 기억지 아니하였고" — 이스라엘의 초창기는 미천했으나, 하나님의 도움을 잊고 무서운 죄를 범하게 된 위태로운 상태를 경고한다. 결국 이스라엘은 남편으로 비유된 하나님을 버리고 우상을 섬겼으며, 자녀를 싫어하여 그들을 죽여 몰록 우상에게 바쳤다.

몰록 우상은 불의 신 혹은 태양의 신으로, 암몬 족속의 우상이었다. 사람의 몸에 소 머리 형상을 하고, 두 손을 펴 직립한 모습도 있고, 단상에 걸터앉은 모습도 있었다. 그 몸과 제단 속은 모두 비어 있어서, 제사 때는 숯불로 뜨겁게 달군 뒤, 어린아이를 두 손 위에 올려놓고, 울음소리가 들리지 않도록 북을 울리며 그 몸을 태워 제물로 바쳤다. 이것이 바로 음녀와 짐승의 비밀이다.

이스라엘의 어미는 헷 사람이요, 아비는 아모리 사람이며, 형은 사마리아 사람이고, 아우는 소돔 사람이었다. 그들은 하나님에 의해 선택되고 거룩히 구별되었으나, 그 사실을 느낄 수 없을 만큼 죄악을 범했다. 그 딸들은 사마리아 부근 도시에 거주했으며, 사마리아는 예루살렘보다 크고 넓어 '형'이라 불렸고, 소돔은 그보다 작아 '아우'라 불렸다. 사마리아와 소돔 모두 음행, 곧 우상숭배로 인해 멸망했다.

이스라엘의 죄는 소돔의 죄보다도 더 크다. 그들의 죄악은 ① 교만, ② 식물의 풍족함과 태평함 속에서도 가난하고 궁핍한 자를 돕지 않은 것, ③ 하나님 앞에서 가증한 일을 행한 것이다. 이스라엘은 이 세 가지로 인해 더욱 부패했다(겔 16:55). "네 아우 소돔과 그 딸들이 옛 지위를 회복할 것이라" — 소돔과 사마리아로 대표되는 이방 민족들과 유다 민족이 장차 그리스도를 통해 구원받을 것을 예언한다. 그러나 이스라엘은 번영과 평안에 취해, 이전에 소돔이 죄악으로 심판받은 사건에서 아무 교훈도 얻지 않았다. 오히려 자신들이 구별된 백성이라 자부하며, 소돔과 같은 운명은 없을 것이라 교만하였다.[213] 그러나 하나님께서는 다시 영원한 언약을 세워 이스라엘을 회복시키실 것을 약속하셨다. 영원한 언약은 곧 그리스도로 말미암아 이루실 구원 계획을 뜻한다. 하나님께서는 과거의 반역에도 불구하고 미래에 이스라엘을 용서(축복)하시며, 그들이 과거의 부끄러움을 기억하고 여호와만을 믿고 의지하게 하실 것이다. 이것은 하나님의 큰 자비와 인내로 이루어질 구원이며, 그분을 향한 진실한 신뢰와 존경을 낳게 되는 것이다.

슥 14:1, "여호와의 날이 이르리라" — 그리스도의 재림과 더불어, 그 이전에 유다 민족에게 큰 재난이 닥칠 것이다. 유다를 침략한 적군이 그 재물을 나누며, 예루살렘에 대한 보편적인 적대 행위가 마지막 단계를 맞이하게 된다.[214]

하나님께서는 예루살렘을 초자연적인 방법으로 보호하시기에, 이방 열국은 그분을 대적하는 두려움으로 떨게 될 것이다. 하나님은 예루살렘을 통해 열국에 진노를 나타내신다.

계 17:18, "땅의 큰 성이라" — 여기서 이 '성'은 두로를 가리키며, '희락의 성'이라는 의미가 포함된다. 이는 매우 부유하고 견고한 세력을 뜻하나, 하나님께서 모든 교만을 낮추고 세상의 모든 존귀한

213) (겔 16:60-63) '영원한 언약'은 그리스도로 말미암아 이루실 '구원 역사의 계획'을 뜻한다.

214) (슥 12:2, 3) 이 무거운 돌은 예루살렘을 말한다. 열국이 예루살렘을 치려다가 오히려 패하게 될 것을 가리킨다.

자를 멸시하시기 위해 정하신 날에는 반드시 무너질 것이다. 이 혼란의 날은 B.C. 710년 산헤립의 침공을 가리킬 수도 있고, 바벨론에 의한 예루살렘 포위와 함락(B.C. 586)을 상징할 수도 있다.[215]

215) (계 11:8, 16:19) '일곱째 대접'이 공기에 부어졌다. 공기는 마귀의 상징적 처소를 말한다.

18장
악의 본거지 바벨론의 멸망

계 18:1~24 — 17장과 18장은 비슷한 사건으로 바벨론의 멸망을 다루고 있으나, 17장은 종교적인 바벨론과 우상숭배의 멸망을, 18장은 정치, 경제 등 세속적 바벨론의 멸망을 주제로 한다. 전자가 바벨론의 죄악상과 멸망의 원인을 밝혔다면, 본 장은 그 멸망의 상황과 결과를 묘사한다. 또한 17장은 바벨론을 여자, 음녀, 어미로 묘사하지만, 18장은 처소, 큰 성, 시장 등으로 나타낸다.

바벨론 멸망 선언

계 18:1, "이 일 후에" — 하나님의 임재를 뜻하는 증거이다. 하나님께서 법궤 위(그룹들의 머리)에 계시다가, 이제 성전 문지방에 임하심은 죄악으로 패역한 이스라엘을 떠나실 것을 상징한다(겔 10:18 "그의 영광이 성전 문지방을 떠나"). 이는 언약의 하나님이 성전을 떠나심으로, 은혜의 임재가 철퇴하였다는 의미이다. 이것은 언약의 백성 전체가 아니라, 예루살렘과 유다에 거하는 패역한 이스라엘을 향한 것이다.

사 1:21, "신실하던 성읍이 어찌하여 창기가 되었는고" — 하나님의 백성이 하나님을 떠나 우상을 섬김에 대하여 남편을 버린 창기에 비유했다. "너희 열방아 들으라" — 유다 백성의 반역에 대한 하나님의 징계는 온 인류에게 교훈이 된다. 예레미야는 유다의 멸망을 슬퍼하며, 렘 6:25에서는 북방에서 침략해 오는 바벨론 군대의 잔혹함을 묘사했다. 느부갓네살왕은 스스로 의식하지 못했지만, 여호와께서는 그를 심판의 채찍으로 사용하셨다.

겔 43:2 — 하나님의 영광이 성전으로 들어가는 회복의 계시이다. 그 성전에 대한 환상은 신약 시대의 교회를 상징한다. 유형적인 성전만으로는 구원이 성립되지 않는다. 오직 하나님의 임재만이 성전에 가치를 부여한다. 에스겔은 하나님께서 동문으로 새 성전에 들어오시는 광경을 보았다. 하나님은 이 문을 통해 성전을 떠나셨던 적이 있었고, 다시 들어오심은 구원의 증표였다. 그 모양은 이전에 예루살렘을 심판하시던 모습과 같았다.

"여호와의 영광이 전에 가득하더라" — 이는 모세의 성막 봉헌식과 솔로몬의 성전 봉헌식 때 있었던 장면과 같다. 겔 10:4, "성전 문지방에 임하니 광채가…" — 이 빛은 하나님의 임재의 증거이다. 새 성전은 하나님이 예배를 위해 지정하신 장소라는 점에서 과거 성전과 연속성을 지니지만, 과거 성전이 타락했듯 불연속성을 갖기도 한다. 솔로몬 성전은 이스라엘의 죄로 파괴됐다. 그러나 하나님은 이스라엘이 회개하면 은혜와 자비로 새 성전을 주실 것이다. 새 성전의 법은 더 자세한 규례와 율례를 포함하며, 신약 시대 구원의 법까지 예표한다. 성전의 기초는 거룩했고, 산꼭대기에 있는 모습은 세상을 향해 특별히 구별됨을 나타냈다. 곧 그리스도의 강림은 새 성전의 환상에 의한 예언적 상징이다. 이는 큰 성 바벨론의 멸망과 연결된다.

계 18:2, "무너졌다! 귀신의 처소, 더러운 영들의 모이는 곳" — 죄로 인한 도덕적 부패를 지적한다. '네가 권세로 건설하여 도성을 삼고' — 느부갓네살은 다니엘의 충고를 무시하고, 바벨론을 자신이 이룬 것이라 여기며 교만하였다.[216] 그 교만은 심판을 재촉했다. 바벨론의 쇠퇴는 단계적으로 왔다. B.C. 20년, 스트라보(Strabo)는 바벨론을 '광대한 폐허'라고 기록했다. 갈대아 사람들은 남부 바벨론에 거주했으며, 멸망은 너무나 갑작스러웠다.

"온 땅이 평안하고 정온하니" — 바벨론 몰락 후 그 통치 아래 있던 민족들은 평안을 누렸으나, 페르시아가 차지한 후 오래 지속되지 못했다. 느부갓네살은 마침내 하나님의 벌을 받았다.

"사람에게 쫓겨나서" — 이는 꿈의 예언이 성취된 상태로, 왕이 짐승처럼 되어 풀을 먹고, 털이 나고, 손톱이 자라 인간의 형상을 잃은 모습이었다. 이는 하나님의 심판이었다. 짐승과 같이 들에서 살던 그는 하나님의 절대 주권을 인정하게 되었다. 기한이 차매, 느부갓네살은 하늘을 우러러 하나님을 높였고 회개했다. 그는 "지극히 높으신 자, 영생하는 자"의 권세가 영원함을 고백하며 찬양했다.

"교만하게 행하는 자를 낮추심이라" — 죄의 징벌은 교만이 최고조에 달했을 때 임한다. 음부(히브리어 '스올')는 불신자가 가는 곳, 죽은 자의 영혼이 사는 땅 밑의 세계, 보이지 않는 곳을 뜻한다. "음부가 너로 인하여 소동하리라" — 바벨론 왕이 죽어 음부에 떨어지자, 거기 있던 영웅들의 영혼들이 그를 보고 놀란다. 그가 생전에 죽음을 모르는 듯 교만했기 때문이다.

다른 왕들은 무덤에 묻혀 쉬지만, 바벨론 왕은 무덤에서 쫓겨났

---

216) (창 6:12, 사 28:8, 렘 5:28, 겔 7:23, 미 6:12, 마 23:28, 눅 11:39, 롬 1:29) 죄의 보편성은 '끝날에' 히브리어 '카차츠'라고 하는 말은 '끊는다'의 뜻으로, 특히 민족적 종말이나 멸망이 (겔 7:2, 암 8:2) '내 앞에 이르렀으니', 문자적으로 '내 얼굴 앞에 있어' 이 일을 더 이상 지체할 수 없다는 말임.

다. 느부갓네살의 아들 에윌므로닥은 왕위에 올랐다가 옥에 갇혔고, 그 사이 느부갓네살은 죽었다. 백성들이 그 시체를 파내어 보여주자, 그는 왕위에 오르기를 거절했다. 이는 시체마저 모욕당한 상태였다.

단 5:1, "벨사살왕" — 지금까지 이 왕에 대한 기록은 거의 없었으나, 최근의 발견에 따르면 바벨론 최후의 왕 나보니더스(Nabonidus)가 왕권을 아들 벨사살에게 넘기고 아라비아로 은퇴했다는 문서가 있다. 당시 느부갓네살은 B.C. 562년에 죽었고, 그의 아들 아멜말둑이 왕위를 계승했다.[217] 그러나 아멜말둑이 그의 자형 네르갈사레셀에게 살해되고, 네르갈사레셀이 B.C. 560년 8월에 즉위했다.

그는 다시 그의 아들 라바시말둑에게 B.C. 556년에 왕위를 계승했으나, 후에 라바시말둑은 나보니더스가 이끄는 무리에게 암살당했다. 이어 나보니더스는 그의 아들 벨사루술(Belscharusur, 벨사살)에게 왕위를 넘겨주고 은퇴했지만, 여전히 왕의 지위를 보유했다. 이 벨사루술이 성경에 나오는 벨사살왕이며, 바벨론의 마지막 왕이다. 세계사에서는 나보니더스를 마지막 왕으로 기록하지만, 성경에서 벨사살이 느부갓네살을 부친이라 부른 것은 모순이 아니라, 국권을 계승한 의미에서 아버지라 칭한 것이다.

벨사살은 느부갓네살이 예루살렘에서 빼앗아 온 은금 기명, 성전 기구들을 사용해 귀인들, 왕후, 빈궁들과 술을 마시려 했다. 이는 무절제한 탐욕과 타락을 나타내며, 곧 하나님의 심판을 불러왔다. 단 5:4, "무리가" — 하나님의 전에서 가져온 금 기명으로 술을 마시고, 금, 은, 동, 철, 석의 우상들을 찬양함으로 하나님보다 우상을 더 섬

---

217) (렘 52:31, 39:3) 여기서 에윌므로닥은 '말둑의 종'이란 이름이며, 그는 B.C. 562-560년에 통치한 바벨론의 왕인 느부갓네살 2세의 아들로, 후계자였으나 베로수스(Berossus)와 톨레미의 경전에서 매부인 네로그리살에 의해 암살되었다.

졌음을 드러냈다. 이는 바벨론 성 밖에 도착한 페르시아 군대 앞에서 사기를 높이려는 행위였으나, 결과적으로 멸망을 재촉했다.

바벨론의 심판과 애가

계 18:3, "그 왕들의 음행" — 영적 간음은 종교적 타락을, 정치·사회적 부패는 상인들의 부정거래와 탐욕으로 인한 경제 붕괴를 뜻한다. 재물로 인한 교만이 심해져, 사람들은 하나님보다 재물을 더 의지하게 되었다. '자고'(교만)는 모든 인간의 보편적인 죄이다. 인간이 자기 존재를 깨달을 때, 자만이 얼마나 어리석은지 알게 된다. 모든 죄악의 운명은 삼하 14:14에서 "필경은 죽으리니"라고 말씀하며, 이는 만물의 죽음을 뜻한다.

겔 32:22 — 음부에 내려간 폭군 무리에 대한 진술이다. 엘람, 메섹, 두발, 에돔 등 열국의 방백들이 거기에 있다. 무덤이 사방에 있음이 다섯 번 반복된 것은, 허영으로 날뛰던 인생들이 사후에는 어둠 속 한 자리를 차지하고 누울 뿐임을 강조한다. 사람은 죽으면 모두 한 줌 흙이 된다는 것을 명심해야 한다. 이는 폭군의 삶을 풍자하지만, 동시에 구약 시대 할례의 중요성을 비유한다. 할례는 하나님 백성의 징표였으나, 신약 시대의 할례는 빌 3:3의 "하나님의 성령으로 봉사하는" 영적 할례를 뜻하며, 예수 그리스도를 자랑하고 육체를 신뢰하지 않는 자들이 받는다.

바울은 이를 근거로 유대주의자들을 공격했다. "개들을 삼가라" — 이는 사납고 악독한 자, 행악자, 곧 하나님의 자비보다 율법·규례 준수를 더 중시하는 자들을 비유한 말이다. 폭군들은 세상에서 높아지기를 원하지만, 한껏 낮아지는 날이 반드시 온다. 그들은 병기를 가지고 음부에 내려가 칼을 베개 삼으려 하나, 그 칼이 곧 그들의 죄악이었다. 옛 전설에 따르면, 폭군의 시체에 그의 칼을 베개로 놓는 풍습이 있었는데, 이는 생전 칼로 범한 죄악을 시체와 함께 묻는 행위였다. 과거 찬란했던 왕국들도 하나님을 거역하고 교만했기에 스올(음부)에 던져졌다.

렘 51:7, "바벨론은 금잔이라" — 바벨론의 화려함을 반영한 표현이다. 그 잔 속은 우상으로 가득했고, 동일한 비유가 계 14:8, 17:16에도 나온다. 렘 25:15, "이 진노의 잔" — 술 취함처럼 하나님의 심판으로 비틀거리는 참상을 묘사한다. 유다는 멸망 시, 죄악에 더 취해 죄를 짓거나, 심판으로 비틀거리며 방황했다. 이스라엘도 멸망했는데, 회개치 않는 이방인의 멸망은 당연하다. 여호와를 대적하는 바벨론은 왕겨처럼 키질될 것이며, 하나님의 보수는 집행된다.

계 18:4~8, "하늘로서 음성이" — 주인공은 그리스도이시며, 선택된 백성을 직접 인도하신다. 바벨론의 벌은 죄와 상응하며, 사망은 약자에 대한 횡포, 애통은 사치와 쾌락의 대가, 흉년은 교만의 대가로 내려진다. 마지막 벌은 불사름이다.

렘 4:13 — 예레미야는 침략자 바벨론을 땅에서 올라오는 구름에 비유한다. 이는 유다 멸망의 원인이 죄악에 있음을 밝히며, 회오리바람 같은 군마를 보고 유다인은 "우리가 멸망하도다"라고 탄식했다.

우상숭배와 도덕적 퇴폐의 원천은 마음의 사악함이었다. '여호와의 가구를 메는 자' — 신자는 영적으로 바벨론 이교주의에서 떠나야 한다. 구원 사역은 죄로부터 떠나게 하는 정화 운동이다.

"내일 죽으리니 먹고 마시자" — 회개해야 할 자들이 쾌락을 추구하며, 죽기까지 하나님의 뜻을 거역하는 죄를 범한다. 이들은 마지막에 바벨론의 애가를 부를 세 부류이다. ① 땅에서 권력을 쥔 불의한 자, ② 불법으로 경제권을 장악한 부자, ③ 바다에서 상품을 운반하며 권력, 재물과 결탁한 자들이다. 그 애가는 두로의 멸망 애가를 배경으로 하며,[218] 종말의 상징적 묘사이다.

계 18:9~10, "화 있도다, 큰 성 바벨론이여" — 정치 지도자들이 먼저 애가를 부른다. 정치 제도가 필요하더라도, 이를 탐욕에 이용한 자들은 심판받고, 추종자들도 같은 운명이 된다. "치부한 땅의 상고들이" — 바벨론에서 부를 누린 상인들이다. 세상의 부패로, 정당한 수고보다 부정한 결탁이 부를 쥐게 한다. 본문에는 7가지 범주의 28가지 품목이 나열된다. ① 귀금속류, ② 각종 의류, ③ 각종 장식품, ④ 향료, ⑤ 각종 식료품, ⑥ 각종 운반수단, ⑦ 사람의 영혼까지 매매하는 일이다. 이는 대부분 사치와 향락을 위한 고급품이며, 종들과 영혼을 상품 취급한 것은 당시 노예제 실태를 반영한다. 오늘날에도 인간 상품화 현상은 말세적 징조라 할 수 있다. 부와 정보의 이동은 교통 운송을 맡은 선원들의 애가로 상징된다. 인간이 조직을 선택하지만, 때로는 조직이 인간을 지배하기도 한다. 성도는 선한 조직에 속하고, 그 안에서 '빛'과 '소금'의 역할을 감당해야 한다. 갈 4:4, "때가 차매" — 멸망한 자들의 삼중 애가가 끝나면, 하늘의 기쁨이 드러난다. 악의 멸망은 세상의 기쁨이 되기 때문이다.

계 18:21~23, "네 복술로 만국이 미혹되었도다" — 바벨론의 멸망에 대한 설명이다. 사 47:8~9 — 바벨론은 느부갓네살왕 때 외국의 침략을 막기 위해 내성과 외성이 있는 견고한 성벽을 가졌으며, 강국임을 자랑했다.[219] 그러나 하나님께서는 교만한 바벨론을 홀연히 멸망시키시어 그 교만을 꺾으시고, 그들이 자랑으로 여기던 모든 것

---

218) (겔 26:16, 17, 27:24, 32, 렘 50:46) 두로가 멸망할 때 모든 해변 나라의 왕들은 슬퍼했다. 오늘날에도 두로의 멸망의 참상을 기억하며 애도할 애가이다. 그 이유로 시 37편을 참조하라"

219) (단 4:30-31) 끝까지 교만한 바벨론의 국운이다. 화를 한층 더 재촉하게 된 느부갓네살왕은 자신의 자격과 모든 권세가 다 사라지고 이제 하나님께 형벌을 받는 장면을 보인다.

을 반대로 바꾸어 놓으셨다. 바벨론은 미신이 만연한 국가였다. 점을 치기 위해 주문을 외우고, 월신(the moon-god)과 인신(sin)에게 지혜를 구했다. 그것이 바벨론 멸망의 큰 원인이었다. "네 악을 의지하고" — 바벨론이 미신과 포학, 침략을 일삼은 것을 가리킨다.

하나님을 모르는 자들은 죄악을 삶의 무기로 삼지만, 하나님의 백성들은 말씀을 삶의 지표로 삼는다. "네 지혜와 네 지식이 너를 유혹하였다" — 바벨론은 정책, 술책, 사욕, 마법, 미신 등이 그들을 타락하게 했다. "나뿐이라, 나 외에 다른 이가 없도다" — 하나님께서 자주 사용하신 어법으로, 바벨론의 교만이 하나님을 대신할 만큼 강하게 되어 두려움이 없다는 방자한 태도를 뜻한다.

계 18:21 — 힘센 천사가 나귀에 매어 돌리던 큰 맷돌을 들어 바다에 던지는 상징적인 행동을 했다. 돌이 바다에 빠지며 큰 물결과 굉음이 이는 것은 파괴의 무서움을 나타낸다. 이는 다시는 일어나지 못할 바벨론의 완전한 종말을 뜻한다.

계 18:22, "맷돌 소리가 결코…들리지 아니하고" — 멸망 후 음악이 끊기는 것은 예술의 종말이며, 세공업자가 사라진 것과 같다. 모든 사업체의 종말, 생산업의 황폐, 등불의 소멸은 완전한 폐허와 절망을, 신랑과 신부의 음성 없음은 가정 제도의 붕괴를 의미한다.[220)] 사 24:20, "땅이 취한 자같이 비틀비틀하며 침망같이 흔들리며…" — 땅의 사람들이 방탕과 연락(宴樂)에 젖었으나, 물질이 사라지자 마음도 즐겁지 않게 된다는 말이다. 근심이 많아져 독주를 마셔도 괴로움만 더할 뿐이다. 집다다 문을 닫고 침략자를 막기 위해 빗장을 지르며 길을 차단하니, 방문객도 사라졌다. 땅이 깨어지고 깨어지

---

220) (사 24:6-19) 땅끝에서부터 그리스도의 복음이 전 세계에 전파되어 이방 나라에서도 구원의 하나님을 높이며 그 이름을 찬양하게 되지만, 지구 전체가 쇠잔함을 가리킨다.

니, 도시 바벨론의 운명이 지구 전체의 멸망을 상징한다.

전 12:4 — 길거리의 문 소리가 희미해지고, 귀가 날카로워 작은 새소리에도 깨어 깊이 잠들지 못한다. "음악하는 여자들도 다 쇠하여질 것이며" — 더 이상 세상의 향락을 즐기지 못함을 뜻한다. "길에서는 놀랄 것이며" — 걸어다니기조차 힘들다는 말이다. 언덕 위에 핀 살구꽃(흰 머리)은 노년을 의미한다. "원욕이 그치니"는 성적 능력의 상실, "영원한 집"은 죽음을 비유한다. "은줄이 풀리니"는 생명을 지탱하는 힘이 풀림, "금그릇이 깨어지고"는 등잔이 깨져 불이 꺼지는 것, 곧 죽음을 의미한다. "흙으로 돌아가니" — 창 3:19처럼 인간의 육체가 죽어 흙으로 돌아감을 뜻한다. 영혼은 하나님께로 돌아가 심판을 받는다. '영혼'이 '신'으로 번역된 것은 히브리어 '루아흐'(רוּחַ) 때문이다. 그러나 인간의 지식은 끝없이 새로워져도 한계가 있다. 그것 자체를 절대시하면 실망뿐이다. 우리의 교훈은, 기독교 지성은 모든 학문에서 하나님의 영광을 드러내는 미덕을 가져야 한다는 것이다.

계 18:23, "너의 상고들은 땅의 왕족들이라" — 이제는 이스라엘뿐 아니라 죄로 물든 땅도 악이 범람하여, 그 행위에 따른 심판이 예고되어 있다. 창 4:17, "아내와 동침하니" — 그의 아내는 가인의 여동생이거나 조카, 증손녀일 수 있다. 당시 결혼은 근친혼이었으며, 이는 고대 근동에서 오랫동안 이어졌다. 이때 에녹이라는 이름에서 하나님을 경배하지 않는 인류의 족보가 시작된다. 그들은 기예에 능했지만, 죄는 급속도로 퍼져나갔다. "라멕이 두 아내를 취하였으니" — 이는 육체적 탐욕으로 일부일처제 결혼 윤리를 최초로 깨뜨린 사례였다.

"하나님의 보수는 그 바다를 말리고 이 샘을 말리니" — 바벨론의 멸망은 하나님의 뜻에 따라 도살장에 끌려가는 짐승처럼 피할 수 없는 일이었다. 아무리 강한 자라도 하나님의 뜻을 거스르면 멸망한다.

렘 51:44 — '벨'은 운명이라는 뜻으로, 바벨론의 수호신 중 하나이다. '아누'(하늘), '벨'(공중과 땅), '이아'(땅 밑의 물 세계)를 다스린다고 믿었으며, 바알과 같은 태양신으로 숭배됐다.[221] 그러나 고레스가 바벨론을 정복하면서 이 신상들은 무너졌다.

"네 복술이 만국을 미혹하였다" — 왕족과 동일시되는 부와 권력이 세상을 지배할 것이라는 경고이다. 복술은 쾌락의 도구이며, 일부는 아편 LSD 같은 환각제를 뜻한다고 보기도 한다. 바벨론은 유프라테스강을 이용해 부강했으나, 탐심과 우상, 복술, 의지는 멸망을 불렀다. 무엇보다 성 안에 순교자의 피가 있었음이 멸망의 원인으로 강조된다(렘 50:3, 51:48).[222]

이는 하나님의 뜻에 따른 것으로, 전쟁에서 살아남은 이스라엘 백성은 예루살렘으로 돌아가라는 명령을 받는다. 이는 육체적 평안이 아니라, 치부하던 자들의 애통이며, 새 하늘과 새 땅, 새 예루살렘을 상징하는 위로이다.

마 23:34 — 구약 시대 선지자는 하나님의 뜻의 해설자요, 언약 전달자였다. 성령과 지혜가 충만한 사도적 교사들이 그 계승자였다. "그중 더러는 죽이고"는 스데반과 야고보,[223] "십자가에 못 박고"는 베드로와 안드레를 포함한 초대 교회 성도들을 의미한다.

---

221) (사 46:1, 렘 48:7) 벨은 바벨론의 주요 신의 이름이고, '공작'은 모압 족속이 으뜸으로 섬긴 우상을 말함.

222) (렘 50:3, 51:48) 하나님께서 바벨론을 멸하심은 자연의 질서에도 합당하며, 어그러짐을 바로잡는 "하늘과 땅과 모든 것"의 창조 사역은 그 연장의 뜻이 실현되는 자연의 기쁨이다.

223) (행 7:59) 스데반은 성 밖에서 돌로 쳐 죽임을 당하였고, (행 12:2) 야고보는 칼로 참수형을 받아 열두 제자 중 최초의 순교자가 되었음.

스가랴의 피 사건 — 그는 세례 요한의 부친이었고, 성경에서 그 이름을 지닌 유일한 선지자로 기록되어 있다.[224] 요아스왕의 명으로 여호와의 전 뜰 안에서 돌에 맞아 죽었다. 예수께서 언급하신 자가 바로 이 사람일 것이다. 이처럼 배교자의 손에서 흘린 피는 악인의 죄의 결과이며, 멸망은 바벨론이라는 한 도시의 운명을 넘어 오늘날에도 일어날 수 있다는 경고이다.

224) (대하 24:20-22) 여호야다의 아들 스가랴가 아닌 (슥 1:1, 마 23:25) 베레갸의 아들이며 스가랴는 선지자였다.

19장
어린양의 혼인 잔치

본 장은 무엇보다도 그리스도의 재림을 다룬다. 특히 1~10절은 찬양 부분으로, 1~5절은 바벨론 멸망에 대한 감사, 6~10절은 어린양의 혼인에 대한 감사이며, 11~16절은 그리스도의 재림에 대한 환상, 17~21절은 아마겟돈 전쟁을 다룬다.

할렐루야 합창

계 19:1, "이 일 후에" — 먼저 하늘에서 '할렐루야' 합창이 울린다. '여호와께 찬송하자'는 뜻이다. 이 합창은 그리스도의 나라를 선포하는 일곱째 나팔 소리로 시작하여, '할렐루야'로 끝나는 전형적인 하나님께 드리는 찬양이다. 그 이유는 하나님의 선하심과 인자하심의 영원성을 선언하기 위함이다. "내가 들으니" — 이는 이방인의 개종과 함께, 그리스도의 왕국 확장을 위해 하나님께서 준비하신 새 시대의 경륜을 역설하는 말이다.

이는 바벨론 포로에서 돌아온 유대인들이 예루살렘에서 누릴 복과, 장차 메시아의 복을 누리게 될 장래의 예언을 담고 있다. 그 복은 육신과 영혼의 상처가 함께 치료받는 것으로, 다윗의 반열에서 영원한 통치자 메시아가 나오게 되고, 하나님과의 관계가 다시 회복되며, 하나님의 백성이 되는 것으로 묘사된다.

"우리를 위하여 예비하셨으니" — 구약 시대의 성도들은 구원의 온전성을 경험하지 못했다. 하나님께서 그것을 우선 그들에게 허락하지 않으셨기 때문이다. 신약 시대 성도들은 그리스도의 공로에 의지하여 '생명의 길', 즉 새로운 소망을 가질 수 있게 되었다.

대상 16:23 "온 땅이 노래하며" — 하나님 여호와를 찬송하는 범위가 세계적이고 우주적이다. 온 땅과 열방, 하늘과 땅과 밭이 모두 여호와께 드리는 찬송에 참여한다. 이는 이스라엘의 구원을 모형으로 한 우주적 구원을 노래한 것이다.

예수 그리스도의 구원은 공포와 위험을 몰아내고, 승리를 보장한다. "여호와는 광대하시다" — 세계와 하늘이 흔들리지 않게 하시며, 하늘과 땅이 기뻐하게 하신다. 이는 "여호와께서 통치하시며, 심판하러 오신다"는 종말론적 우주적 구원의 예표이다. 그것은 영원한 하나님만을 찬양하기를 원하는 간절한 심령들이 주를 향하여 기도를 요청한 후 죄를 한탄한 고백의 내용으로, 대부분 이스라엘 역사의 모습들은 마지막 간구와 찬양으로 끝을 맺는다.[225)]

계 19:2, "하나님의 보수" — 아합과 이세벨이 이스라엘 백성들에게 죄를 범하게 하여 하나님의 진노를 격동하게 한 것에 대한 보응이다. 아합은 이세벨에게 영향을 받아 우상을 숭배하게 되었으며, 창 2:16의 하나님의 질서를 뒤집는 죄를 범했다. 그 결과, 개들이 이세벨의 시체를 핥는 심판을 받았다.

---

225) (시 78, 81, 105, 107편) 시편과, 관련된 이스라엘의 죄악은 105편과 동일한 시기에 기술된 두 절은 다윗이 아삽에게 지어준 시 일부분(대상 16:34-36)과 일치하는 내용임.

왕상 18:3, "아합이 궁내 대신 오바댜를 불렀으니" — 오바댜는 '여호와의 종'을 뜻하며, 그는 크게 여호와를 경외한 자였다. '크게'는 '매우'라는 의미이다. 오바댜는 불신 세력과 타협하지 않는 믿음을 가진 자였다. 사무엘 시대에도, 삼상 19:20의 '선지자의 무리'처럼 아합 시대에도 선지자 집단이 있었다. 그들은 하나님의 신앙에 열심을 가진 자로, 백성들을 격려하고 문제를 해결해 주며, 의혹을 풀어 주었다.

"굴에 숨기고" — 북이스라엘 갈멜산의 석회동굴일 가능성이 크다. 약 2,000개의 동굴이 있는 지역으로, 사무엘상 24장의 피난처, 신약 시대 은사들의 거주지였다. 아합의 아들 아하시야(여호와께서 붙잡으신다), 여호람(여호와께 높임을 받으신다)의 이름을 보면, 그가 처음부터 여호와를 완전히 배반했던 것은 아니다. 그러나 그는 여호와 신앙과 바알 숭배를 병합하여 유일신 예배 신앙을 위반하게 되었고, 여로보암의 죄를 가볍게 여겨 악행에 빠졌다. 성경과 다른 자료에 의하면, 아합은 수천 필의 말을 소유했다.

갈 4:26, "예루살렘은 우리의 어머니라" — 그리스도의 복음은 신자들을 자유롭게 하는 은혜의 언약이다. 여호와를 믿는 백성에게, 바알 종교를 따르거나 우상을 숭배하는 것은 부부의 불륜에 해당하는 영적 음행이다.

잠 30:4 — 창조주 하나님의 무한한 능력을 드러내는 질문 형식의 교훈법은 욥 38:1, 41:14에서도 나타난다. 이는 백성들에게 미신을 따르지 말고[226] 하나님의 거룩한 속성과 의를 알도록 가르치는 것이다.

---

226) (출 22:18, 레 19:26, 31, 20:6, 27, 신 18:10-12, 대상 10:13, 사 8:19) 성경은 확실하게 입증된 무당의 사교나 성적 타락, 우상숭배는 하나님과의 바른 교제를 막는 것이므로 근본적인 죄로 간주한다는 뜻이다.

"구속자"(히브리어 '고엘') — 욥은 사후에도 자신을 변호하실 살아계신 하나님을 믿었다. 그는 미래에 땅 위에서, 혹은 무덤에서라도 하나님 뵙기를 소망했고, 자신의 무죄를 확신했다. 욥은 "내 구속자가 살아계신다"는[227] 확고한 신앙으로, 하나님의 능력과 사랑을 찬양했다. 신약 시대는 그리스도로 말미암아 천국 복음이 더욱 확장될 것이며, 하나님의 백성은 여호와를 의지하게 될 것이다.

사 27:12, "화친"(히브리어 '야아세 샬롬') — 하나님은 원수와도 화해하기를 원하신다. 후일 교회는 포도나무가 무성하게 번성하듯 성장할 것이다. "그날에 모으시리라" — 유다 백성의 포로 귀환을 뜻하며, 영적으로는 세계 각국에서 하나님의 백성이 교회로 모이는 것을 예표한다. "창일하는 하수에서 애굽 시내까지" — 이는 앗시리아, 바벨론과 애굽을 상징하며, 유다 포로에게도 도사리는 위협을 경고한다. 음행으로 땅을 더럽힌 큰 음녀가 장식으로 몸을 단장하였으나, 그것은 헛된 일이었다. 이는 유다 백성들의 죄악을 강조하기 위해 이미 멸망한 자처럼 묘사한 것이다.

렘 4:30, 그들이 제아무리 "눈을 그려 꾸밀지라도" — 축어적으로는 화장으로 '눈을 크게 할지라도'이다. 유다 민족은 눈을 그려 크게 보이게 하는 풍습이 있었는데, 이는 바벨론 적군을 자신의 힘으로 회유해 보려는 헛된 시도를 상징한다. 음행으로 쇠약해진 여인이 '하나님을 등지고' 세상 세력을 의지하려는 행위는, 오래전부터 유다와 이스라엘에 있었던 죄악이며, 결국 자신들에게 유익을 주지 못하고 더 쇠약하게 만들었다.

삿 2:14 — 이스라엘이 하나님을 떠나 바알과 아스다롯을 섬기므로, 하나님께서 그들에게 진노하셔서 노략질하는 자의 손에 붙이셨

---

227) (룻 3:9, 사 59:17-21 각주를 보라) 구속자(히 1:3, 2:9, 10, 17, 18)를 비유하라.

다. 그들은 곧 이방 세력에게 삼켜졌다. 이와 같은 현상은 신약 교회에도 동일하게 적용되는 예표이다.

왕하 21:3 — 므낫세는 10년간 섭정하며 경건한 아버지와 함께 통치했음에도, 유다의 가장 악하고 오랜 통치를 남긴 왕이었다. 그의 재위 기간은 B.C. 697~642년이었으며, B.C. 671년 에살핫돈이 애굽을 침범한 이래 앗시리아 군대가 팔레스타인 해안선을 끊임없이 왕래했다. 애굽이 다시 독립한 것은 B.C. 652년, 앗술바니팔 때였다. 이 기간 작은 나라 유다는 전란 속에서도 평화를 유지했는데, 이는 앗시리아의 속국으로서 그 정책에 완전히 순종했기 때문이다.

"아합의 소위를 본받아" — 므낫세는 바알과 아세라 숭배를 도입했다. 아합과 같으나, 오히려 그보다 더 심하게 이방 신들을 숭배했다. 당시 바알과 아세라, 하늘의 일월성신은 이방 종교의 3대 신이었다.

계 19:6, "전능하신 이가 통치하시도다" — 하나님의 왕권에 대한 찬송은 주의 나라가 확립됨을 기뻐하는 전 우주적 요청이다. 이는 악인과 의인에 대한 주의 심판과, 악을 미워하고 주를 찬양하라는 권고로 끝을 맺는다.

"어린양의 혼인 기약이 이르렀으니" — 신부가 되는 성도는 세마포 옷, 곧 의(義)로 단장한다. 여호와의 신부 된 이스라엘과의 언약 갱신(구원의 약속)은 전쟁과 불화가 사라진 새 창조로 상징된다. 이는 인간 타락의 죗값이었던 사람과 들짐승의 적의가 사라지고, 들짐승 사이에서도 다툼이 없을 것을 의미한다. 언약적인 평화 속에 모든 피조물이 함께 살아가게 된다. 구약에서도 여러 번 반복된 약속처럼,[228] 그날에는 전쟁이 그치고, 이스라엘은 하나님의 영원한 복

228) 렘 26:6, 민 22:21-30, 사 11:6-9, 65:25, 겔 34:25, 욥 5:23에서 강조한 사실들은 구원이 완성된 내세에 만물들이 새로워질 것을 상징하는 표현이다.

속에 안전히 살게 된다. 이 복은 구원받을 백성의 생활을 묘사하며, 한 목자에 의해 다스려질 새 시대와 화평의 언약 사회를 예고한다.[229]

겔 34:31 — 비가 순조롭게 내려 땅이 풍성하게 되고, 멍에의 결박을 끊어 주시며, 이방인에게 노략당하지 않게 된다. 사람과 동물과 자연이 모두 평화롭게 공존할 것이며, 모든 산업이 안정된다. "나는 너희 하나님이라" — 연약한 인류를 위해 하나님이 친히 하나님이 되시기를 기뻐하신다. "그를 경외하는 너" — 궁극적으로 그리스도를 가리키는 대명사이다.

시 22:23, "그를 찬송할지어다" — 주께 돌려야 할 영광을 의미하며, '아앨렛샤할'(새벽의 암사슴)은 곡조의 분위기를 지시하는 표현으로 보인다. '종'이 비록 사람들에게 버림받은 신분일지라도, 끝까지 하나님만 의지하며 찬양하겠다는 결심이다.

흰 말을 탄 그리스도

계 19:9, "기록하라" — 하나님의 어린양 혼인 잔치를 기록하라는 명령이다. 요한은 계 1:11, 21:5에서 기록 명령을 받았으나, 계 10:4에서는 기록을 금지당한 적도 있다. "발 앞에 엎드리어" — 존경과 경외의 표시이다. 계 19:10, "경배하라 대언의 영이라" — 여기서 '영'은 히브리어 '다바르'(דָּבָר), 곧 '말씀'을 의미한다. 예루살렘 중건 때도 말씀은 이미 준비되어 있었다.

"아멘"(אָמֵן) — 견고함과 진실함을 뜻하며, 히브리어 '아만'(אָמַן)에서 파생했다. "믿으니" — 확신하다, 긍정하다의 의미이다. 사용된 시제

229) (렘 31:31-34, 암 9:13-15) 이 부분은 메시아 시대 특징에 관한 언급과 이 왕국은 비옥할 것과 번창할 것과 안전할 것을 강조하는 해석이다.

는 미완료 과거형으로, 한순간이 아니라 계속적으로 믿음을 유지함을 나타낸다. '아멘'은 고대 예배에서 확신을 표명하는 표현이었다. 이는 불신자나 믿음이 약한 자들의 표적 요구가 아니라, 더 큰 확신의 선포였다.

계 19:11~16, "보라 백마 탄 자" — 그리스도의 재림 환상이 사도 요한의 묵시문학적 묘사에서 절정을 이룬다. 세상(바벨론)은 사탄에 의해 멸망하고, 사탄의 세력은 그리스도에 의해 무너진다. 그리스도께서 백마를 타고 재림하시어 사탄의 세력과 싸우신다. '피 뿌린 옷'의 '피'는 그리스도의 대속의 피가 아니라 원수들의 피로, 승리의 전투 결과를 뜻한다. 그 옷에 피가 묻었다는 것은 영적 대전에서의 승리를 상징한다.

"그 이름은 하나님의 말씀이라" — 사도들의 증언처럼, 그의 능력은 성령의 검, 곧 말씀의 검으로 나타난다. 그리스도의 통치는 피조세계의 변화를 완성시켜, 롬 8:19처럼 전 피조물이 새로워진다. 이미 현재에도 성령으로 임재하신 그리스도께서 우리의 마음에 평화를 주신다.

사 63:3, "그들의 선혈로 다 더럽혔음이니" — 마지막 심판 날에는 하나님이 홀로 심판하시며, 어느 민족이든 예외 없이 대상이 된다.[230] 사 54:5, "그 이름은 이스라엘의 거룩한 자라" — 이는 만유의 왕을 지칭하기도 한다. 구약에서 하나님은 이스라엘의 남편으로, 신약에서 그리스도는 영적 이스라엘의 남편으로 묘사된다.

고후 11:2 — 결혼의 신비로 교회와 그리스도의 연합을 표현한다. 엡 5:30, "우리는 그 몸의 지체라" — 진리의 영의 훈계를 받은 성도

230) (사 10:3, 잠 11:21) 악인은 벌을 면치 못하나, 의인의 자손은 구원을 얻게 된다는 말씀임.

는 그리스도 안에 거해야 하며,[231] 이는 거짓 스승들에 대한 경고로 이어진다.

요 1:1 — 헬라어 '아르케'(ἀρχή, 태초)는 '시작', '기원'을 의미한다. 창 1:1과 달리, 요 1:1의 '태초'는 시간 이전의 영원한 말씀(로고스)을 가리킨다. 그는 만물보다 선재하셨으며, 곧 하나님이셨다. 성자의 신성에 대한 선언이자, 삼위일체 교리의 근거이다. "내가 이미 났으며" — 지혜가 창조 이전에 있었고, 창조를 도왔으며, 즐거워했다는 표현이다.

요일 1:1 — 태초부터 있는 생명은 곧 말씀이며, 창 1:1 "태초에 하나님이"와 연결된다. 요한복음은 인격적 말씀이 세상에 오신 사건을 다루며, 그 말씀은 진리의 빛과 성결의 생명을 제공한다.[232] 요일 1:5, "하나님은 빛이시라" — 그리스도로부터 그 빛의 진리의 성결은 생명의 상징이다.[233] 사도 요한은 하나님의 본질과 속성을 명백하게 가르쳤다.

사 11:1~10의 왕이신 그리스도는 '이새의 줄기'에서 결실하신 분, 곧 '이새의 가지'이다. 이는 다윗의 왕통을 의미하는 한 '싹'이 날 것을, 즉 메시아가 나실 것을 뜻한다. 비록 한 싹은 연약하게 보이지만, 그 싹은 튼튼하고 생명력이 있다. "여호와의 신이 강림하시니" — 장차 오실 그리스도의 사역이 성령으로 이루어질 것을 예언한다. 그 사역은 외모로 판단하지 않고 진리대로 판단하신다.

---

231) (요일 2:27, 3:11, 요 16:13, 엡 4:11-14) 즉 교사가 되신 성령의 말씀은 중생에 관한 교훈이다.

232) (행 5:20, 빌 2:16)의 진리의 말씀은 (딤전 1:1) 그 '권위'가 헬라어 '에피타게'(ἐπιταγή) 즉 '명령'과 같은 낱말이며, 강력한 권위를 표시한 것은 세속적인 권위가 아니라 성령의 은사로 말미암은 영적 권위를 말함.

233) (요일 1:4, 3:19-21) 심령의 감찰은 도덕적 성격에 비추어 곧 하나님이 감찰하심에 분별이 된다는 뜻임.

"내 공의로 삼으리라" — 완전한 하나님이신 예수 그리스도께서는 지상 사역을 위해 말구유에서 나셨으나, 그분이 곧 천국의 주인이시다. "후일에" 만왕의 왕으로서 통치하실 때, '새 하늘과 새 땅'에서는 화평의 조약이 실현될 것이다. 그리스도의 통치는 인간 성품의 영역에서 변화를 일으켜, 전 피조물을 궁극적으로 새롭게 할 것이다.

계 19:14, "하늘에 있는 군대들이" — 이는 천사와 성도의 연합 세력으로 보인다. 그들의 무장은 깨끗한 세마포뿐이라는 사실이 돋보인다.

살전 4:16 — "죽은 자들이 먼저 일어나리라"는 말씀은, 재림 전에 죽은 성도들의 부활과 영광에 대한 바울의 묵시이며, 계 20장의 첫째 부활 공중 영접과 관련해 해석된다. 여기서 성도의 확실한 부활과 영생에 대한 믿음이 강조된다. 계 19:17~21의 아마겟돈 전쟁은 상징적이다. 17~18절은 하나님을 대적하던 땅의 큰 파멸과, 그것이 곧 하늘의 대승리, 공의의 심판과 연결될 것을 암시한다. 19~21절은 짐승과 거짓 선지자가 불못, 즉 지옥에 던져져 영원히 심판받는 장면이다. 여기서 짐승과 붉은 용, 거짓 선지자는 말세에 나타날 특정한 개인이 아니라, 사탄이 역사를 통해 활동하는 특징을 따서 붙인 이름이다.

계시록은 묵시문학의 서술 방식을 취하므로, 1~22장이 반드시 연대순은 아니다. 각 계시와 환상은 상징을 통해 주어진 것으로, 이를 특정 해석 방법만 고집하여 절대 법칙처럼 여기는 것은 위험하다. 성경 전체가 밝히는 땅의 종말과 공의의 심판은 분명한 진리이다. 이를 전체 영해나 종교 진화론적 관념으로만 해석하는 것은 어리석다. 우리는 성령의 조명 사역을 따라, 완전하지 않더라도 구원을 위한 하나님의 말씀을 충분히 이해해야 한다.

계 19:17~18은 겔 39:17 이하에서 인용한 대학살의 장면으로, '곡'의 종말론적 멸망을 묘사한다. 계 16:17~21의 대지진에 의한 지구 멸망 계시와도 관련된다. 최후 대지진의 원인이 반드시 인류 최후의 전쟁이라고 단정할 근거는 없으나, 대학살은 종말론적 대파멸과 최후 심판 전의 전조로서 의미가 있다.

겔 39:16, "그 성의 이름을 하모나라 하리라" — 도시 이름 '하모나'는 곡의 무리의 패전을 기념하는 의미이다. 문자적으로 '무리' 혹은 '대중'을 뜻한다. 하나님의 원수 곡 군대의 패전을 기뻐하는 의미로, 새들과 짐승이 그 시체를 먹으라는 초청이다. 이는 곡 군대 다수가 죽게 됨을 알리는 비유이다.

렘 12:9, "무늬 있는 매" — 육식조를 가리킨다. 유대 민족이 육식조로 비유된 것은 악한 세력과 결합해 이방 나라를 본받았기 때문이다.

유대인들은 주위의 이방 열강과 타협해 자신들의 문제를 해결하려 했으나, 하나님은 자기를 버린 그들을 용서하지 않으셨다. 하나님은 이스라엘의 침략자인 곡을 멸절시켜 열국에 하나님의 영광을 나타내시고, 열국은 하나님의 살아계심을 알게 된다. 이스라엘은 여호와가 자기 하나님이심을 확인하고, 열국은 이스라엘을 사로잡아 간 이유가 자신들의 죄악 때문임을 깨닫는다.

겔 40장의 여러 내용은 심판 예언을 보충하며, 여호와와 이스라엘 간의 올바른 관계를 세운다. 민족이 다시 결합되고 성전 예배가 회복될 것을 말한다. 이 성전은 솔로몬 성전이 아니라 더 특별한 의미를 지닌 성전으로, 하나님의 주권 실현을 형상화한 것이다.

에스겔이 성전 환상을 본 때는 성이 함락된 지 25년 후, B.C. 573

년경이었다. 그는 이 환상에서 이스라엘의 회복을 보았다. 이는 바벨론 포로 귀환 사건에서 부분적으로 성취되었으나, 더 궁극적으로는 영적 이스라엘의 회복을 가리킨다.

요한의 환상(계 1:15)은 그리스도의 형상을 묘사한다.[234] 하나님은 궁창 위에 계시고, 천사들은 그 아래에서 통치에 순종한다. 전능자의 음성은 군대와 같은 소리이다.

계 19:19~21, "그 짐승과 임금들과 군대들이" — 악의 세력이 결합해 벌이는 전쟁을 묘사하며, 사탄 숭배로 인한 결말을 보여준다. 살후 1:9, "영원한 멸망" — 이는 존재 소멸이 아니라, 주의 존재로부터의 영원한 분리를 의미한다. 전자는 영원한 형벌의 장소, 후자는 일시적 유폐의 처소이다. 입에서 나오는 검은 말씀을 뜻하며, 이는 사탄의 세력을 멸하는 힘이다. 요 12:31, "이제 심판이 이르렀으니 세상 임금이 쫓겨나리라" — 사탄의 패배 예언이 성취된다. 세상 임금은 사탄으로, 그리스도의 본성에는 아무 권세도 없다.

마 21:33 — 예수께서는 하나님을 주인, 이스라엘을 포도원으로 비유하셨다. 포도원은 하나님의 은혜와 보호를 상징하며, 농부들은 경건과 헌신의 열매를 맺어야 하는 신자들을 뜻한다. "타국에 갔더니" — 하나님이 임재를 잠시 감추실 때를 가리킨다(A.D. 70년 예루살렘 멸망). "하나님의 나라를 빼앗기고" — 유대 종교 지도자들이 기독교 성립에 참여하지 못한 것을 의미한다.

눅 12:5, "그를 두려워하라" — 지옥에 던질 권세를 가진 하나님을 두려워하라는 뜻이다. 시 102:11의 '물'과 욥 8:9의 '그림자'와 약 1:10-11의 '풀의 꽃'은 고통과 연약성의 탄식과 고독함과 잠자지 못함과 버림 받음의, 곧 슬픔을 묘사한 것으로, 짧은 인간의 생명을 의미한다.

---

234) (계 11:1, 21:15-17, 겔 1:26-27) 에스겔이 환상 중에 인자와 같은 모양을 본 것과 단 10:6의 이 환상은 계 1:12-17에서 요한이 본 것과 매우 흡사하다.

살후 1장, "너희 믿음이 더욱 자라고" — 그들의 믿음이 초기에 성장함에 따라 후에는 실족하였다는 지적이다. "권면을 따르라" — 성도들이 당하는 현재의 고난을 통하여 장차 악인에게는 하나님의 심판이 있을 것이라는 표이다.

"환난으로…안식으로" — 하나님의 공의는 악인에게는 악으로, 선인에게는 선으로 갚으신다는 뜻이다.[235] "불꽃 중에" — 하나님의 임재는 종종 불꽃의 형태로 나타나신다.[236] 물론 천사의 불꽃도 동반되는 것은 최후의 심판을 상징한, 곧 미래의 형벌로 모든 행위에 따른 심판을 뜻한다. "그날에 우리와 함께" — 주님의 재림 때에 이루어질 하나님과 사람과의 상호적 영화(榮華)의 비밀을 밝히고 있다. 이때 하나님은 사람을 통해 영광을 얻으시고, 인간은 하나님 안에서 영광을 얻을 것이다.

---

235) (시 137:3-9) 바벨론이 예루살렘을 공격할 때 에돔은 기뻐하였다. 에돔은 원래 이스라엘 백성과 형제 관계였지만 이스라엘의 숙적이 된, 하나님의 진노의 대상이었다. 그발강(Chebar)은 겔 1:1을 참조하라.

236) (출 3:2, 신 4:11, 단 7:9-10) 이 불은 보좌에서 나오는 '심판의 불'이다.

20장

처음 부활과 천년왕국

계 20:1~15은 크게 두 부분으로 나눌 수 있다. 1~10절은 천년왕국에 대한 부분이고, 11~15절은 백 보좌 심판에 대한 부분이다. 천년왕국과 재림의 선후 관계를 기준으로 세 가지 학설이 있다. ① 후 천년왕국은 예수의 재림이 천년왕국 후에 있다는 학설이다. 이 견해는 마 13:33의 이스라엘과 왕국에 관한 구약의 예언 복음이 점차적으로 사회 속에 침투하여, 마침내 모든 민족이 그리스도를 주로 인식하여 평화로부터 땅을 지배하게 될 때의 교회 시대와 관련된 상징적 해석을 말한다. ② 무 천년왕국은 천 년의 기간을 현세대 동안에 신자들이 누리는 천 년간의 복의 상징적인 표현으로 간주하여 그리스도의 초림과 재림 사이의 고든 시간을 포함한다. ③ 전 천년왕국은 현재 기독교의 일반적인 견해로 볼 수 있다. 1,000년을 문자적으로 취급하여 그리스도께서 먼저 재림하시고 그 후에 천년왕국이 건설된다는 견해이다.

계 20:1, "천사가 그 손에" — 결박당한 사탄이 사망과 음부의 열쇠를 가지고, 세상의 욕심을 따르는 자들, 곧 악인의 올무를 만드는 초자연적 어두움을 의미한다.[237] 이 심판의 상징은 B.C. 763년 봄 소아시아 지방에서 있었던 일식 현상을 언급하기도 한다. 그러나 모든 불행의 극치는 하나님의 말씀에 대한 기근이다.

마 24:29, "그날 후에" — 인자의 재림 때 일어날 현상을 예언한 말씀이다. 사 13:9~10, 욜 2:31, 3:15에도 나오는 '배도하는 일'은 인간이 하나님을 대적하고 배반하는 반란을 의미한다. 이를 통해 불법의 세력이 출현하고, 불법의 세력은 항상 작용하며, 환난 날 동안 활동할 미래의 인물들이 있다. "대적하는 자" — 하나님의 말씀을 따르는 성도들을 핍박하고, 하나님의 성전에 앉아 자신을 숭배하게 강요할 자를 가리킨다. 이는 하나님을 무시하고 스스로 신격화하는 엄청난 인간의 죄악이다. "저의 때" — 불법의 사람이 나타나 활동하는 시기이다. '불법의 비밀'은 은밀하게 행해지는 불법 상태를 뜻하며, 그가 나타날 때 표면화되어 세력이 강화된다.

사탄은 악의 궁극적 주권자이자 책임자이며, '모든 능력과 표적과 거짓 기적'(행 2:22에 쓰인 하나님의 역사 용어와 동일함)을 그의 대리자를 통해 모방한다. 하나님의 역사와 사탄의 역사를 구분하는 기준은 그 결과가 참인가 거짓인가이다. 하나님의 진리를 거부한 사람들이 적그리스도를 통해 사탄의 거짓 역사에 미혹된다.

천년왕국과 첫째 부활

계 20:2, "용을 잡으니 곧 사탄이라 일천 년 동안 결박하여" — 벧후 2:4의 "범죄한 천사들"에서, 하나님의 심판이 천사들에게 내려진 첫 사례를 말하며, 창 6:1~4의 언급과도 연결된다. 창세기 전반부에

237) (벧후 2:4, 계 9:1, 2, 11, 11:7, 20:1) 악인의 올무인 '무저갱'은 히브리어 원어로는 '태흠'을 가리키고 (창 6:1-6) '네피림'은 거인, 곧 장부로 번역된다.

는 홍수와 소돔·고모라 멸망 사건이 나오며, 이는 본래 하나님을 섬기도록 창조된 천사들이 임무를 버리고 타락했음을 나타낸다. 유 1:6 — 자기 처소를 떠난 천사가 사탄의 유혹에 빠져 타락하였고, 그 죄로 갇힌 바 되었다. 사 24:21, "높은 군대" — 타락한 천사들은 정사와 권세를 가졌다. 엡 6:12 — 사도 바울은 그들을 '세상 주관자', '하늘에 있는 악한 영들'이라고 했다. '땅의 왕들'은 악을 행하고 하나님을 대적하는 세상 통치자들이다. 사 14:13, "네가 북극 집회의 산 위에 좌정하리라" — 이는 예루살렘 성전산, 곧 하나님의 증거의 산에 스스로 앉으려는 고만을 뜻한다. 마귀의 시험은 허영심에 관한 것으로, 악인의 장래가 비참하게 될 것을 예언한다.

계 20:3, "무저갱에 인봉하여" — 하늘에서 쫓겨난 사탄의 일시적 유배지로, 천 년 동안 무저갱에 갇힘은 그리스도의 수난 이후 사탄의 활동이 제한됨을 뜻한다. 계 20:4, "천 년 동안 왕 노릇" — 성도가 그리스도의 복음으로 세상을 심판하고 하나님 안에 거하며 그리스도의 영광에 동참함을 말한다. "첫째 부활" — 첫 열매가 되신 주께서 타락한 인간의 영을 성령으로 회복시키시는 영적 부활을 뜻한다.

계 20:6, "첫째 부활…둘째 사망" — 무천년주의자들은 첫째 부활을 성도의 영적 부활로 본다. 둘째 사망은 악인들이 영원히 영육의 멸망을 받는 최후 심판이다. 전천년주의자들은 주로 이레니우스의 견해를 따라, 천년왕국 전에 그리스도 안에서 죽은 자들이 육체적으로 부활한다고 해석한다. 그러나 본 절 같은 난해한 구절을 근거로, 세례로 구원이 이루어진다고 주장하는 것은 비약이다. 헬라어 전치사 '휘페르'(ὑπέρ)의 해석에 따라 의미가 달라진다. '휘페르'는 '위에', '대신에', '관하여'라는 뜻으로 쓰인다.

고린도전서 문맥에서는 '죽음에 관하여'로 이해될 수 있다. 부활이 없다면 부활 소망을 지닌 세례는 무의미한 의식에 불과하다. 여기에 '조금 있으면'이란 이 말의 진술 또한 주와 더불어 죽을 때 주와 더불어 살 수 있다는 육체적인 죽음을 가리킨다.[238)]

빌 3:10, "부활의 권능" — 그리스도의 신적 능력만이 아니라, 부활하신 주님이 성도의 삶 속에 역사하심을 전한다. 그리스도의 고난은 성화의 과정이며, 성도는 현재 상태에서 끊임없이 성장해야 한다.

고전 15:12~29, "죽은 자의 부활이 없으면" — 영혼의 불멸은 믿으나 육신 부활은 부정하는 헬라 사상에 영향을 받은 자들이 있었다. 그들은 육체 부활을 기피했다. 그러나 그리스도께서 부활하지 않으셨다면 복음은 거짓이고, 신앙도 헛되다. 따라서 그리스도의 부활은 성도의 부활의 예표이다. 모든 원수가 굴복하고, 그리스도는 지상 통치자가 되실 것이다. "만물을 저의 발아래 두신다" — 여기서 '만물'에 하나님 자신은 포함되지 않는다. "아들 자신이 복종케 되리니" — 이는 성자의 본질이 성부보다 열등하다는 뜻이 아니라, 삼위 하나님의 질서 속 복종을 의미한다. 부활하신 아들의 능력으로 죄와 무질서의 세상이 질서로 회복되며, 그 후 모든 만물은 하나님께 양도된다. 그날에 만물은 하나님이 통치자이심을 인정하고, 삼위 하나님은 최고의 영광을 받으신다.

히 8:6, "그는 언약의 중보자시라" — 그리스도는 더 좋은 약속에 세워진 새 언약의 중보자이다. 이는 모세 율법과 대비되며, 그리스도의 피가 그 기초가 된다. 창 4:10 — 아벨의 피는 악인을 심판하려고 부르짖었으나, 예수의 피는 모든 죄를 사하며 지성소로 나아가는 길을 열었다. 벧전 3:21, "그리스도의 부활은 구원하는 표니"

---

238) 눅 14:14, 빌 3:11, 살전 4:16의 '푯대를 향하는' 첫째 부활의 약속은 현재 일이나 장래 일이나 죽음까지 포함한 모든 일, 즉 내세에 있을 모든 일은 곧 성화(聖化)의 과정을 의미한다.

— 세례의 표는 그리스도를 믿는 믿음으로 얻은 선한 양심의 상징이다. 물 자체에 구원 능력은 없으며, 세례는 변화된 삶을 상징적으로 보여준다.

하나님의 공의로운 심판의 표는 성도들이 현재 당하는 고난이 장차 하나님의 심판이 있을 것이라는 표시이다. 이는 존귀와 위엄을 가진 주권자의 측근이 차지하는 자리이며,[239] 메시아의 왕국은 세상과 반대되는 통치가 이루어지는 나라이다. 이 나라의 지배자는 선하시고, 선한 그의 백성을 위하여 섬기는 자가 된다. 그러므로 예수의 삶과 죽음, 부활과 승천은 하나님께서 사람들을 구원하시는 새 언약의 관계를 확립한 사건이다.

이 언약의 근거는 누구든지 하나님과 친밀한 관계를 맺어, 그 속에서 하나님을 직접 알게 될 것이며, 창 3:17~19의 죄로 말미암아 자연에 내려진 저주가 제거되고, '새 세상, 새 질서' 속에서 땅은 전례 없는 생산력을 갖게 될 영원한 소망을 가리킨다.

롬 8:19~22의 오랫동안 지속되는 충만한 기쁨은, 자유를 주시는 왕 아래에서 통치받는 백성의 분깃을 뜻한다. 그러므로 무천년왕국설은 천 년의 기간을 현세대 동안 신자들이 누리는 복을 상징한다고 보며, 천 년을 상징적 표현으로 간주하여 그리스도의 초림과 재림 사이 모든 시간을 포함한다. 후천년설은 예수 그리스도의 재림이 천년왕국 뒤에 있다는 학설인데, 이는 구약의 이스라엘과 왕국에 관한 예언을, 복음이 사회 속에 점진적으로 침투하여 마침내 모든 민족이 그리스도를 주로 인식하고 평화가 땅을 덮게 될 때로 해석한다(마 13:33). 그러나 성경 전체, 특히 현대의 무법성 반역에 관한 언급들

239) (왕상 2:19, 대하 18:18, 시 45:9) 즉 교회를 비유하여 신자들은 그리스도의 신부와 같고 그리스도의 의(義)로써 단장한다는 뜻임. '오빌의 금'은 왕상 9:28의 각주를 참조하라.

은 후천년왕국설과 일치하기 어렵다.

곡과 마곡의 전쟁

계 20:7, “천 년이 차매 사탄이 그 옥에서 놓여” — 사탄의 시험과 술수는 곧 그의 간계이다. 계 20:8, “곡과 마곡을 미혹하고 그 수가…” — 이것은 사탄의 마지막 멸망이 이루어지는 장면이다. 여기서 ‘마곡’은 북쪽의 침입자, 특히 스구디아 군대의 왕을 의미한다. 이는 사탄에 속아 성도들을 공격하는 마지막 그리스도의 적들을 상징한다. 아마겟돈 전쟁과 시간 순서는 다를 수 있으나, 두 전쟁의 묘사는 동일한 실체를 다른 국면에서 표현한 것으로 볼 수 있다.

계 19:19의 군대가 마귀의 권세를 가진 것과, 계 20:7의 군대가 마귀의 조종을 받는 인간이라는 점이 유사하다. 짐승, 거짓 선지자, 용의 관계는 각주를 참조하라. 겔 38~39장은 미래 이스라엘에 대한 침략과, 그로부터 하나님의 백성을 구원하시는 하나님의 구원을 상세히 묘사한다. 북방에서 오는 군대(겔 38:15 “말을 탄 능한 군대”)가 팔레스타인을 침략하나, 하나님의 초자연적 간섭으로 전멸한다. 그 시체를 매장하는 데 7개월이 걸리고, 무기는 7년 동안 연료로 쓸 수 있다고 한다.

전쟁 시기가 확실치는 않으나, 그날 이스라엘은 안심하고 살고 있을 것이다. 전쟁 막바지에는 새와 짐승들이 약탈자들의 시체를 먹기 위해 모여들 것이다. 이는 종말의 대환난 마지막 시기의 아마겟돈 전쟁과 유사하다.[240] 전쟁이 끝날 무렵, 열방은 전쟁을 통해 하나님의 심판의 손길을 깨닫게 된다.

---

240) 겔 39:17-20, 계 19:17은 하나님의 원수인 곡 군대의 패전과 많은 군인의 죽음을 알려주는 상징임.

사도 요한이 본 곡과 마곡의 전쟁 환상은, 여기 언급된 전쟁과 유사하며 발전된 양식이다. '곡'은 마곡의 통치자이며, 메섹 두발의 왕이다. 그는 이스라엘과 멀리 떨어진 불경한 백성들의 지도자이며, 이름의 기원은 확실치 않다. 그러나 앗술바니팔의 서판에 나타난 '가기'(Gagi)와 같은 이름일 수 있다. 다른 학자는 리디아의 기게스(Gyges)라 보기도 한다. 요세푸스에 따르면 '마곡'은 흑해 동북쪽, 아랄해 동편의 스키타 땅이다. 데섹과 두발은 오늘날 튀르키예 영토인 흑해 동남쪽 소아시아에 거주했다. 로스는 민족 이름이며, 현대의 러시아로 보는 견해도 있다.

하나님의 원수 곡은 하나님의 통제 아래서 '아가리'에 자갈을 물린 채 하나님 손에 잡혀 있다. 그가 대군을 몰고 이스라엘을 공격해도 무력하다. 그는 바사(오늘날 이란), 구스(에티오피아 수단 북부), 붓(리비아), 고멜(튀르키예 또는 우크라이나 동쪽) 등의 나라를 거느린다. 도갈마 족속은 시리아 경계 근처 튀르키예 지역의 거민으로, 모두 야벳의 후손이다.[241)]

곡의 전쟁 준비도 하나님의 경륜 안에서 일어난다. 본래 황폐했던 땅에 거주하던 유다 백성이 바벨론 포로에서 해방되어, 하나님의 은혜로 평안히 사는 때에 침략하는 것은 하나님께 범죄하는 행위이다. 유다는 지리적, 종교적, 도덕적으로 인류 세계의 중심 민족이었다.

이스라엘의 군사적 방위는 없었으나, 그들의 방위는 하나님 자신이 되셨다. 삿 7:21~23 — 곡의 군대가 패배한 것은 하나님의 직접적인 간섭 때문이다. 이스라엘은 군사 시설이 없었는데도 곡 군대를 무너뜨렸다(겔 38:11~12). 이 승리는 구약에 기록된 상징적 사실로,[242)]

---

241) (창 9:27) 노아의 예언의 축복과 (창 10:3) 야벳의 후손인 그들은 흑해와 카스피해로부터 스페인에 걸쳐 유라시아(Eurasia) 지방에 흩어져 살고 있는 후손, 고멜(겔 38:5-6)의 마곡(겔 38:2)과 다시스(욘 1:3)를 말함.

242) 출 17:8-16, 수 10:12-14, 사 37:36, 계 20:7-10에 기록된 대로 곡의 군대 멸망은 하나님의 간섭과 왕하 19:35의 유독한 전염병에 의한 것으로, 이로 인해 앗시리아 군인

하나님의 주권적 능력의 결과였다.

겔 39:6, "나를 여호와인 줄 알리라" — 곡 대군의 패배를 본 자들은 하나님의 살아계심을 알게 된다. 모든 민족이 이스라엘의 하나님이 참 하나님이심을 인정하게 된다.

겔 39:8, "이르고 이루리니" — 문자적으로 '왔고 이루었다'라는 뜻으로, 미래 성취의 확실성을 강조하는 표현이다. "내가 말한 그날이 이날이니라" — 곡이 망하는 날이 곧 심판 날임을 뜻한다.

곡의 군대가 패망한 뒤 병기는 불살라 없애게 되며, 그 기간이 '칠 년'이다. 여기서 7년은 긴 기간을 상징하는 표현이다. 두 가지 교훈을 발견할 수 있다. ① 곡이 아무리 강병이라도, 하나님께서 간섭하시면 패한다. ② 그때 이스라엘의 승전이 하나님께 달린 줄 알고 병기를 믿지 않은 것은 하나님을 왕으로 모신 천국 운동이 실현된 증표이다.

사 2:4, "칼을 쳐서 보습을 만들고, 창을 쳐서 낫을 만든다" — 그 시대 표현으로, 곡의 군대 시체 매장을 말한다. "이스라엘 족속이 7개월 동안 그들을 장사" — 전사자가 많았음을 뜻한다. 이는 하나님의 권능이 크심을 보여준다. 이스라엘은 군사 방어가 없었음에도, 적군이 와서 전멸했다. 시체 매장 장소는 사해 동편 골짜기일 가능성이 크다(겔 39:13). 이 승리로 이스라엘의 이름이 높아진다. 그 명예는 인간의 야망이 아니라 하나님이 주신 참된 명예이다.

겔 36:15, "순행하는 자가 장사할 것이라" — 순행자는 여행자나 동행자를 가리킨다. 이는 시체 매장을 얼마나 철저히 완수했는지를 나타낸다. 곡(러시아)의 많은 군인이 죽을 것을 비유적으로 말한 것이다.[243] 하나님께서 곡을 멸절시키심으로, 그 영광이 열국 중에 드러

18만 5,000명이 죽게 된다.

243) (겔 39:16) "하모나"는 문자적으로 '무리' 곧 '대중'이라는 뜻임.

나 하나님이 참 하나님이심을 알게 된다. 이는 훗날 하나님의 나라가 세워질 것을 기대하게 하며, 예루살렘이 완전히 회복될 때 온 세상이 하나님께 예배할 것이다.

욜 2:28, "후에" — 하나님을 믿는 남은 자에 속한 이스라엘 백성 모든 계층의 사람들에게 성령이 주어진다. 모든 여호와의 백성이 성령의 은사를 받아 예언까지 할 수 있는 것은, 민 11:29에서 모세의 소원이 완성될 것을 약속한 '예언의 영'이 일찍이 일부에게만 임했던 것과 달리 이제는 모든 남녀노소, 심지어 종에게까지 임할 것임을 뜻한다.

대심판이 이르기 전에 '피와 불과 연기 기둥'과 같은 많은 이적이 나타날 것이며, 이는 막 13:7~8에서 말한 바와 같이 종말이 임하기 전 일어날 사건이다. 이 재난의 시작은 장차 대환난 때 이스라엘이 먼저 겪을 재앙이다.

사 19:2, "형제를 치며…나라를 칠 것이며" — 전쟁의 위협은 결국 유다 민족이 받을 벌을 거듭 시사한다. 전쟁과 기근은 곡식을 해치는 메뚜기와 해충의 재앙처럼 나타나고, 가족의 죽음은 외로움을 의미한다. 나라가 내란을 겪는 것은 멸망의 징조이다. "끝은 아직 아니니라" — 헬라어 '텔로스'(τέλος)는 어떤 것의 종결이나 한계, 상태나 생명의 끝을 뜻한다.

흰 보좌 심판

계 20:11~15 — 먼저 사탄이 불못에 던져진 후, 모든 사람이 부활하여 흰 보좌 앞에 선다. 흰색은 판단이 유일하고 완전하며 공의로우심을 상징한다. 두 권의 책 중 하나는 '생명책'인데, 첫째는 '생명의 부활'을, 둘째는 '심판의 부활'을 가리킨다. 또 다른 한 권은 인간의 행위를 심문하는 기록된 책으로, 하나님이 친히 기록하신 인간 생명의 장부이다. 그 안에서 이름이 삭제되는 것은 죽음을 의미한다. 신약에서 '생명책'은 영원한 생명을 소유한 자들의 이름을 기록한 책이며,[244] 상징적 표현으로 보는 것이 타당하다.

단 7:10, "보좌가 놓이고 펴놓았다" — 이 묘사는 요한이 밧모섬에서 심판의 하나님으로부터 받은 계 1:12~15의 계시와 같다. "옛적부터 항상 계신 이"는 영원하신 하나님, 곧 예수 그리스도를 암시하며, 흰옷은 순결성과 거룩한 의, 양털 같은 머리는 영원한 성품을 나타낸다. 마지막에 짐승이 붙잡혀 불에 던져져 멸망당하게 되는데, 이 불은 보좌에서 나오는 '심판의 불'이다. 가장 인상적인 부분은 11절의 "땅과 하늘이 간 데 없더라"는 구절이다. 이 시적인 장면은 세상의 모든 것이 사라지는 순간을 포착하여, 심판의 보좌에 앉으신 하나님만이 유일한 실재로 남음을 묘사한다. 히 9:27, "한 번 죽는 것은 사람에게 정해진 것이요, 그 후에는 심판이 있다" — 모든 사람이 하나님 앞에 서야 함을 나타낸다.

마 13:49~50 — 악인의 운명은 '거기서 울며 이를 갈리라'로 묘사되며, 이는 회개하고 믿음으로 그리스도의 복음을 받아들여 의롭게 되라는 부르심이다. 그러나 외적으로만 복음을 받아들이고 내적으로는 회개하지 않는 자들은 결국 심판받는다. 살후 1:6~10, "환난으로…안식으로" — 하나님의 공의는 악인에게는 악으로, 의인에게는 선으로 갚으시는 것이다. 하나님의 임재는 종종 '불꽃의 형태'로 나타나며, 천사의 불꽃은 최후 심판을 상징한다.[245]

그리스도의 재림의 날은 믿음 때문에 박해와 환난 가운데 있는

---

244) (출 32:33, 민 12:13, 삿 11:36, 시 69:28) 생명책의 기록된 뜻은 하나님께서 그 백성을 구원하기로 작정하시고 개인별로 이 상징을 기억하라는 선포이다.

245) (시 137:3-9, 렘 43:11) B.C. 586년 애굽 왕이 아마시스를 정복하고 많은 노략물을 강탈한 것에 대한 기록을 말한다.

성도들을 위해, 그들을 괴롭힌 자들을 심판하는 날이다. 악을 행하는 자의 '영원한 멸망'은 단순히 무(無)로 돌아가는 것이 아니라, 주의 임재로부터 분리되는 파멸을 뜻한다.

살전 5:3 — 멸망은 돌발적이지만, 그 결과는 영원하다. 그리스도의 재림의 징조 중 하나는 눅 21:24~28의 "이방인의 때"로, 대환난 동안 이방인이 예루살렘과 팔레스타인을 통치하는 것을 의미한다. 예루살렘과 성전은 이방인에게 짓밟힐 것이나, 주께서 지상 왕국을 성취하러 재림하실 때까지 이 통치는 계속된다.

"속히 일어나 머리를 들라" — 환난 속에 낙심과 절망에 빠진 성도들에게 재림을 준비하며 기쁨으로 주를 맞으라는 뜻이다. 마 24:34 — 예루살렘 멸망의 날을 최후 심판의 전형으로 제시한다. 호 13:14, "사망아, 네 재앙이 어디 있느냐?" — 하나님의 능력 앞에서는 사망과 음부도 무력하다. 이는 하나님께서 반드시 백성을 구속하신다는 부활 교리에 대한 확증이다.[246] 벧후 3:10, "주의 날이 도적같이 오리니" — 그날은 모든 것이 드러나고, 체질이 뜨거운 불에 풀어질 것이다. 이는 하늘의 별들과 세상을 이루는 기본 물질이 불타는 것을 뜻한다. 신약 시대에는 세상을 공기, 흙, 물, 불로 이루어진 것으로 보았으며, "드러나리라" 또는 "타버리리라"는 말은 '주의 날'의 임박함을 가리키는 표현이다 "아무도 알지 못하는 때에" — 재림의 날은 밤에 도적같이 홀연히 임한다.[247] 주님의 시간 개념과 인간의 시간 개념은 다르며, 우리는 이를 기억하고 대비해야 한다.

---

246) (고전 15:15) 예수께서 '육체의 부활'이 없었다면 '기독교의 복음'은 거짓이 되었고 성도의 신앙도 헛될 수밖에 없었다.

247) (마 24:3, 행 1:7) 그때는 복음이 전 세계에 전파된 후가 될 것임. "롬 11:6을 참조하라"

21장

마지막에 있을 일

계 21:1~8 — "새 하늘과 새 땅"의 기본적 특징을 다룬다. 여기서 '새롭다'의 헬라어는 시간적 새로움을 뜻하는 '네오스'(νέος)가 아니라, 완전한 질적 변화를 가리키는 '카이노스'(καινός)가 사용되었다. 새 예루살렘은 성도를 위한 영원한 세계의 생활 제도를 상징하며, 하나님으로부터 하늘에서 내려오므로 그 기원의 신성함을 나타낸다.

"기록하라" — 인간을 위한 필수적인 계시를 특별히 기록하라는 명령이다.

'새 하늘과 새 땅'은 메시아 시대의 복으로, 마지막 날에 하늘과 땅은 구약 시대와는 완전히 달라질 것이다. 복음의 운동은 구원 얻는 새 시대를 의미한다.

"너희 이름이 항상 있으리라" — 예수 그리스도의 속죄 사역을 통해 만물이 새롭게 된 것은, 영원히 변치 않는 하나님의 구속 완성에 참여한 하나님의 백성들이 새 하늘에서 영광을 누리며, 하나님과 함께할 것을 가리킨다.

그리스도 안의 생명은 결핍이나 죽음이 없다. 예수 그리스도의 재림 때 그 사건은 더욱 구체적으로 성취될 것이다. 포도원을 재배하고 구원받은 신자들의 생활은 그리스도의 생명에 참여한 자들의 영적 평안으로 나타난다. “나무의 수한과 같으니”는 수명이 포도나무 연수만큼 길다는 뜻이 아니라, 나무를 심고도 열매를 먹지 못하거나 전쟁으로 인해 죽거나 잡혀가지 않는 것을 뜻한다. 즉 자신이 수고한 손의 열매를 오래 누린다는 의미이다. 여기서 “이사야가 받은바 말씀이라”는 곧 계시로 보았다는 뜻이다. 이사야가 미래를 마치 현재처럼 본 예언적 과거 시제가 사용되었다.

사 2:2, “말일에…” — ‘말일’(히브리어 ‘아하리트 하야밈’ אַחֲרִית הַיָּמִים)은 ‘그날들의 끝’을 뜻하며, 구약 시대의 끝, 곧 신약(메시아) 시대를 가리킨다. 메시아 시대에는 예수 그리스도의 복음 전파로 시작되어 전 세계에 하나님의 말씀이 퍼질 것이다. 예언자들을 통해 그의 의의 나라가 이루어질 구원의 영원성을 예언한 역설이다. 그리스도께서 온 인류를 심판하실 때 하늘과 땅은 새로워질 것이다. 새 하늘과 새 땅은 이런 맥락으로 이해할 수 있다. 신약 시대의 여호와의 전과 산은 신자들과 함께 있는 교회를 의미한다.

시 23:4에서 선한 목자와 사랑스러운 양의 관계는 굳은 신뢰 속에서 함께 누리는 푸른 초장과 잔잔한 물가로 묘사된다. 여기서 ‘쉴 만한 물가’는 문자적으로 ‘천천히 흐르는 물가’ 곧 휴식이 있는 곳이다. 성경의 ‘막대기’와 ‘지팡이’는 사용 용처에 따라 나뉜다. 지팡이(staff)는 길 잃은 양 떼를 인도하거나 몸을 의지하는 데 쓰였으며, 막대기(rod)는 맹수의 공격을 막는 호신구였다. ‘지팡이와 막대기’는 하나님의 불변성을 상징한다.

히 1:10~12 — 그리스도는 짧은 인생을 사는 인간과 대조되며, 끝까지 하나님만 의지하고 찬양할 것을 결심하신다. 하나님이 그의 기도를 들으신 이유는 다른 이들도 그의 찬양에 동참하게 하시기 위함이다.

사 52:1, "거룩한 성" — 백성들의 각성을 촉구하는 말씀이다. "여호와를 영화롭게 하라" — 아시아 동방은 유다, 안디옥, 소아시아에서 그리스도의 복음이 퍼져 하나님을 섬기게 될 것을 의미한다. "바다 모든 섬"은 지중해 연안의 모든 서방 국가를 가리킨다. 이 복음은 마게도냐, 아가야, 로마까지 전파되어 여호와의 이름이 영화롭게 될 것이다. "땅끝에서부터" — 복음이 전 세계로 퍼져 가장 먼 이방나라에서도 구원의 하나님을 찬양하게 될 것을 예고한다.

새 하늘과 새 땅

계 21:2, "내가 보매 예비한 것이" — 하나님의 교회와 새 예루살렘의 연합을 상징한다. 어린양의 혼인 기약이 이르러, 신부인 교회가 신랑이신 그리스도를 위해 영적으로 단장한다.[248] 갈 4:5, 엡 1:5, "양자" — 하나님의 아들로 삼으시는 사역을 강조한다. '아바'는 '아버지'를 뜻하는 아람어이다. 하나님의 자녀로서 고난을 참고 견디며 인내와 진실함을 나타내야 한다. 피조물이 받는 영원한 소망의 변화는, 아담의 타락 이후 허무한 상태에 놓였던 세상이 양자의 영광으로 해방되는 것을 뜻한다. 그러나 완전한 양자의 영광은 아직 실현되지 않았다.

롬 8:24, "소망" — 장차 있을 몸의 구속을 뜻한다. 보이는 것은 이미 현실에 있는 것이므로 소망이 아니다. 미래의 영적 소망은 보이지 않는다. 성령께서 우리의 연약함을 아시고, 말할 수 없는 탄식으로 기도하시며 우리를 도우신다. 이 기도는 하나님의 뜻 안에서 이

248) (요 8:19, 10:1, 7, 9, 37, 38, 12:26, 44, 45, 49, 50) 헬라어 '클렙테스'는 속임수를 쓰는 자요, '레스테스'는 폭력을 쓰고 약탈하는 자이다. "나는 양의 문이라" 예수께서는 자신을 '양의 문'이라 하신 이 뜻은 영적 세계를 의미한다.

루어진다. 일부 사본에는 "하나님의 모든 것이 합하여 선을 이루리라"라고 기록되어 있다. 하나님을 사랑하는 자, 곧 미리 작정된 목적에 따라 부르심을 받은 자들에게 주어진 약속이다. 이는 선과 악, 순경과 역경을 포함한 모든 상황이 합력하여 선을 이루게 하는 하나님의 섭리를 뜻한다.[249] 그러므로 서로 '위로하라'는 권면은 하나님께서 의를 나타내시고 구원을 베푸심 때문이다. 모든 성도의 찬송은 열방 앞에서 힘 있게 드러날 것이다.

사 61:10, "신랑이 사도를 쓰고 신부가 단장함같이" — 성결의 표상이다.[250] 하나님은 택한 백성의 죄를 용서하시고 그들을 성결하게 하셔서 의로운 백성으로 만드신다. 출 28:36~38의 기록처럼 '여호와의 성결'이 새겨진 관을 더리에 쓰는 것은[251] 의의 완성을 나타낸다. 이는 베어 버린 나무에서 새싹이 돋는 것, 곧 무너진 다윗의 위에서 새로이 출발하는 그리스도를 뜻한다.

베드로가 표현한 새 하늘과 새 땅에서는 완전한 의가 실현된다. "여호와 우리의 의"라는 이름은 장차 올 의로운 가지, 다윗의 혈통을 이어받은 단순한 왕이 아니라 곧 '여호와이신 분'을 뜻한다. 이 부분에서는 두 가지 맹세가 언급된다. 하나는 출애굽 사건에서, 다른 하나는 바벨론 포로에서 풀려날 때의 맹세이다. 두 사건 모두 하나님의 능력을 보여주며, 복음의 역사 속에서 미래의 복의 가능성을 제시한다.

---

249) (갈 3:7, 롬 2:28, 9:8) '약속된 자녀'란 '의(義)의 씨' 곧 '낳은 자'를 의미한다. 창 21:12을 참조하라.

250) (출 28:30, 엡 1:17, 계 19:8) '우림과 둠밈'은 하나님의 뜻을 묻기 위해 쓰이던 제비 같은 도구이며, 이 단어의 뜻인 '빛'(복수)과 '완성'(복수)은 어원이나 재료 및 형상들이 분명치않다. 레 8:8을 참조하라.

251) (렘 23:3-7, 33:16. 비교, 시 9:8, 사 11:4, 5, 45:8, 단 9:24) '여호와의 의(義)'는 기름 부음 받은 자를 의미한다.

계 21:2, "거룩한 성 새 예루살렘" — 이는 어릴 적 이스라엘이 자라 혼인할 나이가 된 여인으로 비유된 모습이다(이스라엘은 주의 신부로 묘사됨). 마 22:24, "내 옷으로 너를 덮어" — 결혼(계약)의 완성을 상징한다. 하나님은 이스라엘을 깨끗하게 씻어 결혼을 준비시키시고, 그녀를 선택하신다. "청년이 처녀와 결혼함같이" — 하나님과 교회의 관계를 부부 관계로 묘사하여 하나님의 사랑이 백성에게 얼마나 큰지를 나타낸다. 신부의 예복은 제사장의 예복과 유사하며, 유다의 의식적 예배를 상징한다. 그녀에게 준비된 음식은 축제 음식과 함께 가장 귀한 것들이 진설된다. 이는 신부인 교회와 신랑이신 그리스도의 공식적 혼인 계약을 상징한다.

이처럼 제사장의 나라로 부름 받은 이스라엘은 다윗의 왕권을 통해 소망을 이루게 된다. 그러나 이스라엘의 범죄와 배교로 인해 그 아름다운 영광은 몰락하게 된다. 이는 말씀의 율법을 저버린 결과로, 복을 잃고 전쟁에 시달릴 것이라는 교훈을 오늘날 우리에게도 준다.

하나님께서 이스라엘 민족을 가나안 땅에 인도하신 목적은 복을 주시기 위함이다. 그들은 우상을 버리고 안식일을 지키며 성소를 보호해야 했다. 이러한 일들을 잘 준수할 때, 하나님은 이스라엘의 국방적 안전을 보증하신다. 하나님께서 이스라엘의 전쟁에 적극적으로 개입하시겠다는 약속은 성경 여러 곳에 기록되어 있다.

계 21:5, "내가 만물을 새롭게 하노라" — 모든 만물을 새롭게 한다는 뜻은 완전히 새 일을 이룬다는 것이다. "신실하고 참되니" — 이는 '미쁘다'는 의미로, 자명한 진리를 소개하는 표현이며 목회서신에서만 나오는 관용적 어구이다.[252)]

---

252) (딤전 3:1, 4:9, 딤후 2:11, 딛 3:8) '내가 괴수라' 이것은 바울의 한탄사이다.

사 48:6, "이제부터 나가 은비한 일을 보이리라" — 앞으로 일어날 일을 마치 이미 일어난 것처럼 보여주어, 반드시 성취될 것임을 선언하신다. "보라, 내가 새 하늘과 새 땅을 창조하리니" — 시온을 건설하시고 그 영광 중에 나타날 장면은 훗날 하나님의 나라가 세계적으로 세워질 것을 기대하게 한다. 곧, 예루살렘이 완전히 회복되고 온 세상이 하나님께 예배드릴 것을 보여주어, 앞으로 전 세계적 구원의 터전으로 이스라엘이 선택되었음을 알린다.

이스라엘의 구원은 세계적 구원 운동의 거점이 될 것을 예표한다.[253] 하나님의 약속은 모든 선민에게 행하실 일의 표본이며, 예언의 싹이다. 성도가 중생할 때 근본적인 변화를 경험하게 되는 것처럼, 새로운 질서 속에 속한 피조물의 세계도 그러할 것이다.

여호와께서는 하늘과 땅을 창조하시고, 모든 생물의 필요를 위해 땅을 조성하신 분으로, 모든 피조물을 주관하시며 찬양받으시기에 합당하다. "이루었다" — 하나님의 완전한 사역 완성은 이스라엘을 선택하심으로 인해 여호와를 찬양하게 하며, 창조자의 광대하심과 역사 속 행적이 '할렐루야'로 시작과 끝을 맺는 이유가 된다.

만물을 새롭게 하실 '생명의 주'께서 메시아 시대에 보여주실 풍요한 복은, 모든 시내가 가뭄에 말라 버렸지만 다시 물이 흐르고, 왕국이 비옥하며 번창하고 안전해지는 것으로 상징된다.

출 4:22, "나는 이스라엘의 아비요 에브라임은 나의 장자니라" — 하나님께서 '이스라엘의 아비'라 하신 것은 이스라엘을 영원히 보호하시는 하나님이심을 뜻한다. 북왕국 이스라엘 열 지파를 대표하는 에브라임을 '장자'라 하신 것도, 그 백성을 구원하고 회복시키시겠다는 뜻이다. 비록 이스라엘이 신실치 못했어도, 하나님은 그

253) (롬 11:1) 이 장은 이방인의 충만한 수가 교회 안에 차게 되면 이스라엘이 주께로 돌아오리라는 뜻임.

들을 애굽에서 해방시키셨다. 모세는 장차 오실 그리스도의 모형이었다. 출애굽의 구속은 그리스도로 말미암은 신약의 구원 운동에서 완성된다.

어떤 이는 "옛날에 TV, 자동차, 컴퓨터 같은 놀라운 기계가 없었으므로, 이런 것이 새것 아니냐"고 말할 수 있다. 그러나 성경이 말하는 '새롭게 하심'은 생활 방식이나 사물을 뜻하는 것이 아니라, 인생과 우주의 본질적 변화를 말하는 것이다. 인간이 과학과 종교를 아무리 발전시켜도, 그는 피조물이며 하나님의 심판 아래 있다. 성경은 인간에게 있어 가장 높은 지혜조차도 허무함을 말씀한다.

계 21:7, "이기는 자는 유업으로 받으리니" — 이는 하나님의 자녀로서 권한을 완전히 회복한 상태를 뜻한다. 이제 율법의 종 되었던 자리에서 해방되어 하나님의 양자가 되고, 영원한 기업을 받는 것이다.

계 21:8, "흉악한 자, 살인자, 행음자, 술객, 우상숭배자, 거짓말하는 자들은 불과 유황 못에 참여하리니 이것이 둘째 사망이라" — 믿지 않은 자의 운명, 곧 악인의 최후와 미래의 형벌을 경고한다.

사 45:22, "땅끝의 모든 백성아" — 이방 민족들에게 장차 예수 그리스도를 통해 구원받게 될 것을 예언하는 말씀이다. "앙망하라" — 회개하고 하나님께 돌아오라는 뜻이다. 이방인들이 우상을 향하던 그 시선을 이제 하나님께 돌려야 할 때이다.

고전 15:5, "다 잠잘 것이 아니요" — 죽은 자들도 부활하여 영화로운 몸을 입으며, 살아서 주를 맞는 자들은 공중으로 들림 받아 그리스도의 부활하신 몸과 같이 변화된다.[254]

---

254) (사 25:3) 심지가 견고한 자는 여호와를 의뢰하는 신앙에서 성립되어 '평강'의 하나님을 의지할 때 심원하고 끊임없는 평온과 안정을 얻게 된다는 뜻이다. 사 48:18, 겔 47:5을 참조하라.

새 예루살렘

계 21:9~22:5의 새 예루살렘을 묘사하는 하늘나라의 상징과 성도들의 영원한 생활은 세 부분으로 나눌 수 있다. ① 계 21:9~17 — 새 예루살렘의 외형, ② 계 21:18~20 — 성의 재료, ③ 계 21:22~22:5 — 성에서의 생활이다.

계 21:9~17의 새 예루살렘을 정리한다면, 새 예루살렘은 어린양의 아내로 비유되며, 하늘에서 내려온 성으로 표현된다. ① 성곽: 크고 높은 성곽, 척수 144규빗으로 이는 선택받은 모든 자의 보호를 상징한다. ② 열두 문: 4면에 각 3문씩, 총 12문은 선택받은 자만 들어갈 수 있음을 의미한다.[255] ③ 열두 기초석: 각 기초석에는 열두 사도의 이름이 새겨져 있으며, 교회가 사도들의 증언 위에 세워질 것을 상징한다. ④ 성의 크기: 정입방체로, 각 면이 12,000스타디온으로 이는 한반도의 약 15배 면적이며, 균형과 안전을 의미한다.

계 21:10, "높은 산으로 올라가" — 17:3에서 성령에 이끌려 광야에서 음녀를 보았듯, 이번에는 산에서 새 예루살렘을 본다. 광야는 멸망의 땅, 산은 계시의 장소를 뜻한다.

계 21:18~21 — 성곽은 벽옥(존귀와 견고성의 상징)으로, 성은 맑은 유리 같은 정금(불변성의 상징)으로 되어 있다. 열두 기초석의 보석은 성도들의 존귀함을, 열두 문은 완전성을 상징하는 진주로 이루어져 있다. 진주는 천국을 상징하며, 성내 길은 맑은 유리 같은 정금으로 변함없는 진리와 안전을 나타낸다.[256] 이 진주 문은 21절의 "맑은 유리

---

255) (계 21:12-14, 사 2:2-4) '말일'이라는 히브리어 '아카리드 하야밈'은 '그날들의 뒤끝'이라는 뜻으로, 구약 시대의 끝은 곧 신약 시대(메시아 시대)를 가리킨다. 또 새 예루살렘 성곽의 열두 기초석에는 열두 제자의 이름이 적혀 있다.

256) (마 7:7, 13:45-47, 딤전 2:9) 즉 '복음 운동'은 겨자씨와 같이 미약해 보이나 마침내 세상을 이긴다는 뜻이다.

같은 정금(精錦)이라"에서 자수성의 진주성을 뜻하며, 안전한 이곳이 보좌에 어린양이 계신 새 예루살렘이었다.

요 4:23 — 성육신에서 절정을 이룬다. 즉 창세로부터 감추어진 것들을 드러내리라는 뜻으로, 천국은 창세 전부터 하나님의 의중에 계획되었던 비밀이었다. 예수 그리스도로 말미암아 알려지기 전까지는 모두 숨겨져 있었다. 천국 복음은 예수께서 이 땅에 오셔서 모든 비밀을 말씀하셨으나, 은혜를 거역한 자들은 여전히 알지 못했다. 그러나 하나님께 택함을 받은 자들에게는 그 비밀이 드러나고 보이며, 실제로 만질 수 있는 것으로 경험된다. 그러므로 천국은 마치 바다에 그물을 던져 각종 물고기를 모으는 것과 같다. 보화와 진주는 비교할 수 없는 가치를 지닌 천국을 상징한다.

그리스도의 연약하고 조용하며 순종하신 모습 안에, 하나님의 뜻을 성취하신 온유하고 겸손한 성품이 드러난다. 더욱 중요한 것은, 예수 그리스도께서 죄로 죽어가는 생명을 영원히 보존하시기 위해 오신 메시아라는 것이다. 그리스도의 사역은 이스라엘 백성에 대한 언약을 성취하며, 이방인에게 '빛'을 주는 일이다. 이 빛은 '그리스도의 복음'으로 유대인을 넘어 이방으로 확장될 것이다. 죄악에 얽매인 삶에서 영적 해방(구원)으로 회복하게 하시는 그의 사역은, 여호와 하나님이 영원히 변치 않으시는 분임을 나타낸다.

그리스도로 말미암아 구원 언약이 성취될 때, 영광은 오직 하나님께만 돌아가고 모든 우상은 아무것도 아님이 드러난다. "새 일" — 이스라엘을 괴롭히던 모든 압제자가 하나님의 능력으로 패망하고, 이스라엘은 부흥하며, 이방인들은 개종하게 될 것이다. 이는 여호와의 일이다. '항해하는 자, 그 거민들'은 이방 민족을 가리킨다. 사 42:10의 "만물"은 모든 백성을 뜻하며, 구원받은 자들의 기쁨과 감사의 찬양이 담긴 새 노래이다. "용사같이", "전사같이" — 장차 신약 시대에 나타나실 여호와, 곧 그리스도의 사역은 마귀와 대항하여 싸운다. "부르짖으리니" — 여인이 해산하듯, 구원의 복음이 전 세계에 전파되도록 택한 이스라엘(신자)을 구원하신다. "숨이 차서 헐떡이리라" — 사탄의 세력을 파괴하며 복음을 전하시는 예수 그리스도의 사역을 뜻한다.

시 145~150편 — 시편 전체의 결론부는 하나님의 약속을 성취하시는 뜻을 언급한다. 모든 예배자의 찬양이 반복되며, '크신', '모든' 등의 단어가 자주 쓰인다. 이 시는 하나님의 위대하심으로 시작해, 그의 속성과 영원한 왕국, 인자하신 섭리와 의로운 길을 찬양으로 나타내며, 마지막은 하나님 찬양으로 끝난다. 천국은 마 13:18의 '씨 뿌리는 비유'와 같다. 밭에 감추인 보화가 공개되어, 누구든지 접근할 수 있다. 교만한 자들은 이런 보화를 알아보기 어렵다. 보화는 하나님의 의, 용서, 평강 등을 포함한다. 이 보화를 발견한 사람은 자신의 소유를 팔아 밭을 샀다. 세상의 지혜와 부귀도 이 보물과는 비교할 수 없다. 이는 세상 지식이 필요 없다는 의미가 아니라, 천국의 보물과는 비교할 수 없다는 뜻이다.

요 12:24 — 한 알의 밀이 땅에 떨어져 죽으면 많은 열매를 맺는다. 예수님의 죽음은 많은 사람을 영생에 이르게 한다. 요 15:2, "제해 버리시고" — 열매 없는 가지(신자)를 잘라내고, 열매 맺기를 기대하며 가지를 깨끗하게 하신다. "깨끗하게" — 헬라어 '카다이로'(καθαίρω)는 불결을 청결하게 한다는 뜻으로, 하나님의 말씀은 삶을 정결하게 한다. 예수께서는 우리가 자신의 육체적 생명만 사랑하면 잃는다고 하셨다. 헬라어 '프쉬케'(ψυχή)는 자연의 생명을 뜻하고, '조에'(ζωή)는 영원한 생명을 의미한다. 하나님은 인간을 자동으로 움직이는 기계처럼 만드신 것이 아니라 자유의지를 부여하셨고, 그 뜻을 어기면 벌을 받는다.

계 21:22~22:5 — 새 예루살렘에서의 빛 된 생활은 두려움과 위험을 몰아내고, 구원은 삶의 성공을 보장하며, 모든 공격으로부터의 승리를 상징한다. 계 22:1~5 — 생명수 강과 생명나무는 천국에서 구원받은 자들이 누릴 복락을 말한다. 이는 미천한 자들에게 알려진 진리의 문이다. '육신에 의해 지배되는 삶'과 '성령에 의해 이루어지는 삶'을 대조한다.[257] 사 60:19, "영원한 빛" — 하나님의 영광이 나타나면 더 이상 해와 달이 필요 없으며, 이는 그리스도의 재림 후 복된 세계의 상태이다. 막 4:31, "겨자씨 한 알" — 작은 씨가 자라 큰 나무가 되는 것처럼, 처음에는 미미했으나 급속히 확장되는 천국 복음을 뜻한다.

계 21:27, "오직 어린양의 생명책에 기록된 자들뿐" — 계 3:12과 연결된다. "이기는 자는 새 이름이 그 위에" — 승리자의 상급을 의미한다. 마 16:18, "내가 이 반석 위에 교회를 세우리니" — 반석은 그리스도에 대한 신앙 고백을 가리킨다. 교회는 오순절 성령 강림으로 성립하였다.

새 예루살렘의 특징은 다음과 같다. ① 성전이 필요 없다. ② 해나 달이 필요 없다 — 하나님과 어린양이 빛이 되신다. ③ 땅의 왕들이 영광을 가지고 모여든다 — 모든 성도들이 하나님께 영광을 돌린다. ④ 성문은 항상 열려 자유와 평화를 상징한다. 전 3장 — 천하에 범사가 기한이 있다. 하나님의 계획은 자비 안에서 실현되며, 우리는 이를 신뢰해야 한다.[258]

---

257) (롬 8:4, 빌 3:3) '육'에 속한 마음과 '영'에 속한 마음은 즉 육욕에 대한 새 생활의 결과를 비유한 해석임.

258) (신 32:39, 시 75:5, 102:13) 훗날 세워질 하나님의 나라 곧 예루살렘이 완전히 회복될

하나님께서는 인간의 모든 사건이 지속적 순환 속에서 이루어지도록 방향을 제시하셨다 그러나 인간 사회의 재판은 타락해 왔으며, 공정한 재판은 하나님만이 가능하시다. 성도는 이런 세상에서 '빛과 소금'의 직분을 다해야 한다. 인간의 '혼'(루아흐, רוּחַ)은 바람, 숨을 뜻하며, 하나님의 형상대로 지어진 사람은 죽어도 하나님께 돌아간다. 신약에서 '프뉴마'(πνεῦμα)와 '프쉬케'(ψυχή)는 영과 혼을 나타내며, 무형의 지적 존재로서 인간의 본질, 내적 자아를 포함한다. 그러나 종말론과 영혼론에서 획일적인 결론을 내리는 것은 위험하다. 사람과 짐승 모두 '혼'(루아흐, 생명의 기운)을 가졌으나, 짐승은 땅으로 돌아가고 사람은 하나님께 돌아간다. 이는 선택된 메시아 백성을 의미한다.[259)]

롬 3:11 — 타락한 인간의 지혜로는 하나님을 알 수 없다. 하나님은 세상 사람들이 미련하게 여기는 '전도'로 구원을 이루신다. 고전 1:22 — 유대인은 표적을, 헬라인은 지혜를 구했다. 그러나 그 지혜는 주지주의적 욕구에 머물렀다. 육신에 속한 인간(사르키노스, σαρκινός)은 연약성과 무력함, 불완전성을 갖는다. 인간은 눈앞의 힘에만 집착하는 어리석음을 버리고, 진리의 은혜를 받아야 한다. 과학은 한계를 깨닫고 적용할 때 유익하다. 믿음은 과학과 대립하지 않으며, 오히려 과학을 포용하고 초월한다. 피조물은 창조주 하나님을 인정할 수밖에 없다. 성령은 하나님의 계시를 인간에게 나타내는 분이시며, 새 예루살렘의 묘사는 '마지막에 일어날 일'의 역설적 표현이다.[260)]

것과 온 세상이 하나님께 예배할 것을 예증함.

259) (계 2:7, 시 104:29, 30) 모든 생명의 호흡은 '하나님의 영'에 의존함을 말함.

260) (고전 2:9, 출 8:10) 곧 '복음의 지혜'는 '하나님의 계시'를 통하지 않고서는 공급의 섭리가 인간에게 알려질 수 없다.(사 64:4의 자유로운 인용이다).

22장

새 예루살렘의 환희

계 22:1~5, "하나님과 및 어린양의 보좌로부터" — 새 하늘과 새 땅에서 누릴 복락인 생명수의 강은 영생과 무한한 은혜를 상징하며, 계 2:7의 "생명나무"는 이기는 성도들에게 주시는 상급이다. "저희 이마에 하나님의 이름"은 성도들에게 주어진 하나님의 소유권과 주권을 나타내는 풍요로운 복의 상징이다.

모든 시내가 가뭄 때에는 말라 버리지만, 이제 다시 물이 흐를 것이다. 계시록 저자는 새 예루살렘을 묘사하며 이러한 충만한 시내를 언급한다. 암 9:15, "내가 그 본토에 심으리니" — 이 왕국은 비옥하고 번창하며 안전할 것이며, 회개한 백성이 받을 복을 뜻한다. 하나님의 은총으로 자연의 생산이 많아지고, 회개한 심령에게 하나님의 신령한 은혜가 선물로 주어진다. 하나님의 은혜를 시냇물로 비유한 것이다.

생명수 강과 낙원

계 22:1, "생명수의 강을 내게 보이니" — 낙원의 회복을 뜻하는 축복의 강이다. 이 거룩한 강의 환상은 새 예루살렘의 모습이다. 생수는 자연적(땅에 대해)이며, 동시에 영적(하나님의 백성에 대해)인 하나님의 은혜를 뜻한다. 동해는 사해를, 서해는 지중해를 가리키며, 이는 하나님의 은혜가 무한히 임할 것을 상징한다. "어린양의 보좌로부터" — 구약에는 언급이 없지만, 유대인들은 초막절에 실로암 못에서 물을 길어 제단 옆 은그릇에 붓는 의식을 7일간 행했다. 이는 광야에서 바위에서 솟은 물을 기념하는 뜻이다. 예수께서도 초막절에 영적 생수에 대해 설교하셨는데, '배'는 사람의 가장 깊은 속을 가리킨다.

창 1:2 — 성령은 태초부터 세상에서 활동하셨으나, 하나님의 자녀 속에 내주하시고 권능을 주시는 것은 오순절부터 시작되었다. 생수의 근원을 버린 자는 하늘의 기업을 버린 자로서 구원에 이르지 못하며, 그 이름은 생명책에 기록되지 않는다.[261)]

시편 1편 — 하나님은 인간의 영적 갈증을 만족시키고자 참된 생수의 근원을 밝히셨다. 겔 47:1 — 성전에 대한 새 규례들을 주신 후, 에스겔에게 성전 문지방 밑에서 흘러나오는 생명 강수 환상을 보여주셨다. 이 강은 발목에서 시작하여 무릎, 허리를 지나 깊은 강이 되고, 강가의 나무들은 사해조차 살아 있게 한다. 예루살렘은 강이 없는 도시였지만, 하나님의 은혜가 강처럼 흐른다는 상징이다. 성전에서 흘러나오는 강은 생명을 낳고 유지시키는 역사를 이룬다. 요 4:14 — 예수께서는 사마리아 수가성의 여인에게 자신이 '생명의 물'이라고 하셨다.

계 22:1~3에서 하나님의 보좌로부터 흐르는 생명 강은 만물을 소성케 할 능력을 가진다. 이 강물에 관한 체험의 의미는 다음과 같다. ① 요 7:37~38 — 물은 육체적 강수가 아니라, 인류 구원을 위한

---

261) (시 69:28, 빌 4:3, 계 5:13, 21:27) 히브리 원어에는 "다시"라는 말이 없다. '영적 소생'은 은혜를 체험한 미래의 구원을 의미한다.

영적 생명을 상징한다. ② 에스겔이 본 '척량' 줄은 하나님의 말씀을 뜻하며, 그는 모든 신자의 대표이다. ③ 은혜의 체험은 점점 깊어져야 한다. ④ 깊은 물은 그리스도로 말미암은 구속의 은혜를 상징한다. 에스겔의 강물이 사해로 흘러 많은 생물이 번성하게 된 것처럼, 신약 시대 그리스도의 복음은 죽은 세상에 영생을 준다(엡 2:1).

강가의 생명나무 잎은 만국을 소성하게 하는 약재로 쓰이며, 신체와 영혼 모두에 유익하다. 이는 성도들이 은혜로 충만해져 생명을 나누는 모습을 비유한다. '엔게디'와 '에네글라임'은 사해 서쪽과 동쪽의 지역으로, 제자들이 많아질 것을 비유한다. 반대로 '진펄과 갯펄'은 바닷물이 넘쳤다가 마른 뒤 소금만 남은 곳으로, 생명이 살 수 없다.[262] 이는 하나님을 배제한 옛 본성을 가리킨다.

롬 6:18 — '새사람'은 구원받을 때 주어지는 새 본성으로, 계속 말씀의 교훈을 받아야 한다. 이는 우리를 죄에서 해방하신 그리스도의 보혈 때문이다.

계 22:4, "그의 이름도 저희 이마에 있으리라" — 성도의 소유권과 신분이 보증된다. 이는 하나님의 지속적인 약속의 증표이며, 성령의 내주는 그리스도인에게 영생의 보증이 된다. 마 5:8의 팔복은 장래의 복을 누릴 심적 상태를 말한다. 요 6:44, "마지막 날에 다시 살리리라" — 구원의 시작은 인간이 아니라 하나님이 이끄시는 능력에서 찾을 수 있다. 이것이 '선행적 은혜'이다.

계 22:6~21 — 결론부는 1장의 서론과 대응하며, 전서는 묵시의 증언이다. 계시의 확실성은 메시아의 임박한 재림과, 선지자들의 영을 감동하신 '속히 될 일'을 강조한다. 그리스도의 영적 승리는 속죄의 고난에서 비롯되었다. "내가 속히 오리니" — 원어는 미래형이 아

262) (신 29:22, 시 107:34, 습 2:9) 이 말은 하나님의 공의로움이 선한 자, 곧 후대에 악한 자에 대한 징벌로 나타나는 레 26:26의 기근을 말함.

닌 현재형으로, '그는 지금 오시고 계신다'는 뜻이다. 이미 오셨으나, 아직 완전히 임하지 않으신 상태를 의미한다.

창 28:15 — 하나님이 야곱에게 복의 언약을 반복하시며 "내가 너와 함께 있어"라고 하셨다. 가장 큰 복은 하나님이 우리와 함께 계신다는 것이다. "이 땅으로 돌아오게 할지라" — 야곱의 여행조차 하나님의 뜻 없는 일은 없으며, 그의 후손만이 이 땅의 주인이 될 것을 말한다. 그것은 하나님께서 일정한 장소에만 계신다고 하는 공간적인 편협성(偏狹性)이 극복된 것이다. 그런즉 하나님의 무소부재(無所不在) 하심에 대한 최초의 인식으로, 하나님의 '전'과 하늘의 '문'은 겔 48:35의 "여호와 삼마"의 뜻, 곧 '여호와께서 거기 계신다'는 의미이다.

이는 메시아 왕국이 회복되어 아름답게 꾸며진 예루살렘에 주어진 이름으로, 이전에 여호와께서 성전과 성읍을 떠나셨지만 이제 그 성읍에 돌아오셔서, 영원토록 구속받은 백성 가운데 은총과 영광 중에 계실 것을 가리킨다. 하나님의 선택된 백성에 대한 계획과 하나님의 칭호는, 그가 택하신 성읍과 곧 그 거하시는 처소와 분리할 수 없는 관계를 맺고 있다. 하나님께서 계시는 곳은 임마누엘이신 예수께서 세우신 신약교회이며, 필경 그 완성은 영원한 천국이다. 곧 그리스도의 선포는 하나님의 행적이다.

하나님은 태초부터 지금까지 일하고 계시니, 하나님을 떠나면 우리는 아무것도 할 수 없다. 다시 말해, 천지를 창조하신 하나님은 현재도 섭리하시고 장차 심판하신다. 성자는 창조와 섭리, 심판의 사역에 있어서 성부의 뜻을 따라 함께 하시며, 우리는 성자의 제자들이다. 삼위의 어느 한 인격도 다른 둘과 독립하여 행동하지 않는다. 그리스도는 자신을 비워 종의 모습으로 오신 동안 아버지의 대행자가 되셨다.

그리스도의 권위는 부활에 있으며, 요 5:21~25의 심판이 22~27절의 영역에서 나타난다. 하나님은 아들을 영화롭게 하시기 위해 그리스도에게 심판을 위임하시고, 그를 믿는 자가 심판에서 구원받게 하신다.

그리스도는 성령의 충만함으로, 하나님으로부터 무제한적인 절대 권위를 부여받으셨다. 하나님을 공경하는 것과 아들을 공경하는 것은 별개가 아니다. 하나님을 공경하는 자만이 그의 아들 예수를 높이며, 예수를 공경함으로 하나님에 대한 공경이 완성된다.

심판은 정죄의 의미도 있으며, 여기서 죽은 자는 '영적으로 죽은 자', 곧 불신자를 뜻한다(엡 2:1, 5:14). "듣는 자는 살아나리라" — 복음을 듣고 영적으로 거듭난 자들을 가리킨다. 성부와 성자는 스스로 생명을 지니신 분이며, 이것은 하나님께 생명을 부여받은 인간의 유한한 생명과 대조된다.

하나님만 경배하라

계 22:8~9, "함께 된 종이니" — 천사의 주장도 유일하신 여호와 신앙의 강력한 증거이다. 천사 자신도 계시의 전달자일 뿐 수여자가 아니다. 사람과 함께 하나님을 경배해야 하며, 결코 경배의 대상이 될 수 없다. 이 또한 무덤 속에 있는 자는 육신만을 맛보고 들어가지만, 주께서 재림하실 때 몸으로 부활한다. 영원한 생명은 부활의 약속이며, 이는 예수를 믿은 결과로 나타나는 선한 열매이다. "선한 일을 행한 자" — 헬라어 '포이에산테스'(ποιήσατνες)는 상습적이며 완전한 행위를 뜻하지 않는다. "악한 일을 행한 자" — 헬라어 '프락산테스'(πραξαντες)는 습관적 악행을 말한다.

계 20:12 — 생명의 부활과 심판의 부활은 그리스도 재림 시 성취된다. 성경은 이 두 가지 부활을 여러 차례 언급한다. 이는 구원 여부와는 무관하게, 그리스도인이 내세에서 받을 보상이 그들의 공적에 따라 결정된다는 뜻이다.[263] 하나님은 절대 주권자이시며 누구에게도 책임을 지지 않으신다. 모든 사람은 공평과 공의로 대우받으며, 우주의 질서와 조화는 하나님의 공의와 권능을 증명한다.

하나님의 공의로운 행위가 없다면 어떤 사회나 조직도 균형을 유지할 수 없다. 인류 사회는 옛날부터 불법과 환난이 끊이지 않았다. 이유는 사람들이 죄인이기 때문이다. 하나님께서는 신약의 기준이 되어 주셨으나, 인류는 여전히 하나님을 알지 못하고 자연계의 일반계시를 통해서만 어느 정도 질서와 조화를 유지하고 있다.

하나님을 인간의 기준으로 판단하는 것은 어리석다. 세상의 어떤 권력자라도 하나님의 공의로 정죄되고 심판받는다. "밤중에 죽나니" — 회개하지 않는 자는 도적같이 멸망당한다. 하나님 앞에 '몰랐다'는 변명은 통하지 않는다.

하나님의 성에 들어갈 자격은 엄격히 규정된다. 계 1:8, "알파(A)와 오메가(Ω)" — 헬라어 알파벳의 첫 자와 마지막 자로, 하나님은 모든 창조물과 역사의 절대적 근원임을 뜻한다. 계 1:17, 21:6의 "처음과 나중"과 계 22:13의 "시작과 끝"은 그 의미를 더욱 강조한다. 창 15:18, "큰 강 유브라데까지" — 선택된 백성을 위한 땅의 경계가 나타난다. 이는 다윗과 솔로몬 시대에 국경이 되었으며, 하나님의 지혜를 얻으라는 뜻이다. "일꾼" — 헬라어 '휘페레테스'(ὑπηρέτης)는 하인 가운데서도 가장 천한 노예를 뜻한다.

이 비밀은 사람에 의해 발견되는 것이 아니라, 하나님의 계시로 알리는 진리이다. 일꾼의 책임은 하나님이 계시하신 진리를 관리하는 자로서, 주인의 지시대로 수행하는 신뢰성에 있다. "자책할 것도

---

263) (롬 14:10, 욥 34:11) '하나님의 심판대는' 고전 3:10-15, 고후 5:10을 보라.

깨닫지 못하나니" — 인간은 깨끗한 양심을 자부할 수 없으며, 최후 심판은 하나님께 달렸다.

롬 16:25, "감추었다가" — 신비는 과거에는 알려지지 않았으나, 신약에서 계시되었다. 이 비밀은 단순한 추상적 '신비'가 아니라, 드러나기 전까지 감추어진 계시이다. 구약에서도 예언된바, 그리스도의 몸 안에서 이방인과 유대인이 동등한 후사가 된다는 사실이 신약에서 분명히 선언되었다.[264)]

그리스도의 재림을 예고하는 사건들은 사 60:2의 암흑의 시기, 렘 30:4~8의 대환난, 단 12:1의 환난의 때, 마 24:4~8의 재난의 시작, 롬 8:18~22의 해산의 고통 등이다. 그러나 딤후 3:1~5, 딤전 4:1~4에서는 악의 강성함을 예언한다. 구약의 선지자들도 메시아의 고난(사 53장)과 영광(사 11장)을 예언했으나, 전자는 초림, 후자는 재림에 성취될 것임을 구별하지 못했다. 그러므로 이 책의 예언의 말씀은 이미 약속된 '익명의 지혜'로, 여호와의 법을 즐거워한 의인과 교만하고 어리석은 악인의 상반된 운명이 대조된다. 하나님의 교회가 크게 확장될 때, 성도들이 받을 복의 강은 그들의 기쁨이 된다. 구약 교회가 적의 침입으로 파괴되어 슬퍼했으나, 신약 교회는 하나님이 주시는 평강을 받고, 이방인들이 모여 열방이 영광을 누리게 된다.

계 22:10~15, "인봉하지 말라" — 구약의 묵시 문학에서는 인봉이 관례였지만, 신약에서는 열어 두라고 하신다. 계시록의 말씀을 열심히 연구하여 생활 속에서 교훈으로 삼으라는 의미이다. "때가 가까우니라" — 공의의 심판이 임박했음을 증언한다. '두루마기를 빠는 자들'에게 주어질 복은, 하나님의 성에 들어갈 자격을 뜻하며,[265)] 이

264) (마 13:11, 롬 11:25, 고전 15:51, 엡 5:32, 6:19, 골 1:27, 살후 2:7, 딤전 3:16, 계 1:20) 다른 비밀들의 말씀을 각주에서 찾아보라.

265) (계 1:3, 14:13, 16:15, 19:9, 20:5, 22:7) 이 메시지는 영감으로 이루어져, 말씀을 읽는

는 계시록에서 말하는 '일곱 복' 중 마지막 복이다.

"내가 줄 상이 내게 있다" — 그리스도 안에 나타난 하나님의 계시는 참 빛을 의미한다. 새 계명은 옛 계명과 대조되며, '내가 너를 사랑한 것과 같이'라는 새로운 동기와 범위를 갖는다는 점이 강조된다.

12절, "보라, 내가 속히 오리니" — 여호와께서는 기록된 예언이 반드시 성취될 것임을 보증하신다. 이 예언의 성취 여부는 참 선지자를 가려내는 결정적 시험이 된다. "이 묵시는 정한 때에" — 그리스도의 재림과 관련된 사건들이 일어날 미래의 날들을 가리킨다. 마지막 날, 곧 세상의 종말은 예수의 약속된 말씀으로, 일반적인 부활을 뜻한다. 성경은 이를 여러 곳에서 설득력 있게 조명한다.

계 22:16, "곧 광명한 새벽별이라" — 세상의 빛 되신 예수 그리스도께서 직접 이 계시를 주셨음을 본서 말미에 다시 한번 증명하신다. 민 24:17의 발람도 메시아의 예언에 대해 특별히 설명하며, 먼 장래의 일을 지적했다. '별'과 '홀'은 신약 시대에 그리스도 자신임을 암시한다. "한 별이 야곱에게서 나오며, 한 홀이 이스라엘에서 일어나서" — 여기서 '별'은 그 아래 '홀'로 다시 설명된다. '홀'은 임금의 통치를 상징하는 법과 지휘권을 가리킨다.

창 49:10, "홀이 떠나지 아니하며" — '홀'은 주권을 나타내는 지휘봉이나 지팡이를 뜻한다. 왕이 보좌에 앉을 때, 발 사이에 지팡이를 두고 앉아 있는 모습이 연상된다. "실로가 오시기까지" — 장소로 본 해석도 있으나 증거는 미약하며, 메시아를 뜻한다는 점에는 이견이 없다.[266] 만군의 여호와는 이스라엘 군대를 지휘하셨고, 하늘의 천군을 다스리시며, 하늘과 지상의 만물을 통치하시는 주권과 전능

자와 따르는 자, 지키는 자에게 약속된 복을 말함.

266) (수 18:1, 8, 삿 18:31, 삼상 1:3, 9) 일곱 지파에서 선출된 21명이 그 땅으로 가서 일곱 분깃을 가진 여호수아도 이스라엘의 상속자임을 보여주는 내용임.

을 강조하신다.

"다윗의 자손" — 마 1:1의 유대인들이 오래 기다린 메시아를, 아브라함과 다윗의 후손으로 밝히기 위해 족보가 언급된다. '예수'는 히브리어 '예슈아'(구원)에서 나왔고, '그리스도'는 히브리어 '메시아'(기름 부음을 받은 자)를 헬라어로 옮긴 말이다. 예수의 법적 아버지 요셉의 계보를 거슬러 올라가면 다윗의 혈통임이 드러난다.

창 15:21~61 — 약 125개 성읍과 촌락이 기록되어 있다. 요단은 요셉 지파의 경계선이며, '벧엘'(하나님의 집)은 예루살렘 북쪽 19.2km에 있다. 마 4:13, "나사렛을 떠나" — 예수의 공생애 시작은 멸시와 박해 속에서 출발했지만, 그 뜻은 영화롭게 될 것을 예언하며 성취되어 간다. 비록 세상이 죄로 어두워질지라도, 천국 복음은 더 널리 비출 것이다.

계시의 확증과 선언

계 22:17 — 성령과 교회의 마지막 초대이다. 그 초대에 응하는 자는 구원을 얻게 된다. 계 1:1의 "속히 될 일"의 사건들이 이루어질 때, 하나님의 초청은 모든 이에게 열린다. 듣는 자, 목마른 자, 원하는 자는 값없이 생명수를 받으라는 초청이다. 사 55:1, "포도주와 젖을 사라" — 영혼을 살리는 복음을 상징한다. 하나님의 부르심은 악한 생활과 불의한 생각을 버리고, 의로우신 하나님께 돌아와 삶을 맡기라는 것이다.

출 20:8 — 안식일을 거룩히 지킬 것을 명령하셨다. 출 35:2, "무릇 이날에 일하는 자는 죽일지니" — 이는 신정국가였던 이스라엘의 법이었다. 당시는 왕이 없었고, 여호와를 왕으로 모셨다. 삼상 8:7 — 인간이 왕을 세우려는 바람은 배교 행위로 규정되었다. 그러나 이후

사울이 여호와의 뜻 안에서 왕이 되었다. 안식일은 평안을 누리는 날이며, 창 2:3에서 그 기원을 찾는다. 마 22:9, "어린양의 혼인 잔치에 청하여" — 공평한 은혜를 받을 광장을, 이방 세계의 비유로 설명한다. "고자들에게…영원한 이름을 주어" — 고자와 같은 불구자들까지 하나님의 나라에 동참하게 하겠다는 사랑의 약속이다. 이러한 불구자들에게 기독교는 다른 약속의 자녀보다 더 귀한 기념물과 새 이름을 주어, 결코 그 이름이 사라지지 않게 보장한다. 이 언약을 지키는 이방인에게는 영생이 주어진다.

눅 2:24 — "예수를 성전에 바침" — 가난한 자는 비둘기 두 마리나 어린 홍비둘기를 드렸다. 예수의 가정이 가난했음을 알 수 있다. 예수는 열두 살에 '계명의 아들'이 되어 유대교 공동체의 일원이 되었고, 그 후 18년간의 생애는 기록되지 않았다.

마 21:13, 예수는 사 56:7과 렘 7:11을 종합하여 만물의 마지막 때를 위해 근신하라는 기도의 뜻을 주셨다.[267] 하나님의 집은 그리스도가 오신 후 온 세계로 복음이 전파되어, 이방 교회가 번성하였다.

다시스 — 스페인 남부 지역으로, 복음이 전파된 곳이다. 마 24:36 — 마지막 때는 천사도, 인자도 모른다고 하셨다. 이는 신랑 되신 그리스도를 통하여 교회가 온 인류에 진리를 비추게 됨을 말한다. 요 4:23 — "신령과 진정"으로 예배할 때가 왔다. 회개 없이는 신앙의 길에 들어설 수 없다.

마 25:34, "예비된 나라를 상속하라" — 주님은 여기서 처음으로 유일하게 자신을 '왕'이라 하셨다. "내 아버지께 복 받을 자들" — 하나님의 사랑과 영생을 받는 자들이다. 엡 1:3 — 부활하신 그리스도와 연합한 성도가 누릴 복을 상속하라는 명령이다. 성도는 하늘의

---

267) (막 11:17, 눅 19:46) "내 집은 만민이 기도하는 집이라."

시민권을 얻는다. 하나님은 영이시며, 구약에서는 '루아흐'(רוח), 신약에서는 '프뉴마'(πνεῦμα)로 표기된다. 이는 생명을 가진 존재를 뜻한다. 하나님은 유한한 분이 아니며, 타락한 인간은 스스로 하나님의 존재를 알 수 없다. 그러나 하나님의 계시로 구원을 아는 은혜를 받는다. 우상이나 형상 없이, 신령과 진정으로 예배드릴 수 있다. 하나님의 부르심은 생명수로의 초청이다.

계 22:18~19 — 본서는 성경 66권 정경 전체에 대한 확증을 담는다. 삼위 하나님의 어느 한 인격도 다른 두 위와 독립해 행동하지 않는다. 그리스도는 자기를 비워 종의 모습으로, 아버지의 대행자가 되셨다. "그 작은 자가 천을 이루었고" — 천국 운동이 작은 시작에서 크게 확장될 것을 뜻한다.[268] 회개하는 자에게 주어지는 영광의 면류관은 기쁨의 상징이다. 롬 10:11, "성경에 이르되" — 사 28:16의 인용이다. "누구든지 저를 믿는 자는 부끄러움을 당하지 않는다" — 인종, 민족, 계급에 상관없이 전인격적으로 그리스도를 의지하는 신앙이다. '부끄러움을 당하지 않고', 이는 실패 없는 구원을 보장한다.

렘 8:7의 공중의 학, 반구, 제비, 두루미 등은 모두 철새로서 기후의 변동에 따라 이동한다. 이러한 새들도 본능적으로 하나님이 정하신 법에 순종하여, 기후를 따라 이동하며 살아간다. 하물며 하나님의 백성들이 오히려 하나님의 뜻을 역행하고 있는 것은 마땅히 책망받을 일이다. 이는 화자가 강조하려는 주제를 일상생활 속 낯익은 상황과 비교하여 쉽게 이해시키려는 문학 기법의 한 예이다.

예수께서도 성경 전반의 '말씀'을 사용하셨으며, 마 13:10~17과 13:34~35에서 비유를 사용하신 목적을 분명히 밝히셨다. 이는 잃은 양을 찾은 목자의 기쁨과 양에 대한 사랑을 함축적으로 드러내는

---

268) (사 11:2, 61:1, 행 10:38) 그리스도께서 장차 '하나님의 보수하심'을 가리키심을 참조하라.

역설이자, 대자연도 그리스도의 통치 아래 해방의 기쁨을 누리게 될 상징적 주제이다.

창 3:1의 뱀도 저주받기 전에는 아름다운 피조물이었으나, 사탄이 그를 유혹의 도구로 사용했다. '간교하더라'(He was cheating)와 '총명하다'(bright, intelligent, smart)는 본래 나쁜 의미가 아니었다. 그러나 뱀은 아직 저주받지 않았음에도 먼저 여자를 유혹했다.

하나님께서 동산 모든 나무 중 단 한 그루의 나무만을 금하셨음을 알고도, 사탄은 그 범위를 고의로 확장시켜 인간의 최초 범죄가 절정에 이르도록 만들었다. 그 죄의 결과는 의심, 공포, 분열이었다. 하나님과 인간의 친밀한 교제가 깨어졌으며, "생명나무의 실과를 먹지 말라" 하신 명령을 거역함으로 인간은 생명나무에서 소외되어 죽음을 경험하게 되었다.

"필경은 죽으리라" — 이는 흙으로 지음을 받았으니 흙으로 돌아간다는 뜻이지만, 죽음의 원인이 죄라는 것을 의미한다. 결국 죄의 결과는 죽음뿐이었다. "생명" — 생명의 '생산자'라는 뜻으로, 최초의 여자(히브리어 '이솨', 영어 '이브' Eve)의 고유명사이다. 헬라어와 라틴어로 옮겨지는 과정에서 발음에 변화가 생겼다.

하나님을 저버린 자는 마음이 여호와로부터 떠난 자로서, 자기 자신을 의지하는 교만이 있다. 이러한 자는 사막의 떨기나무와 같은 앙상한 관목, 곧 '두송'(杜松)이라 불리는 열매 없는 무용한 나무로 비유된다. 이 나무는 바늘 같은 잎이 많아 '벌거벗은 나무'라는 별명이 붙었다. 슥 14:4의 여호사밧 골짜기는[269] 메시아이신 그리스도께서 재림하실 때 영광스럽게 현현하실 장소이다. "너희의 쉴 곳이 아니니" — 이는 팔레스타인이 더 이상 이스라엘 민족의 유업이 아님을

---

269) (슥 6:1, 욜 3:12) 이 예언적 환상은 세계 열국에 대한 하나님의 심판이 시작될 징조와 대환난 기간 중에 있을 세상의 궁극적 패망을 (계 11:15, 18:21) 포함하고 있다.

뜻한다. 하나님께서 허락하신 땅이 죄로 물들었기 때문이다. 이스라엘 백성은 성령을 받은 신앙의 '미'를 사모하기보다, 거짓 예언자들의 말에 귀 기울이기를 더 좋아했다. "남은 자" — 야곱과 이스라엘의 12지파 중 시련을 통해 회개하고 깨끗해진 자들을 가리킨다. 하나님은 이들을 각지에서 모아 팔레스타인에서 다시 연합시키실 것이며, 이 구출은 그리스도의 재림과 관련된다.[270)]

암 1:1 — 아모스가 이스라엘에 대해 받은 묵시를 글로 기록했고, 그 중간에 언급된 지진에 대한 징조 역시 스가랴를 통해 드러났다. 특히 스가랴는 이 지진의 원인을 웃시야왕의 범죄로 보았다. 그는 제사장을 대신해 그 역할을 수행한 죄를 지었기 때문이다. 아모스서는 논리적이고 재치 있게 전체 내용을 압축하면서, 이스라엘 주변 7개국의 심판으로 시작해 결국 이스라엘에 초점을 맞춘 심판을 예고한다. 갈멜산 꼭대기의 마름과 같이, 번영하던 이스라엘이 황폐하게 될 것을 예언하는데, 이는 다메섹의 죄를 연상케 한다. 암 1:3, "그들의 죄" — 헤아릴 수 없이 반복되는 반역 행위로, 백성들의 죄는 심각했다.

"철 타작기" — 아람(시리아) 왕 하사엘이 이스라엘 왕 예후 시대에 행한 죄악과 같다. 실제로 포로들의 몸을 무거운 철 타작기로 짓이기는 만행이 있었다. 이는 이스라엘을 가장 심하게 압제한 행위였다. "빗장" — 도시 성문을 닫을 때 사용하는 나무 막대기나 쇠장대이다. 이스라엘인들이 끌려가 고난당할 때 사용되었다. "아웬" — 다메섹 근처 현대의 '바알벡'으로, 이교 숭배의 중심지였다. '벧 에덴'은 바알벡에서 북동쪽 약 45km에 위치해, 다메섹 왕이 여

---

270) (사 10:20, 21) 회개하는 자들에 대해 (렘 31:8, 겔 34:11, 14) 참 목자이신 그리스도께서 환난 날에 흩어진 양들을 모아 그의 땅으로 되돌아올 수 있도록 인도하신다는 뜻임.

름 거처로 사용했다.

그 길이 오늘날 어디인지는 확실치 않으나, 앗시리아의 디글랏 빌레셀이 시리아인들을 유배 보낸 곳이다. 이 길은 노예 거래 상업 도시였으며, 많은 이스라엘 백성이 앗시리아인과 에돔인에게 팔렸다. 겔 31:2, "네 큰 위엄을 뉘게 비하랴" — 애굽 왕이 교만하여 결국 패망하게 됨을 뜻한다. 잠 16:18, "교만은 패망의 선봉" — 앗시리아 왕을 레바논 백향목에 비유한 구절처럼, 성경에는 사람을 나무로 비유하는 경우가 많다. 앗시리아 왕은 자신의 세력이 최고라 여겼으나, 결국 패망했다. "기르고 자라게 하며" — 백향목은 높이가 27m에 달하고, 가지는 균형 있게 뻗어 매우 장엄하며 아름답다. 그만큼 왕에 비유하기 적합하다. 그러나 세상의 왕들이 번영하는 것은 하나님이 주신 권세 때문에 가능한 것이며, 이를 모르고 교만하면 하나님의 징벌을 받아 멸망하게 된다.

많은 나라들이 이 나라의 보호 아래 있었고, 하나님의 동산의 백향목(앗시리아)은 티그리스 강가에 자리 잡고 크게 자라났다. 그러나 그 영화도 결국 사라졌다. 에덴동산의 백향목조차 이보다 우월하다고는 할 수 없다. 이는 죄로 인해 인간의 지각이 어두워졌고, 죄의 고백이 불성실하며 미온적이었다는 뜻이다. 죄인의 공통점은, 죄를 슬퍼하거나 수치스럽게 여기지 않는다는 것이다. 죄의 결과로 오늘날 모든 피조물이 고통 속에서 탄식한다.

"여자가 그 나무를 본즉" — 정욕의 독에 물든 눈으로 보았다. "남편에게 주매" — 그 죄는 인류 전역에 전염병처럼 번졌다. 이는 경솔하여 어리석게 된 모습이다. "이제 성령으로 나타내신 것같이" — 이 비밀은 현대적 의미의 신비가 아니라, 드러나기 전까지 감추어져 있던 계시라는 뜻이다.

계 22:13, "나는 알파와 오메가요 처음과 나중이요 시작과 끝이라", 사 41:4, "태초에도 나, 나중 있을 자에게도 내가 곧 그니라" — 하나님께서는 영원하신 인격적 신으로서 모든 것을 절대적으로 자유로 주장하시고 섭리하신다. 하나님의 뜻이 임하면 모든 만물은 일제히 순종하게 되며, 그 뜻대로 반드시 이루어진다. '시작과 끝이라' 하신 뜻은 곧 보좌가 놓이고 펴 놓였다는 의미이다(계 1:12~15, 20:11~15). 이는 요한이 밧모섬에서 하나님으로부터 받은 계시와 같다. 옛적부터 항상 계신 이는 영원하신 하나님 예수 그리스도이다. 흰옷은 그의 순결성과 거룩함을, 양털 같은 머리는 그의 영원한 성품을 가리킨다. 이는 하나님의 사역이 완성되었음을 선포하신 것이다.

"천국 복음" — 메시아가 오셔서 그의 왕국을 세울 것이라는 복된 소식이다. 모든 성경은 '하나님의 감동으로' 된 것으로, 문자적으로는 하나님의 숨으로 된 것을 뜻한다. 요일 5:4의 헬라어 동사의 시제는 세상에 대한 승리가 이미 과거에 얻은 것임을 강조한다.

계 21:6, "내가 생명수 샘물로 목마른 자에게" — 생수는 영혼의 해갈을 뜻하며, 영생하도록 솟아나는 샘물이다. 이는 예수께서 흘리신 '십자가의 피'에 근거한 새 언약이다. 눅 22:28, "너희는 나와 함께한 자들인즉" — 미래의 영원한 세계에서 사도들이 그리스도와 더불어 이스라엘의 열두 지파를 다스릴 것이라는 약속이 함께 언급된다.[271)]

하나님 자신이 왕이 되시는 나라는 새 언약의 참된 백성들이 사는 나라로서 영원하고 거룩하다. 성도들은 재림 전에 잠시 적그리스

271) (단 7:18, 27, 롬 5:7, 딤후 2:12, 계 20:4) 이 절은 영적 왕권에 대한 '새 언약'을 뜻함.

도의 세력으로 고난을 당할 것이다. 요일 2:18, “마지막 때라” — 적그리스도는 헬라어 ‘안티크리스토스’(ἀντίχριστος)로, 배교자를 가리킨다. 그들의 특징은 이러하다. ① 진정한 교회의 권속이 아니다. ② 교회를 배반하고 그리스드를 부인한다. 천국의 비밀은 인간 스스로 발견하거나 알 수 없다. 이 비밀은 하나님을 통해서만 알 수 있고, 그리스도의 복음은 설교를 통해 듣게 된다.[272]

예수께서는 천국을 좋은 씨를 뿌린 밭에 비유하셨다. 좋은 씨가 뿌려진 후 원수 마귀가 가라지를 뿌리듯, 믿음 생활에도 여러 유혹과 시험이 닥친다. 그러나 복음 운동은 겨자씨처럼 미약해 보여도 결국 세상을 이기게 된다. 이는 창세로부터 감추어졌던 하나님의 계획이 예수 그리스도를 통해 드러난 것이다. 은혜를 거역한 자들은 여전히 알지 못했지만, 택한 받은 자들에게는 이 비밀이 드러난다. 밭에 감추인 보화가 공개되는 것과 같다. 롬 16:25, “영세 전부터 감추었다가” — 그리스도의 비밀은 과거에는 알려지지 않았으나 신약에서 계시되었다. 빌 4:3, “그 이름들이 생명책에 있느니라” — 모든 일에 기도와 간구로 한 마음을 품어 덕을 세우라는 권고이다. 그리스도인의 문제 해결책은 기도뿐이다. 막 13:32, “그 날과 그 때는 아버지만 아신다” — 미래를 대비하라는 뜻이다. 눅 12:40, “곧 인자가 오리라” — 장차 올 주의 재림을 선포하신다.[273]

계 22:20, “내가 진실로 속히 오리라” — 예수님의 임박한 재림 약속이다. 요한은 ‘아멘’으로 화답하며 “주 예수여, 오시옵소서”(아람어 ‘마라나타’)라고 기도했다. 고전 16:22에서 ‘마라나타’는 ‘주님이여, 오소

---

272) (딤전 2:4, 벧후 3:9, 요 3:16, 마 28:19-20) ‘천국 복음’은 세상 끝 날, 시대의 종말, 즉 최후의 지상 명령이다.

273) (히 13:14) ‘짧은 생명’이란 나그네란 의미이며, ‘오직 장차 올 것을 찾나니’는 새 예루살렘(예수님의 고난에 동참)에 관련된 성도들이 상호 간에 영적인 조력자가 되는 교회 생활의 일면을 보여주는 말임.

서'라는 뜻으로, 재림을 갈망하는 기도이다. 요한은 사랑의 공동체의 포괄성을 밝히며, 기독교의 사랑은 진리와의 관계 속에서 성도와 함께 영원히 거하는 것임을 가리킨다. 이 은혜는 성도의 죄를 용서하며 구원의 길로 인도하시는 하나님의 무조건적인 사랑이다.

"진리를 행하는 자" — 하나님의 말씀으로 삶이 정돈되는 것이다. 사랑의 시금석은 계명에 대한 순종이며, 순종의 시금석은 사랑으로 행하는 것이다. 요이 1:7, "예수 그리스도께서 육체로 임하심" — 문자적으로는 '임하고 계심'을 뜻하는 현재분사로, 과거의 성육신과 부활 후 현재의 현존, 그리고 미래의 재림까지를 포함한다. 요일 4:2 — 완료분사로 성육신을 강조한다. 부활은 재림이나 세상 끝 날과 일치하며, 최후 심판 직전에 있을 것이다.[274)]

계 22:21 — 본서 서론(계 1:4~8)과 대응되는 축도로 끝맺으며, 마치 본서가 서간문인 것 같은 인상을 준다. 이것은 계시록이 묵시문학적 구성 방식을 취하고 있다는 점을 고려해 볼 때 매우 특이하다.[275)] 새 하늘과 새 땅은 완전한 '의'가 실현되는 곳이다. '의'(헬라어 '디카이오스' δίκαιος)는 율법을 준수하며 존경받는 자, '선'(아가도스, ἀγαθός)은 사랑을 행하며 사랑받는 자를 말한다. 그리스도의 재림은 하나님의 예언 성취이며, 장차 오는 세상은 구속받은 자들이 다스릴 것이다.

행 1:11, "본 그대로 오시리라" — 예수께서 승천하신 모습 그대로 인격적, 가시적으로 다시 오신다는 뜻이다. 이스라엘의 넘어짐은 이방인의 부요함이 되었고, 이로써 구원의 복음이 이방에 전해졌다. 이스라엘이 회복되어 구원이 완성되면, 전 인류의 부요함은 더욱 풍

---

274) (요 5:27-29, 고전 15:23, 빌 3:20, 21, 계 11-15장) 중보자 그리스도께서 심판자가 될 것임.

275) (롬 16:20, 고전 15:23, 16:24) 마지막 때 거짓 선생들이 율법주의를 복음 운동에 적용하여 교회의 질서를 어지럽히나, 하나님의 복음 운동이 방해자들을 좌절시킨다는 말씀이다.

성해질 것이다.[276)]

계 22:21, “주 예수의 은혜가 모든 자들에게 있을지어다” — ‘아멘’으로 화답하며, 신자들에게 끝까지 믿음의 선한 싸움을 싸우라고 권고한다. “기약이 이르면” — 헬라어 ‘카이로스’(καιρός)는 하나님이 작정하신 때를 뜻한다. 비록 우리가 신실치 못해도, 주는 ‘일향’ 미쁘시다. 하나님의 불변성은 구원이 반드시 보장된다는 약속이다. 새 언약 복음은 ‘새 하늘과 새 땅’을 묘사하는 자유와 평안의 상징으로 역사의 마지막 페이지를 장식한다.[277)] 즉 의롭게 되기를 바라는 성도들의 믿음이 의롭다 함을 받을 그 소망은 장차 오는 세계에서도 반드시 완성될 것임을 주께서 말씀하시는 이 서신들은 그 구원의 복을 상세히 밝히고 있으며, 계시록은 구원의 마지막 장면을 미리 보여주고 있다.

---

276) (롬 1:3) 그의 육신은 다윗의 혈통으로 태어나셨다. 마 1:1, 11, 요 1:14의 각주를 참조하라.

277) (히 10:25) ‘그날’은 그가 오시는 날, 즉 ‘예수 그리스도의 재림의 때’(고전 3:13, 빌 1:10), ‘주의 날’을 가리킨다.

성경으로 풀어낸

요한계시록

1판 1쇄 인쇄 _ 2025년 12월 24일
1판 1쇄 발행 _ 2025년 12월 31일

지은이 _ 이경애
펴낸이 _ 이형규
펴낸곳 _ 쿰란출판사

주소 _ 서울특별시 종로구 이화장길 6
편집부 _ 745-1007, 745-1301~2, 747-1212, 743-1300
영업부 _ 747-1004, FAX 745-8490
본사평생전화번호 _ 0502-756-1004
홈페이지 _ http://www.qumran.co.kr
E-mail _ qrbooks@daum.net / qrbooks@gmail.com
한글인터넷주소 _ 쿰란, 쿰란출판사
페이스북 _ www.facebook.com/qumranpeople
인스타그램 _ www.instagram.com/qrbooks
등록 _ 제1-670호(1988.2.27)
책임교열 _ 김영미 · 김준표

 ISBN 979-11-24013-46-5 93230